“十三五”普通高等教育规划教材
高等院校“互联网+”创新规划教材

U0813782

新编大学生职业生涯规划与就业指导

江小卫 范芬雄◎主编
黄金和 苗 琳 都振华 李玉春 罗思洁◎副主编

XINBIAN DAXUESHENG ZHIYE SHENGYA GUIHUA YU JIUYE ZHIDAO

现代教育出版社
Modern Education Press

图书在版编目（CIP）数据

新编大学生职业生涯规划与就业指导 / 江小卫，范芬雄主编. -- 北京 : 现代教育出版社，2018.5

ISBN 978-7-5106-6269-0

Ⅰ. ①新… Ⅱ. ①江… ②范… Ⅲ. ①大学生一职业选择 Ⅳ. ① G647.38

中国版本图书馆 CIP 数据核字（2018）第 102549 号

新编大学生职业生涯规划与就业指导

主　　编　江小卫　范芬雄
责任编辑　魏艳平
装帧设计　潇湘文化 XIAOXIANG CULTURE
出版发行　现代教育出版社
地　　址　北京市朝阳区安华里 504 号 E 座
邮　　编　100011
电　　话　（010）64251036（编辑部）
　　　　　（010）64256130（发行部）
印　　刷　东莞市比比印刷有限公司
开　　本　889mm×1194mm　1/16
印　　张　15.25
字　　数　337 千字
版　　次　2018 年 5 月第 1 版
印　　次　2018 年 5 月第 1 次印刷
书　　号　ISBN 978-7-5106-6269-0
定　　价　48.00 元

版权所有　翻印必究

目 录 Contents

DIYIZHANG ZHIYE XINGQU YU ZHIYE NENGLI TANSUO

第一章 职业兴趣与职业能力探索

教学目标

- 了解兴趣在职业活动中的作用
- 掌握霍兰德职业兴趣理论及其应用
- 掌握职业能力的含义
- 结合所学知识开展探索职业兴趣活动

爱因斯坦曾经说过，“兴趣是最好的老师”。兴趣是一种心理倾向，它使个体力求认识、掌握某种事物或参与某项活动。职业兴趣则是一个人是否喜爱某种职业，是职业选择与态度方面的倾向。兴趣在职业选择中有重要作用，兴趣可以激发潜能。

第一节　职业兴趣

一、兴趣的内涵

兴趣是指个体力求认识、掌握某种事物，并经常参与该种活动的心理倾向，或者说，兴趣是一个人积极探究某种事物的心理倾向。人的兴趣是在需要的基础之上、在活动之中发展起来的，而且，它还是推动人们去寻求知识和从事活动的巨大的内在动力。人的兴趣在广度、深度、稳定性和效能方面所表现出的不同特点叫兴趣的品质。具体如下：

（一）兴趣的广阔性

兴趣的广阔性是指兴趣范围大小而言。有些人兴趣广泛，对什么都感兴趣，琴棋书画样样都乐于探求；有的人兴趣就比较单一，范围非常狭窄。

（二）兴趣的中心性

兴趣的中心性是指兴趣的深度。人不可能对所有的事物都抱有浓厚的兴趣，而只是对某些方面特别感兴趣，因此，只有广阔的兴趣与中心兴趣相结合，才能促使人更好地发展。否则，什么都知道又什么也不深入，浅尝辄止，博而不专，这样的人很难有大的发展。

（三）兴趣的稳定性

兴趣的稳定性是指兴趣的持久与稳固程度。人与人之间的差异很大，有的人能长期地对他们从事的工作或研究的问题保持浓厚的兴趣，无论在工作中遇到什么困难都能加以克服，因此在事业上能取得成功。

（四）兴趣的效能性

兴趣的效能性是指兴趣对活动产生的效果大小的品质。凡是能促使人积极主动地学习和工作，并产生明显效果的都是积极的有效能的兴趣。

二、兴趣在职业活动中的作用

当人的兴趣对象指向职业活动时，就形成了人的职业兴趣，它对人的职业活动有着重要的影响。一份符合自己兴趣的工作常常能够给自己带来愉悦感、满足感。在选择职业时，人们总会将自己是否对此有兴趣作为考虑因素之一。从感到有趣开始，到逐渐地形成更加稳定、持久的乐趣，进而再与自己的奋斗目标相结合，形成有着明确方向性和意志性的志趣，这是人的兴趣发展过程。从事自己感兴趣的职业活动时，人们可以被激发出强烈的探索和创造的热情，可以在良好的体能、智能、情绪状态之下从事有意义的职业活动，激发自己全身心地投入且心甘情愿。从事自己感兴趣的职业活动可以使人比较容易适应变化的职业环境，可以使人在追求职业目标时表现出坚定有恒的意志力。可见，职业兴趣是个人在进行职业设计时必须考虑的重要因素之一。

因此，大学生应该努力培养自己多方面的兴趣爱好，并且注意培养自己的中心兴趣，努力发展自己的专长，从而使自己的兴趣爱好有明确的方向性，在进行职业选择时可以既有一个较广的适应范围，又有一个确定的指向，同时只有将能力和兴趣结合起来考虑，才更有可能取得职业的适应和成功。李开复关于兴趣的五点建议可供同学们参考：选你所爱；爱你所选；把握每一个选择兴趣的机会；忠于自己的兴趣；找到最佳结合点。

总之，对个人来说，如果从事有兴趣的工作，就会更加努力，而有努力就会出成就。从某种意义上甚至可以说，兴趣比能力更重要。具体来说，兴趣对人们的职业活动的影响主要表现在以下三个方面：

（一）兴趣是人们职业选择的重要依据

正像人们在日常生活中喜欢参加自己感兴趣的活动一样，具有一定兴趣类型的人更倾向于寻找与此有关的职业，特别是在外界环境限制较少时，人们都会选择自己感兴趣的职业。因此，对个人的兴趣类型有了正确的评估后，就有可能预测或帮助人们进行职业选择。

（二）兴趣可以增强人的职业适应性

兴趣可通过工作动机促进个人能力的发挥，兴趣和能力的合理结合会大大提高工作效率。研究表明：如果一个人从事自己感兴趣的职业，就会发挥他的全部才能的80%～90%，而且长时间保持高效率却不感到疲劳；而对所从事工作没有兴趣的人，只能发挥其全部才能的20%～30%。

（三）兴趣在某些情况下具有决定性作用

由兴趣的本质特征所决定，兴趣影响一个人的工作满意度和稳定性，在某些情况下，如不考虑经济因素，甚至具有决定性作用。一般来说，从事自己不感兴趣的职业很难让人感到满意，并由此会导致工作的不稳定。

案例分析一 乔丹第二

在一次校园招聘中，一名来自清华大学汽车动力学专业的同学告诉面试官："我毕业后的确想从事企业动力学仿真领域的工作，但是我对研发工作不感兴趣，对销售工作不感兴趣，对市场工作也不感兴趣。"

"你能告诉我，你对什么感兴趣吗？"面试官问他。

学生回答说："我想成为乔丹第二。"

这是一个二十二岁的男生发自肺腑的真实想法。他的身高大约 1.72 米，显得很文弱，戴着一副眼镜，让人感觉他全身上下没有丝毫体育细胞。

学生问："考官，您认为我这个想法是不是很荒唐？"

"没有，很好。你进入了这么好的学校，在这么严肃的面试过程中对自己的兴趣还这么执着，我觉得难能可贵。"面试官很欣赏地说。

学生继续介绍："你看我好像很瘦弱，其实不是的，我篮球打得超好，我就是喜欢那种灌篮的感觉，像战士在战场上拼搏。每次灌篮，我身体内都充满了爆发力，胜利让我内心充满了狂喜，但是我感觉我应该没有希望了。"

接着，面试官说："真是抱歉，我也很想鼓励你成为乔丹第二，这种可能性应该会有的，但是会很渺茫，因为你自身的条件可能会受一些限制。你真的那么不喜欢汽车领域的相关工作吗？"

"我就喜欢跟体育相关的工作。"学生坚定地回应面试官的问题。

他本来想应聘技术开发的职位，结果可想而知，面试官不能把机会给一个对我们的工作完全没有兴趣的人。

面试官问道："你想尝试创业吗？"

学生回答："想过。"

面试官建议："那你可以从户外运动产品做起，现在大学生创业很流行的，因为喜欢挑战自我的人越来越多。"

今天，这名男生已经拥有了两家户外体育用品公司，一家户外运动俱乐部，公司资产上千万。

案例点评

如果你现在做的这份工作充满挑战，能够激发你的热情，带给你强烈的成就感，让你愿意全身心地投入其中，那么恭喜你——你找到了一份好工作。首先，因为工作本身的内容让你特别开心，匹配了你的个性特征。到现在也没有任何咨询公司或者职业规划师能够帮助个体在工作之前就找到很匹配的工作，就算是那些商界巨子和正在经历创业的人有很多都是走了弯路才找到自己的兴趣，进而成就一番大事的。

前辈们用经验和实践告诉我们："兴趣"是第一老师，是你的职业目标，是资本积累的基础，也是实现你社会价值的有效途径。这样的例子比比皆是。在商业领域，乔布斯凭借自己的兴趣创造了苹果公司，比尔·盖茨凭借自己对计算机的痴迷创造了微软神话，爱迪生凭借自己的兴趣成为拥有众多发明专利的大发明家。

总结起来，他们都有共同的特质——激发了自己的兴趣，并且坚持到底。

第二节　霍兰德职业兴趣理论

职业兴趣理论主要是由美国著名的职业指导专家霍兰德提出和发展的。它源于人格心理学的概念和大量职业咨询的实践与研究，霍兰德从整个人格的角度来考察职业选择问题，因此，他的职业兴趣理论超越了心理学和非心理学的理论框架，基本上属于包含有职业选择和职业适应理论在内的职业人格理论。

霍兰德认为人的一生中，面临许多选择，职业方面的选择是关乎一生幸福的重要内容之一，这其中职业兴趣起到了极为重要的作用。根据霍兰德的观点，一个人的职业兴趣会极大影响职业的适宜度。当他从事的职业与其兴趣相吻合时，就可能发挥最佳水平，易于做出成就，反之则可能感到极不适应或者毫无兴趣，即使取得一定成绩也难以获得成就感。曾获得诺贝尔物理学奖的华人丁肇中说的“兴趣比天才重要”，是对职业兴趣理论的最好诠释。

一、职业兴趣理论核心

目前，作为职业选择的首选工具，霍兰德的职业兴趣量表被国内外几乎所有的职业机构应用。霍兰德的职业兴趣理论，其核心提出了四个假设：

（1）大多数人的人格可以分为现实型、研究型、艺术型、社会型、企业型和常规型等六种类型，这些是在个人与环境的相互作用中形成的。每一种特定人格类型的人会对相应的职业类型中的活动感兴趣。

（2）人们所生活的职业环境也同样可以划分为上述六种类型。各种职业环境大致由同一种人格类型的人占据。

（3）人们寻求的是能够充分施展自身能力，充分表现、发展自己价值观的职业环境。

（4）个人的行为是由个人的人格和其所处的环境相互作用决定的。

在上述假设之下，霍兰德提出：人格类型模式和职业类型模式应互相配合，人格与职业环境的匹配是形成职业满意度、成就感的基础。

二、霍兰德兴趣类型的特点及其较为适宜的职业环境

表 1-1 霍兰德六种兴趣类型的内容及特点

类型	劳动者特点	职业
R 现实型	具有这类倾向的个体，属于技术与运动取向： ①对机械与物体的关心比较强烈，愿意使用工具从事操作性工作； ②身体技能及机械协调能力好，动手能力强，手脚灵活，动作协调； ③不善言辞，对于人际交往及人员管理、监督等活动不太感兴趣； ④稳健、务实，喜欢从事规则明确的活动及技术性工作，甚至热衷于亲自动手创造新事物。	主要是指各类工程技术工作、农业工作。通常需要一定体力，需要运用工具或操作机器。 主要职业：工程师、技术员；机械操作、维修、安装工人，矿工、木工、电工、鞋匠等；司机，测绘员、描图员；农民、牧民、渔民等。
I 研究型	具有这类倾向的个体，喜欢理论思维或偏爱数理统计工作： ①抽象思维能力强，求知欲强，倾向于通过思考、分析解决难题，不愿自己动手； ②喜欢独立的、富有挑战性的和创造性的工作，不太喜欢固定程式的任务； ③知识渊博，有学识有才能，不善于领导他人和人际交往。	主要是指科学研究和科学实验工作。 主要职业：自然科学和社会科学方面的研究人员、专家；化学、冶金、电子、无线电、电视、飞机等方面的工程师、技术人员；飞机驾驶员、计算机操作员等。
A 艺术型	具有此类倾向的个体，对具有创造、想象及自我表现空间的工作显示出明显偏好： ①喜欢以各种艺术形式的创作来表现自己的才能，实现自身的价值； ②具有特殊艺术才能和个性； ③乐于创造新颖的、与众不同的艺术成果，渴望表现自己的个性，重视自己的感性，直觉力较好，情绪变化较大；比较喜欢独立行事，不太合群。 ④对于结构化程度较高的任务及环境都不太喜欢，对于机械性及程式化的工作了无兴趣。	主要是指各类艺术创作工作。 主要职业：音乐、舞蹈、戏剧等方面的演员、艺术家编导、教师；文学、艺术方面的评论员；广播节目的主持人、编辑；绘画、书法、摄影家；艺术、家具、珠宝、房屋装饰等行业的设计师等。

（续表）

类型	劳动者特点	职业
S社会型	具有此类倾向的个体，喜欢与人为对象的工作： ①通常言语能力优于数理能力，善于言谈，乐于与人相处，给人提供帮助，具有人道主义倾向，责任心也较强，喜欢从事为他人服务和教育、指导他人的工作； ②习惯于与人商讨或调整人际关系来解决面临的问题，喜欢参与解决人们共同关心的社会问题，渴望发挥自己的社会作用； ③比较看重社会义务和社会道德。	主要是指各种直接为他人服务的工作，如医疗服务、教育服务、生活服务方面的职业等。 主要职业：教师、保育员、行政人员；医护人员；衣食住行服务行业的经理、管理人员和服务人员；福利人员等。
E企业型	具有这种兴趣倾向的个体，喜欢制定新的工作计划、事业规划以及设立新的组织： ①精力充沛、自信、善交际，具有领导才能； ②支配欲、冒险性强，喜欢竞争； ③喜爱权力、地位和物质财富； ④不喜欢具体精细或需要长时间集中心智的工作。	主要是指那些组织与影响他人共同完成组织目标的工作。 主要职业：经理企业家、政府官员、商人、行业部门和单位的领导者、管理者等。
C常规型	具有这类倾向的个体，喜欢高度有序、要求明晰的工作： ①喜欢按计划办事，习惯接受他人指挥和领导，自己不谋求领导职务； ②不喜欢冒险和竞争；对社会地位、社会评价比较在意，通常愿意在大型机构做一般性工作； ③工作踏实、有毅力，忠诚可靠，遵守纪律，偏保守，与人工作中的交往会保持一定的距离。	主要是指各类与文件档案、图书资料、统计报表等相关的各类科室工作。 主要职业：会计、出纳、统计人员；打字员；办公室人员；秘书和文书；图书管理员；旅游、外贸职员、保管员、邮递员、审计人员、人事职员等。

三、霍兰德兴趣类型之间的关系

霍兰德所划分的六大类型，并非是并列的、有着明晰的边界的。他以六边形标示出六大类型的关系，如图 1-1 所示。

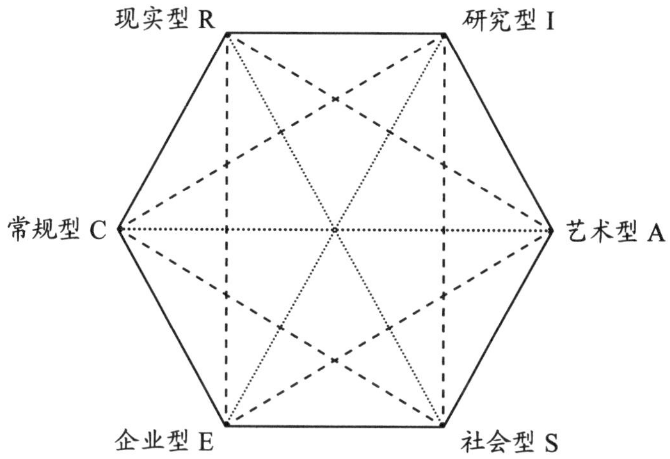

图 1-1 六种类型的关系

图中可以看出：每一种类型与其他类型之间均存在不同程度的关系：

（1）相邻关系：RI、IR、IA、AI、AS、SA、SE、ES、EC、CE、RC 及 CR，属于相邻关系的两种类型的个体之间共同点较多。如：现实型 R、研究型 I 的人就都不太偏好人际交往，这两种职业环境中也都较少机会与人接触。

（2）相隔关系：RA、RE、IC、IS、AR、AE、SI、SC、EA、ER、CI 及 CS，属于这种关系两种类型个体之间共同点较相邻关系少。如：现实型 R 为人做事稳重、务实，而艺术型 A 则表现为感性化、情绪化。

（3）相对关系：在六边形上处于对角位置的类型之间即为相对关系，如 RS、IE、AC、SR、EI 及 CA。相对关系的人格类型共同点少，因此，一个人同时对处于相对关系的两种职业环境都兴趣很浓的情况较为少见。

四、霍兰德职业兴趣理论的应用

在职业生涯规划中，人们运用职业兴趣理论，通常倾向选择与自我兴趣类型匹配的职业环境，如具有现实型兴趣的人希望在现实型的职业环境中工作，可以最好地发挥个人的潜能。但职业选择中，个体并非一定要选择与自己兴趣完全对应的职业环境。

1. 个体本身常是多种兴趣类型的综合体，单一类型显著突出的情况不多，因此评价个体的兴趣类型时也时常以其在六大类型中得分居前三位的类型组合而成，组合时根据分数的高低依次排列字母，构成其兴趣组型，如 RCA、AIS 等；

2. 影响职业选择的因素是多方面的，不完全依据兴趣类型，还要参照社会的职业需求及获得职业的现实可能性。因此，职业选择时会不断妥协，寻求相邻职业环境甚至相隔职业环境时，个体需要逐渐适应工作环境。但如果个体寻找的是相对的职业环境，意味着所进入的是与自我兴趣完全不同的职业环境，则工作起来可能难以适应，或者难以做到工作时觉得很快乐，相反，甚至可能会每天工作得很痛苦。

在长期的职业生涯过程中，“职业兴趣”并非一成不变的，例如：一个在管理岗位上工作了 10 年的管理人员，他的职业兴趣一般都是“企业”倾向。事实上，许多成功人士在做着与职业兴趣偏离的工作。当然，我们做与自己“职业兴趣”吻合度高的工作，可能工作更快乐，更容易发挥出自己的能力。对于大学生而言，由于工作经验较少，将霍兰德的职业兴趣测试作为一种工具来帮助自己进行职业生涯设计，可以更容易发挥出自己的能力，并取得成功，实现人生理想。

兴趣类型探索

测评试题：我的岛屿计划

如果有机会让你到以下六个岛屿去旅游，你最想去的是哪个？

Δ岛屿 I:

深思冥想的岛屿：岛上人迹较少，建筑物多僻处一隅，平畴绿野，适合夜观星象。岛上有多处天文馆、科博馆以及科学图书馆等。岛上居民喜好观察、学习、探究、分析，崇尚和追求真知，常有机会和来自各地的哲学家、科学家、心理学家等交换心得。

Δ岛屿 C:

现代、井然的岛屿：岛上建筑十分现代化，是进步的都市形态，以完善的户政管理、地政管理、金融管理见长。岛民个性冷静保守，处事有条不紊，善于组织规划，细心高效。

Δ岛屿 R:

自然原始的岛屿：岛上保留有热带的原始森林，自然生态保持得很好，有各种各样的野生动物。岛上居民生活状态还相当原始，他们以手工见长，自己种植花果蔬菜、修缮房屋、打造器物、制作工具，喜欢户外运动。

Δ岛屿 A:

美丽浪漫的岛屿：岛上充满了美术馆、音乐厅、街头雕塑和街边艺人，弥漫着浓厚的艺术文化气息。当地的原住民很有艺术、创新和直觉能力，他们保留了传统的舞蹈、音乐与绘画，许多文艺界的朋友都喜欢来这里找寻灵感。

Δ岛屿 E:

显赫富庶的岛屿：善于企业经营和贸易，能言善道，以口才见长。岛上的经济高度发展，处处是高级饭店、俱乐部、高尔夫球场。来往者多是企业家、经理人、政治家、律师等，曾数次在这里召开财富论坛和其他行业峰会。

Δ岛屿 S:

友善亲切的岛屿：岛上居民个性温和、十分友善、乐于助人，社区均自成一个密切互动的服务网络，人们重视互助合作，重视教育，关怀他人，充满人文气息。

你选择的岛屿其实就代表了你的职业兴趣类型，同时对应着六种不同的人格类型。根据前面学过的知识，找到对应的适合你的职业兴趣类型。

第三节 探索职业兴趣活动

一、回顾平常喜欢做的事

每个人在日常生活中总有一些事情会自然地愿意去做，常常想去做。让我们共同来回顾自己平时喜欢做的事情，那些在做的过程中或者做过了以后令你感到愉悦和满足的事件列举三个。例如：我喜欢游泳；我喜欢听音乐；我喜欢和人聊天……

最近一段时间（一星期或一个月），令你感到愉快的经验：

喜欢做的事情，可能分不同的种类，也有不同的原因。比如同样是打游戏，有些人喜欢的是搏击类的，打倒他人取得胜利；有些人喜欢的是在游戏中和他人聊天，一起合作；还有些人仅仅是喜欢操纵键盘的感觉。再比如看书，不同的人喜欢的种类也不尽相同。问问自己，你喜欢的是哪一类？为什么这件事情会让你感兴趣？这背后的原因是什么？

这些事件让我感到愉快的原因是：

综合看来，不同的生活兴趣背后，可能会存在一些共同的特征。比如都是和人相关的，或者都是和资料、数据分析相关的。找一下你平时喜欢做的事情的共同特征，并且在下面的线条中给这些事情标出适当的位置。

5　4　3　2　1　0　1　2　3　4　5

资料　　　　　　　　　　　　思维

5　4　3　2　1　0　1　2　3　4　5

人群　　　　　　　　　　　　事物

图 1-2 兴趣坐标

通过活动，我们不仅可以大致了解自己的兴趣类型，还能够对自己真正感兴趣的东西有更深入的了解。一个人的成长，是踩着过去的步伐，一步一步地往前推进的。如果觉得通过对现在的生活事件的分析还不足以让你完整地了解自己的兴趣，并且你愿意花更多的时间来追溯自己生命的故事，那么你可以追溯自己以前的成功体验，从中发现自己的兴趣爱好，还能够了解到自己价值观等方面的倾向。

二、我的成功体验

我的成功体验帮你回顾一些快乐的、值得骄傲的、让你有信心的经验。你必须花上一到两个小时，把生命中的大事细细地回忆一遍，并依下列步骤完成活动。

步骤一：用下列的回忆列表，将生命中值得回顾的事件简略地记录下来，如果你觉得回忆表的空格太小，可以自行制作表格。

表 1-2 兴趣回顾表格

故事阶段 / 生命阶段	休闲		学习		工作	
	活动	成就	活动	成就	活动	成就
六岁以前						
小学						
初中						
高中 / 职中						
大学 / 高职						
22 ～ 25 岁						
25 ～ 30 岁						

（续表）

故事阶段 / 生命阶段	休闲		学习		工作	
	活动	成就	活动	成就	活动	成就
30 ～ 35 岁						
35 ～ 40 岁						
40 ～ 45 岁						
45 ～ 50 岁						
50 ～ 60 岁						
60 岁以上						

步骤二：将印象最深刻的五件事，用一两段文字详细地在一张白纸中描述出来。描述时，请包括下列三个重点：

（1）活动：事情本身是有趣的、有挑战性或是你想学习的、创造的及制作的。

（2）工作或方法：完成该项活动所具有的物体、材料、工作、仪器；帮助你的关键人物；所掌握的重要讯息。

（3）成果：完成工作、接触问题、战胜挑战、制成成品。

每个人可能有多种不同的兴趣，其中的某些还可能发展成谋生的技能，但却不是所有的都可以。那么，我们有必要对自己的兴趣做一个梳理：哪些兴趣是能够和职业联系在一起的。

兴趣是推动人们进行求知活动的重要心理因素，它能使人集中精力，积极愉快地从事某种活动。强烈而稳定的兴趣是从事活动、发展才能的重要保证。一般来说，兴趣爱好广泛的人，选择职业时的自由度就大一些，他们更能适应各种不同岗位的工作，因此同学们要利用大学时间积极培养自身的兴趣爱好，既要培养中心兴趣，又要培养广泛的兴趣，丰富大学生活的同时，为今后职业选择创造良好的条件。

第四节 职业能力探索

能力，简单地说就是一个人可以完成某件事情的资本及本领的总和。俗话说“没有金刚钻，别揽瓷器活”，意思便是，做好一件事情需要有相关的本领。能力是一个人获得职业成功的重要条件。意大利诗人但丁说过：“要是白松的种子掉进英国的石头缝里，它只会长成一棵很矮的小树，但要是它被种在南方肥沃的土地里，它就能长成一棵大树。”按照自己的能力选择适合自己的工作，就如一粒种子生长在适合自己的土壤里，会顺利地成长，最终实现自己的目标。人也是一样，在适合自己能力的岗位上工作，才能发挥自己的才能，达到自己的职业目标。

一、能力及其影响因素

（一）能力的含义

能力是指个人顺利完成某种活动所必须具备的心理特征，包括智力、性向和成就三种。智力是指个人的一般能力；性向是指个人可以发展的潜在能力；成就是指个人通过教育或培训在学识、知识和技能方面达到的较高水平。

从定义即可看出，能力对于职业生涯的作用是不言而喻的，从事任何一种活动都必须具备一定的能力，能力是影响活动效果的基本因素。同样，对任何一种职业生涯而言，要使其职业生涯得以顺利进行，就必须具备相应的能力。能力总是和你所从事的活动联系在一起，人们总是通过某种活动来考查你的能力。

（二）能力的分类

人的能力是多种多样的，按照不同的角度可以将能力做如下分类。

1. 一般能力和特殊能力

一般能力指在不同种类的活动中表现出来的能力，如观察力、记忆力、想象力、创造力等。其中抽象概括能力是一般能力的核心。平日我们所说的智力是就一般能力而言的。人们要完成任何一种活动，都和这些能力的发展分不开。

特殊能力指在某种专业活动中表现出来的能力。它是顺利完成某种专业活动的心理条件。例如，画家的色彩鉴别力、形象记忆力，音乐家的区别旋律的能力、音乐表象能力以及感受音乐节奏的能力等，均属于特殊能力。

一般能力与特殊能力的关系是十分密切的。一方面，一般能力是特殊能力的组成部分。人的一般听觉能力既存在于音乐能力中，也存在于言语能力中。没有一般听觉能力的发展，就不可能发展音乐和言语听觉能力。另一方面，特殊能力的发展有助于一般能力的发展。

2. 模仿能力和创造能力

模仿能力是指人们通过观察别人的行为、活动来学习各种知识，然后以相同的方式做出反应的能力。模仿不但表现在观察别人的行为后做出的相同反应中，而且表现在某些延缓的行为反应中。模仿是动物和人类的一种重要的学习能力。

创造力是指产生新的思想和新的产品的能力。一个具有创造力的人往往能超脱具体的知觉情境和思维定式的束缚，在习以为常的事物和现象中发现新的联系和关系，提出新的思想，产生新的产品。作家在头脑中构思新的人物形象，创造新的作品，科学家提出新的论模型，并用实验证实这些模型，都是创造力的具体表现。

模仿力和创造力是两种不同的能力。动物能模仿，但不会创造。模仿只能按现成的方式解决问题，而创造力能提供解决问题的新方式与新途径。人的模仿力和创造力有明显的个别差异。有的人擅长模仿，而创造力较差；有的人既善于模仿又富有创造力。了解这一点对选拔和使用人才具有现实意义。模仿力与创造力有密切的关系，人们常常是先模仿，然后再进行创造。科研工作者先通过观察、模仿别人的实验，然后才有可能提出有独创性的实验设计；学习书法的人先临摹前人的字帖，然后才可能创作出具有个人独特风格的作品。在这个意义上，模仿也可说是创造的前提和基础。

3. 流体能力和晶体能力

根据能力在人的一生中的不同发展趋势以及能力和先天禀赋与社会文化因素的关系，可以将能力分为流体能力和晶体能力。

流体能力是指在信息加工和问题解决过程中所表现的能力。如对关系的认识，类比、演绎推理能力，形成抽象概念的能力等。它较少地依赖于知识和文化的内容，而决定于个人的禀赋。流体能力的发展与年龄有密切关系。一般人在 20 岁以后，流体能力的发展达到顶峰，30 岁以后将随年龄的增长而降低。心理学家们也发现，流体能力属于人类的基本能力，其个别差异受教育文化的影响较少。因此，在编制适用于不同文化的所谓文化水平测验时，多以流体能力作为不同文化背景的个体智力比较的基础。

晶体能力指获得语言、数学知识的能力，它决定于后天的学习，与社会文化有密切的关系。晶体能力在人的一生中一直在发展，只是到25岁以后，发展的速度渐趋平缓。晶体能力依赖于流体能力。如果两个人具有相同的经历，其中一个有较强的流体能力，那么他将发展出较强的晶体能力。然而一个有较高流体能力的人如果生活在贫乏的智力环境中，那么他的晶体能力的发展将是低下的或平平的。

4. 认知能力、操作能力和社交能力

认知能力是指人脑加工、储存和提取信息的能力，即我们平常所讲的智力，如观察力、记忆力、想象力等。人们认识客观世界，获得各种各样的知识，主要依赖于人的认知能力。

操作能力是指人们操作自己的肢体以完成各项活动的能力，如劳动能力、艺术表演能力、体育运动能力等。操作能力是在操作技能的基础上发展起来的，又成为顺利掌握操作技能的条件。操作能力与认知能力不能截然分开。不通过认知能力积累一定的知识和经验就不会有操作能力的形成和发展；反过来，操作能力不发展，人的认知能力也不可能得到很好的发展。

社交能力是指在人们的社会交往活动中所表现出来的能力，如组织管理能力、言语感染力、判断决策能力、调解纠纷、处理意外事故的能力等。这种能力对组织团体、促进人际交往和信息沟通有着重要的作用。受遗传和环境的影响，人的能力存在着个体差异，这主要可以从质与量两个方面来体现。从质的角度而言，人的特殊能力存在差异。这不仅体现为人们所具有的特殊能力的不同，而且即使同一种特殊能力，其构成要素也会有差异。更何况高等教育总体而言属于专业教育，不同专业也要求并发展了大学生的不同的特殊能力。从量的角度而言，人的能力发展水平和发展速度存在差异。在遗传和环境这两大因素的支配之下，通过成熟和学习交互作用，个人的能力在不断发展。人与人不仅在能力特质的总体发展程度上有差异，而且同一个人各种特质之间也有发展程度上的差异。

（三）能力的影响因素

影响能力的因素主要体现在素质、知识和技能、教育、社会实践和主观努力五个方面。

1. 素质

素质是有机体天生具有的某些解剖和生理特征，主要是神经系统、脑的特征以及感官和运动器官的特征。素质是能力发展的自然前提，离开这个物质基础就谈不上能力的发展了。天生或早期聋哑的人难以发展音乐能力，双目失明者无从发展绘画才能，严重的早期脑损伤或脑发育不全的缺陷是智力发展的障碍。素质是能力发展的自然基础，但不是能力本身。素质作为先天生成的解剖生理结构，不能现成地决定能力。先天素质只是为能力的发展提供了最初的可能性。

2. 知识和技能

知识是人类社会历史经验的总结，从心理学的观点来说，是头脑中的经验系统以思想内容的形式为人所掌握。技能是操作技术，是对具体动作的掌握，它以行为方式的形式为人所掌握。知识、技能与能力有密切的关系。

知识是能力形成的理论基础；技能是能力形成的实践基础。能力的发展是在掌握和运用知识、技能的过程中实现的；同时，能力在一定程度上决定着一个人在知识、技能的掌握上可能取得的成就。能力和知识、技能密切相关，它们之间既相互联系又互相制约，这种关系主要体现在：掌握知识、技能以一定的能力为前提；能力制约着掌握知识、技能的快慢、深浅、难易和巩固程度；而知识的掌握又会导致能力的提高。当然，知识、能力的发展与技能的发展是不完全同步的。

3. 教育

教育是掌握知识和技能的具体途径与方法。教育不仅在儿童和青少年的智力发展中起着主导作用，而且对能力的发展同样也起着主导作用。教育不但使学生掌握知识和技能，而且通过知识和技能的传授，还能促进心理能力的发展。学校教育对学生能力的培养是至关重要的，但是，当他们走上工作岗位以后，原来已经掌握的知识和技能就显得不够用，有些甚至是已经过时了。因此，在组织中，对在职员工的教育和培训就显得特别重要，他们必须掌握多种知识、多种技能，并能进行综合的运用。

4. 社会实践

能力是人在改造客观世界的实践活动中形成和发展起来的。劳动实践对各种特殊能力的发展起着重要的作用。不同职业的劳动，制约着能力发展的方向，不同的实践向人们提出不同的要求，人们在实践和完成任务的活动中，不断地克服薄弱环节，从而使能力得到相应的发展和提高。

5. 主观努力

主观努力是获得成功的必由之路。要使能力获得较快和较大的增长，没有主观的勤奋努力是根本不可能的。世界上许多政治家、科学家和发明家，无论他们从事的领域有多么大的不同，他们的共同点均是长期坚持不懈、刻苦努力、顽强地与困难做斗争。没有刚毅、顽强、百折不挠的意志力，任何成就都不可能取得，也无从谈起能力的发展。

案例分析一 能力是最好的简历

高考填报志愿时，张某报考的是当时热门的工商管理专业，后来却被调剂到历史系。这使她一入学就把自己的发展方向定位为“一专多能的复合型人才”，即在努力学好专业知识的同时，全面提高自己的能力。

大学期间，她积极加入院系学生会、校法律协会，并多次参加演讲比赛和社会实践活动，以此锻炼自己的组织协调及表达能力，丰富自己的阅历。张某特别钟情于旅游，渐渐地她爱上了导游这一行。为了锻炼自己在导游方面的能力，她专门利用暑假在一家旅行社做了实习生。

毕业求职时，有着丰富的带团经验、良好的旅游知识、扎实的专业背景、出众的演讲能力的张某从诸多应聘者中脱颖而出，并成为某大型旅行社的业务骨干。

案例点评

职业能力是在实践的基础上得到发展和提高的，一个人长期从事某一专业劳动，能促使人的能力向高度专业化发展。例如，计算机文字录用人员随着工作的熟练和经验的积累，录入的速度会越来越快，准确性也会越来越高。个体的职业能力只有在实际工作中才能不断得到发展、提高和强化。

在竞争日益激烈的人才市场中，当专业优势不再成为求职优势的时候，求职者的爱好或特长，往往是将其从众人中分离出来的一个显著标记。事实证明，机会不只垂青有准备的人，而且垂青有多种技能的人。“一专多能的复合型人才”既是很多大学生努力的方向，也是许多用人单位梦寐以求的员工。“复合型人才”既可以尽快上岗，节约培训成本，又可以适应不同的工作岗位，便于人才的内部流动和培养。大学生在校期间，在保持专业优势的同时，还应多方位、多层次地培养自己的其他才能。

案例分析二 提高能力，凸显优势

计算机专业的章某爱好文学，喜欢写作，偶尔也有作品发表于文学刊物上。出于专业对口的考虑，他希望毕业后能够进入 IT 行业工作。大三暑假时，章某在经常访问的某国内知名网站的主页上发现该网站正开展征文活动。此时他正好在生活中遇到了一点麻烦，于是有感而发，写了一篇情深意长的文章《离开你的第七天》投给该网站。开学以后，他在 IT 行业中求职屡战屡败。突然有一天，正为求职苦恼的他接到该网站负责人的电话，告知他的文章获奖了。

于是他找到了网站征文活动的负责人，该负责人得知其求职经历后，问他是否愿意到本公司上班，并许诺为其提供丰厚的待遇。章某大喜过望，求职的艰难让这份工作显得格外诱人，第二天他便到公司实习，负责该网站校园板块的策划组稿工作。上班后，章某成功策划了网站和学校的一次联谊活动。在试用期满后，他终于得偿所愿，迈进了自己心仪的 IT 行业。

案例点评

任何一个职业岗位都有相应的岗位职责要求，一定的职业能力则是胜任某种职业岗位的必要条件。因此，求职者在进行择业时，首先要明确自己的能力优势以及胜任某种工作的可能性。条件允许的情况下，可以由专业职业指导人员或老师帮助分析，根据自身的学历状况、职业资格、职业实践等来确定职业能力，必要时可以通过心理测试作为参考，在基本确定自身的职业能力和发展的可能性的基础上进行职业选择。

二、职业能力及其测评

（一）职业能力的含义

职业能力是人们从事某种职业的多种能力的综合。例如：一位教师只具有语言表达能力是不够的，还必须具有对教学的组织和管理能力，对教材的理解和使用能力，对教学问题和教学效果的分析、判断能力等。如果说职业兴趣或许能决定一个人的择业方向，以及在该方面所乐于付出努力的程度，那么职业能力则能说明一个人在既定的职业方面是否能够胜任，也能说明一个人在该职业中取得成功的可能性。

由于职业能力是多种能力的综合，因此，我们可以把职业能力分为一般职业能力、专业能力和职业综合能力。

1. 一般职业能力

一般职业能力主要是指一般的学习能力、文字和语言运用能力、数学运用能力、空间判断能力、形体知觉能力、颜色分辨能力、手的灵巧度、手眼协调能力等。此外，任何职业岗位的工作都需要与人打交道，因此，人际交往能力、团队协作能力、对环境的适应能力，以及遇到挫折时良好的心理承受能力都是我们在职业活动中不可缺少的能力。

2. 专业能力

专业能力主要是指从事某一职业的专业能力。在求职过程中，用人单位最关注的就是求职者是否具备胜任岗位工作的专业能力。例如，你去应聘教学工作岗位，对方最看重你是否具备最基本的教学能力。

3. 职业综合能力

这里主要介绍国际上普遍注重培养的四个方面的“关键能力”：

（1）跨职业的专业能力。从以下三方面可以体现出一个人跨职业的专业能力：一是运用数学和测量方法的能力；二是计算机应用能力；三是运用外语解决技术问题和进行交流的能力。

（2）方法能力。一是信息收集和筛选能力；二是掌握制订工作计划、独立决策和实施的能力；三是具备准确的自我评价能力和接受他人评价的承受力，并能够从成败经历中吸取经验教训。

（3）社会能力。社会能力主要是指一个人的团队协作能力、人际交往和善于沟通的能力。在工作中能够协同他人共同完成工作，对他人公正宽容，具有准确裁定事物的判断力和自律能力等，这是岗位胜任和在工作中开拓进取的重要条件。

（4）个人能力。随着我国经济体制改革的深入、法制的不断健全完善，人的社会责任心和诚信将越来越被重视，假冒伪劣将越来越无藏身之地，一个人的职业道德会越来越受到全社会的尊重和赞赏，爱岗敬业、工作负责、注重细节的职业人格会得到全社会的肯定和推崇。

（二）能力对职业的影响

1. 一定的职业能力是胜任某种职业岗位的必要条件

任何一个职业岗位都有其相应的岗位职责要求，一定的职业能力则是胜任某种职业岗位的必要条件。因此，大学生在进行择业时，首先要明确自己的能力优势以及胜任某种工作的可能性。

在条件允许的情况下，可以由专业职业指导人员帮助分析，根据求职者的学历状况、职业资格、职业实践等来确定求职者的职业能力，必要时可以通过心理测试作为参考，在基本确定求职者的职业能力和发展的可能性的基础上帮助求职者进行职业选择。

2. 职业实践和教育培训是职业能力发展的前提

（1）职业实践促进职业能力的发展

职业能力是在实践的基础上得到发展和提高的，一个人长期从事某一专业劳动，能促使人的能力向高度专业化发展。例如，计算机文字录用人员，随着工作的熟练和经验的积累，文字录入的速度会越来越快，准确性也会越来越高。个体的职业能力只有在实际工作中才能不断得到发展、提高和强化。

（2）教育培训促进教育能力的提高

个体职业能力的提高除了在实践中磨炼和提高之外，另外最有效的途径就是接受教育和培训。像我们所熟悉的职业教育、专科教育、大学本科教育、研究生教育等，学生通过对有关知识和技能的掌握，对以后更好地胜任本职工作会有极大的帮助。

（3）职业能力、职业发展与职业创造间的关系

职业能力是人的发展和创造的基础。前面讲到能力是成功地完成某种任务或胜任工作的必不可少的基本因素，没有能力或能力低下，就难以达到工作岗位的要求，不能胜任。个体的职业能力越强，各种能力越是综合发展，就越能促进人在职业活动中的创造和发展，就越能取得较好的工作绩效和业绩，越能给个人带来职业成就感。

（三）职业能力倾向测评

所谓能力倾向，是一种潜在的、特殊的能力，它与经过学习训练而获得的才能是有区别的，它本身是一种尚未接受教育训练前就存在的潜能。而职业能力倾向主要是指与个体成功地从事某种工作有关的能力因素，是一些对于不同职业的成功、在不同程度上有所贡献的心理因

素。社会上的职业很多，各种职业对人的能力的要求也是各不相同，而人的能力也存在很大的个别差异。因此，如果我们能对自己的职业能力做出恰当的评价，就可以结合自己的职业兴趣，选择适合自己的职业，并在选定的职业中充分施展自己的才华和优势。而职业能力倾向测验是一种测量人们从事某种职业活动潜在能力的评估工具，它具有诊断功能和预测功能，可以判断一个人的能力优势与成功发展的可能性，为人员选拔、职业设计与开发提供科学依据。

1. 特殊性倾向测验

这个测验是系列式的，包括四大类多个小测验，是国外企业常用的职业能力倾向性测验。这四类分别是：机械倾向性测验，主要测量人们对机械原理的理解和判断空间形象的速度、准确性以及手眼协调的运动能力；文书能力测验是专门了解个人打字、速记、处理文书和联系工作能力的测验，适合于科室和文职人员能力测量；心理运动能力测验，主要测验工业中许多工作所需的肌肉协调、手指灵巧或眼与手精确协调等技能；视觉测验，运用特殊仪器对视力的多种特征进行测验，以评定其是否符合一定工作的要求。

2. 多重能力倾向测验

主要用来测量与某些活动有关的一系列心理潜能，能同时测定多种能力倾向。其中普通能力成套测验（GATB）是较有代表性且较常用的。可以测量九种职业能力：

（1）G——智能。智能即一般的学习能力，包括对说明、指导语和诸原理的理解能力，推理判断能力，迅速适应新环境的能力。

（2）V——语言能力。语言能力是指按语言的意义及与它相关的概念，有效地掌握它的能力；对字词、句子、段落、篇章及其相关关系的理解能力；清楚而准确地表达信息的能力。包括口头表达能力和文字理解与表达能力。

（3）N——数理能力。数理能力是指在正确而快速进行计算的同时，能进行推理，解决应用问题的能力。

（4）Q——书写知觉能力。书写知觉能力是指对文字、表格、票据等材料之细微部分正确知觉的能力；直观地比较、辨别字词和数字，发现错误和矫正的能力。

（5）S——空间判断能力。空间判断能力是指对记忆平面图形与立体图形之间的关系的理解能力和解决应用问题的能力。

（6）P——形态知觉能力。形态知觉能力是指对实物或图像的有关细节的正确知觉能力；根据视觉能够比较、辨别的能力；对图形的形状和阴影的细微差别、长宽的细小差异，进行辨别的能力。

（7）K——动作协调能力。动作协调能力是指迅速、准确和协调地做出精确的动作，并迅速完成作业的能力；迅速而准确地做出反应动作的能力；手、眼协调运动的能力。

（8）F——手指灵活性。手指灵活性是指快速而准确地活动手指，操作细小物体的能力。

（9）M——手腕灵活性。手腕灵活性是指随心所欲地、灵巧地活动手以及手腕的能力；拿取、放置、调换、翻转物体时手的精巧运动和腕的自由运动能力。

其中，V、N、Q 能力出色的人，属于认知型职业类型；S 和 P 能力出色的人可归入知觉型；K、F、M 突出的人属于运动机能型。现实生活中，有许多人可能同时在上述两类能力类型中都相当优秀，或者九种能力水平相差不多，没有哪一种特别突出。一般能力倾向测验的意义，在于帮助你发现什么样的职业领域最能发挥自己的潜能，而不是简单地划定“最适合的职业”，要知道，人的很多能力是可以通过后天培养而积累的。

3. 职业能力倾向的自我测评

下面的测验包括九个方面的能力的简易量表，每种能力倾向都有四道试题。测验时，请你仔细阅读每一道题，并采用五级评分法对自己进行判定。

表 1-3 职业能力倾向自我测评量表

（一）一般学习能力倾向（G）	强 1	较强 2	一般 3	较弱 4	弱 5
1. 快而容易地学习新内容					
2. 快而正确地解数学题					
3. 你的学习成绩					
4. 对课文的字、词、段落的理解、分析和综合能力					
5. 对学习过的知识和记忆能力					
（二）言语能力倾向（V）	强 1	较强 2	一般 3	较弱 4	弱 5
1. 善于表达自己的观点					
2. 阅读速度和理解能力					
3. 掌握词汇量的程度					
4. 你的语文成绩					
5. 你的文学创作能力					
（三）算术能力倾向（N）	强 1	较强 2	一般 3	较弱 4	弱 5
1. 做出精确的测量					
2. 笔算能力					
3. 口算能力					
4. 打算盘能力					
5. 你的数学成绩					
（四）空间判断能力倾向（S）	强 1	较强 2	一般 3	较弱 4	弱 5
1. 解决立体几何方面的习题					

（续表）

2. 画三维度的立体图形					
3. 看几何图形的立体感					
4. 想象盒子展开后的平面图					
5. 想象三维度的物体					
（五）形态和知觉能力倾向（P）	强 1	较强 2	一般 3	较弱 4	弱 5
1. 发现相同图形中的细微差别					
2. 识别物体的细节部分					
3. 注意物体的细节部分					
4. 观察物体的图案是否正确					
5. 对物体的细微描述					
（六）书写知觉能力倾向（Q）	强 1	较强 2	一般 3	较弱 4	弱 5
1. 快而准地抄写资料（姓名、日期、电话号码等）					
2. 发现错别字					
3. 发现计算错误					
4. 能很快查找编码卡片					
5. 自我控制能力（如较长时间抄写资料）					
（七）眼手运动协调能力倾向（K）	强 1	较强 2	一般 3	较弱 4	弱 5
1. 玩电子游戏					
2. 打篮球、排球、踢足球一类活动					
3. 打乒乓球、羽毛球运动					
4. 打算盘能力					
5. 打字能力					
（八）手指灵巧度（F）	强 1	较强 2	一般 3	较弱 4	弱 5
1. 灵巧地使用很小的工具					
2. 穿针眼、编制等使用手指的活动					
3. 用手指做一件小工艺品					
4. 用计算器的灵巧度					
5. 弹琴					

（续表）

（九）手腕灵巧度（M）	强 1	较强 2	一般 3	较弱 4	弱 5
1. 用手把东西分类					
2. 在推拉东西时手的灵活度					
3. 很快地削苹果					
4. 灵活地使用手工工具					
5. 在绘画、雕刻等手工活动中的灵活性					

（1）统计分数的方法

①对每一类能力倾向计算总分数

每组五道题完成后，分别统计各等级选择的次数总和，用下面公式计算出该类的总计次数（把“强”定为第一项，以此类推，“弱”定为第五项；第一项之和就是选“强”的次数和）。总计次数：（第一项之和 ×1）+（第二项之和 ×2）+（第三项之和 ×3）+（第四项之和 ×4）+（第五项之和 ×5）。

②计算每一类能力倾向的自评等级

自评等级：总计次数 /5

（2）将自评等级填在下表内

职业能力倾向	自评等级	职业能力倾向	自评等级
G		Q	
V		K	
N		F	
S		M	
P			

（三）根据结果对照下表，可找到适合你的职业

职业 / 类型	职业能力倾向								
	G	V	N	S	P	Q	K	F	M
生物学家	1	1	1	2	2	3	3	2	3
建筑师	1	1	1	1	2	3	3	3	3

（续表）

类型 \ 职业	职业能力倾向								
	G	V	N	S	P	Q	K	F	M
测量员	2	2	2	2	2	3	3	3	3
测量辅导员	4	4	4	4	4	4	3	4	3
制图员	2	3	2	2	2	3	2	2	3
建筑和工程技术员	2	2	2	2	2	3	3	3	3
建筑和工程技术专家	2	3	3	3	3	3	3	3	3
物理科学技术专家	2	2	2	2	3	3	3	3	3
物理科学技术员	2	3	3	3	2	3	3	3	3
农业、生物、动物、植物学的技术专家	2	2	2	2	3	3	3	3	3
农业、生物、动物、植物学的技术员	2	3	3	3	3	3	3	3	3
数学家和统计学家	1	1	1	3	3	2	4	4	4
系统分析和计算机程序编制员	2	2	2	2	3	3	4	4	4
经济学家	1	1	1	3	3	2	4	4	4
社会学家、人类学者	1	1	2	2	2	3	4	4	4
心理学家	1	1	3	4	4	3	4	4	4
历史学家	1	1	4	3	3	3	4	4	4
哲学家	1	1	3	2	2	3	4	4	4
政治学家	1	1	3	4	4	3	4	4	4
政治经济学家	2	2	2	3	3	3	3	3	5
社会工作者	2	2	3	4	4	3	4	4	4
社会服务助理人员	3	3	3	4	4	3	4	4	4
法官	1	1	3	4	3	3	4	4	4
律师	1	1	3	4	3	4	4	4	4
公证人	2	2	3	4	4	3	4	4	4
图书管理学专家	2	2	3	3	4	2	3	4	4
图书馆、博物馆和档案管理员	3	3	3	2	2	4	3	2	3
职业指导者	2	2	3	4	4	3	4	4	4

（续表）

类型 \ 职业	职业能力倾向								
	G	V	N	S	P	Q	K	F	M
大学教师	1	1	3	3	2	3	4	4	4
中学教师	2	2	3	4	3	3	4	4	4
小学和幼儿园教师	2	2	3	3	3	3	3	3	3
职业学校教师（职业课）	2	2	2	3	3	3	3	3	3
职业学校教师（普通课）	2	2	3	4	3	3	4	4	4
内、外牙科医生	1	1	2	1	2	3	2	2	2
兽医学家	1	1	2	1	2	3	2	2	3
护士	2	2	3	3	3	3	3	3	2
护士助手	2	4	4	4	4	2	2	3	3
工业药剂师	2	1	2	3	2	2	3	2	3
医院药剂师	2	2	2	4	9	2	3	2	4
营养学家	2	2	2	3	3	3	4	4	3
配镜师（医）	2	2	2	2	2	3	3	3	3
配眼镜商	3	3	3	3	3	4	3	2	3
放射科技术人员	3	3	3	3	3	3	3	3	3
药物实验室技术专家	2	2	2	3	2	3	3	2	3
药物实验室技术员	2	3	3	3	3	3	3	3	2
画家、雕刻家	2	3	4	2	2	5	2	1	3
产品设计和内外装饰者	2	2	3	2	2	4	2	2	4
舞蹈家	2	2	4	3	4	4	4	4	4
演员	2	2	3	3	4	3	4	4	3
电台播音员	2	2	3	4	2	4	2	2	4
作家和编辑	2	1	3	2	3	3	4	4	4
翻译人员	2	1	4	3	4	3	4	4	4
体育教练	2	2	2	4	4	3	4	4	2
运动员	3	3	4	2	3	4	2	2	3

（续表）

职业 类型	职业能力倾向								
	G	V	N	S	P	Q	K	F	M
秘书	3	3	3	4	3	2	3	3	3
打字员	3	3	4	4	4	3	3	3	4
会计	3	3	3	4	4	2	3	3	4
出纳	3	3	3	4	4	2	3	3	4
统计员	3	3	2	4	3	2	3	3	3
电话接线员	3	3	4	4	4	3	3	3	4
办公室职员	3	4	3	4	4	3	3	4	4
商业经营管理	2	2	3	4	4	3	4	4	4
售货员	3	3	3	4	4	3	4	4	3
警察	3	3	3	4	3	3	3	4	4
门卫	4	4	5	4	4	4	4	4	3
厨师	4	4	4	4	3	4	3	3	3
招待员	3	3	4	4	4	4	3	4	2
理发员	3	3	4	4	9	4	2	2	3
导游	3	3	4	3	3	5	3	3	3
驾驶员	3	3	3	3	3	3	3	4	4
农民	3	4	4	4	4	4	4	4	4
动物饲养员	3	4	4	4	4	4	4	4	3
渔民	4	4	4	4	4	5	3	4	3
矿工	3	4	4	3	4	5	3	4	3
纺织工人	4	4	4	4	3	5	3	3	3
机床操作工	3	4	4	3	3	4	3	4	3
锻工	3	4	4	4	3	4	3	4	3
无线电修理工	3	3	3	3	2	4	3	3	3
细木工	3	3	3	3	3	4	3	4	4
家具木工	3	3	3	3	3	4	3	4	3

（续表）

职业 类型	职业能力倾向								
	G	V	N	S	P	Q	K	F	M
一般木工	3	4	4	3	4	4	3	4	3
电工	3	3	3	3	3	4	3	3	3
裁缝	3	3	4	3	3	4	3	2	3

讨论

古希腊哲学家苏格拉底曾提出一个著名的命题：“认识你自己。”这句话被刻在古希腊阿波罗神殿的石柱上，与之相对的石柱上刻着另一句箴言“毋过”，这两句名言告诫着我们应该有自知之明。在我国，老子说过“知人者智，自知者明”，作为大军事家的孙子则有“知己知彼，百战不殆”的名言传世。

通过本章的学习，你对自己是否有一个更新更全面的认识了呢？

DIERZHANG ZHIYE JIAZHIGUAN YU ZHIYE XINGGE TANSUO

02 第二章 职业价值观与职业性格探索

教学目标

- 掌握职业价值观的基本知识
- 理解马斯洛需求理论内容
- 理解舒伯工作价值观
- 利用所学知识探索职业个性，完善你的性格

价值观对人的行为和生活选择有着不可估量的影响，就像亚当·斯密所说的，价值观就像“一只看不见的手”，它在不知不觉中就决定了我们选择以什么样的方式度过一生。然而，你是否清楚地意识到它们的存在呢？对自身价值观的探索，将使我们的生活更有方向感，它将有助于我们更好地回答下面三个最根本的哲学问题：“我是谁？”“我适合做什么工作？”“我的生命有什么意义？”

第一节 职业价值观

价值观在职业选择上的体现就是职业价值观，是人们对待职业的一种信念和态度，或是在职业生活中表现出来的一种价值取向。工作价值观可以反映出个人价值观。人们在选择职业时，个人的择业标准和对具体职业的评价集中反映了他们的职业价值观。例如，在择业过程中，有的人追求丰厚的收入，有的人希望奋斗到较高的社会地位，有的人喜欢工作环境轻松愉快，还有很多大学生将能充分发挥自己的才能作为择业的第一标准。

俗话说："人各有志"，这个"志"表现在职业选择上就是职业价值观，它是一种具有明确的目的性、自觉性和坚定性的职业选择的态度和行为，对一个人职业目标和择业动机起着决定性的作用。

一、职业价值观的含义

职业价值观是指人生目标和人生态度在职业选择方面的具体表现，也就是一个人对职业的认识和态度以及他对职业目标的追求和向往。对职业价值观和工作价值观的研究是职业生涯规划的基础。认识到你思想中最根深蒂固的价值，是理解工作中什么样的特征才能给你满足的第一步。如果你在职业生涯中找到了自己的价值观，那你的工作就会变得更有意义、有目的；如果你的工作没有使你得到满足，生活本身就会变得乏味和令人烦闷。

二、职业价值观的特性

（一）职业价值观是因人而异的

由于每个人的先天条件和后天经历不同，其职业价值观的形成也会受到不同的影响，因此，每个人都有自己的价值观和价值观体系。在同样的客观条件下，具有不同价值观和价值观体系的人，其动机模式不同，产生的行为也不同。

（二）职业价值观是相对稳定的

价值观是人们思想认识的深层基础，它形成了人们的世界观和人生观。它是随着人们认知能力的发展，在环境、教育的影响下，逐步培养而成的。人的价值观一旦形成，便会相对稳定。但当自身状况和外界环境发生较大变化时，职业价值观也会随之而变。

（三）职业价值观是具有阶段性的

根据马斯洛的需求层次理论，当人低层次的需要得到满足以后，他就会产生更高层次的需求。从职业人生来看，大多数人的职业价值观是具有阶段性的，特别是随着某一阶段的自身需求满足后，新的职业价值观也就会随之产生并确定下来。

（四）职业价值观不是唯一的

人的职业价值观不是唯一的，择业时会有几个动机支配他的选择，人们常常为选择感到痛苦时，就是因为个人的职业价值观不唯一，而在某一职业中又难以得到全部满足，从而患得患失。

案例分析一　这就是我想要的生活

英国某小镇有一位青年人，整日以沿街为小镇的人说唱为生；这里有一个华人妇女，远离家人，在这儿打工。他们总是在同一个小餐馆用餐，于是他们屡屡相遇。时间长了，彼此已十分熟悉。

有一次，我们的这位女同胞关切地对那个小伙子说：不要沿街卖唱了，去做一个正当的职业吧。我介绍你到中国去教书，在那里你完全可以拿到比你现在高得多的薪水。

小伙子听了以后，先是一愣，然后反问道：难道我现在从事的不是正当的职业吗？我喜欢这个职业，它给我也给其他人带来欢乐。有什么不好？我何必要远涉重洋，抛弃亲人，抛弃家园，去做我并不喜欢的工作呢？邻桌的英国人，无论老人还是孩子，也都为之愕然。他们不明白，仅仅为了多挣一些钱，抛弃家人，远离故土，有什么值得羡慕的。在他们的眼中，家人团聚，平平安安，才是最大的幸福。它与财富的多少、地位的贵贱无关。

于是，小镇上的人，开始可怜我们的那位女同胞了。

案例点评

要想永远都过着快乐且成功的人生，唯一的方法就是按照正确的价值观生活。不管在工作中或生活上，我们始终都得清楚知道人生中最重要的价值是哪些，然后不管周遭发生任何状况，毅然决然地遵从这些价值而活。这种生活态度我们必须始终一致，而不能计较这么做是不是有什么好处，即使这么做会得罪人也必须坚守原则。因为人生真正的幸福只有一条路，那就是按照自己的价值观去生活，你怎么样地坚信，就怎么样地去行动。

不管你的价值观是什么，但千万别忘了，它就是你人生的指南针，掌握着你人生的去向，每当你面临抉择的关头，它就会代你做出决定，引领你拿出必需的行动。这个心里的指南针如果使用不当，就会给你带来挫折、失望、沮丧，甚至人生就此掉进阴暗的世界；若使用得当，它就会带给你无比的力量，使你的人生充满自信，不论处在任何状况都抱持乐观态度，这是许多成功人土所共有的一个特质。

案例分析二 为梦想努力

李某，毕业于华中农业大学信息与计算科学专业，离开校园的那一年，为了圆自己的一个教师梦，他加入了“三支一扶”的队伍，希望通过另一种途径站在讲台上，为学生们授业解惑，能够用知识的泉水滋润那些贫困地区的祖国幼苗，为他们洒下精神的阳光。白驹过隙，光阴荏苒，2 年的时光匆匆流过，再次回到华农校园的他，已经是襄阳区峪山镇峪山中学一名优秀的支教老师了。

支教圆了李某的教师梦，并让他深深爱上了教师这一光荣的职业。他说：“快乐，成长和感动是支教赠与我的最大财富。如今跟我以前的同学再相聚，他们大多都有了一种成功人士才有的气质，变得社会化，也成熟了。我跟他们最大的不同在于，我还保有青春年少的感觉。”

他的课堂一直讲求“快乐地学习”这五个字，他与学生们的关系也很融洽，他的学生，会在教师节的时候，结伴去田野里采摘大束的野花摆在讲台上，附上一张写有“祝小老师节日快乐”的卡片，会在课下折各种各样的折纸当做一个小小的惊喜，会在家境并不十分富裕的情况下，送他大袋的花生米……一点一滴都带给他满满的感动。

案例点评

人各有志，在一个人选择自己的职业的时候，这个志向其实就是他的职业价值观。职业价值观是指当一个人面临职业选择的时候，他无论如何都不会放弃的职业中至关重要的东西。它表明了一个人通过工作想要追求的理想。人们由于成长经历和受教育水平等诸多因素的不同，自然而然会有不同的人生理想和追求，会有千差万别的价值观。大学生在选择职业时一定要弄清楚自己真正的理想是什么，什么才是生命中最重要、最宝贵的东西。明白了这些然后再去努力坚持，不懈追求。

第二节 马斯洛需求理论

马斯洛需求层次理论是人本主义科学的理论之一，由美国心理学家亚伯拉罕·马斯洛于1943年在《人类激励理论》论文中所提出。

一、马斯洛需求的五个层次

马斯洛理论把需求分成生理需求、安全需求、爱和归属感、尊重和自我实现五类，依次由较低层次到较高层次排列。在自我实现需求之后，还有自我超越需求，但通常不作为马斯洛需求层次理论中必要的层次，大多数会将自我超越合并至自我实现需求当中。

第一层次：生理上的需要

如果这些需要（除性以外）任何一项得不到满足，人类个人的生理机能就无法正常运转。换而言之，人类的生命就会因此受到威胁。在这个意义上说，生理需要是推动人们行动最首要的动力。马斯洛认为，只有这些最基本的需要满足到维持生存所必需的程度后，其他的需要才能成为新的激励因素，而到了此时，这些已相对满足的需要也就不再成为激励因素了。

第二层次：安全上的需要

马斯洛认为，整个有机体是一个追求安全的机制，人的感受器官、效应器官、智能和其他能量主要是寻求安全的工具，甚至可以把科学和人生观都看成是满足安全需要的一部分。当然，当这种需要相对满足后，也就不再成为激励因素了。

第三层次：情感和归属的需要

人人都希望得到相互的关心和照顾。感情上的需要比生理上的需要来得细致，它和一个人的生理特性、经历、教育、宗教信仰都有关系。

第四层次：尊重的需要

人人都希望自己有稳定的社会地位，要求个人的能力和成就得到社会的承认。尊重的需要又可分为内部尊重和外部尊重。内部尊重是指一个人希望在各种不同情境中有实力、能胜任、充满信心、能独立自主。总之，内部尊重就是人的自尊。外部尊重是指一个人希望有地位、有威信，受到别人的尊重、信赖和高度评价。马斯洛认为，尊重需要得到满足，能使人对自己充满信心，对社会满腔热情，体验到自己活着的用处、价值。

第五层次：自我实现的需要

自我实现的需要是最高层次的需要，是指实现个人理想、抱负，发挥个人的能力到最大程度，达到自我实现境界的人，接受自己也接受他人，解决问题能力增强，自觉性提高，善于独立处事，要求不受打扰地独处，完成与自己的能力相称的一切事情的需要。也就是说，人必须干称职的工作，这样才会使他们感到最大的快乐。马斯洛提出，为满足自我实现需要所采取的途径是因人而异的。自我实现的需要是在努力实现自己的潜力，使自己越来越成为自己所期望的人物。

更高需求

自我超越的需求是马斯洛需求层次理论的一个模棱两可的论点，通常被合并至自我实现需求中。1954 年，马斯洛在《激励与个性》一书中探讨了他早期著作中提及的另外两种需要：求知需要和审美需要。这两种需要未被列入到他的需求层次排列中，他认为这二者应居于尊敬需要与自我实现需要之间。

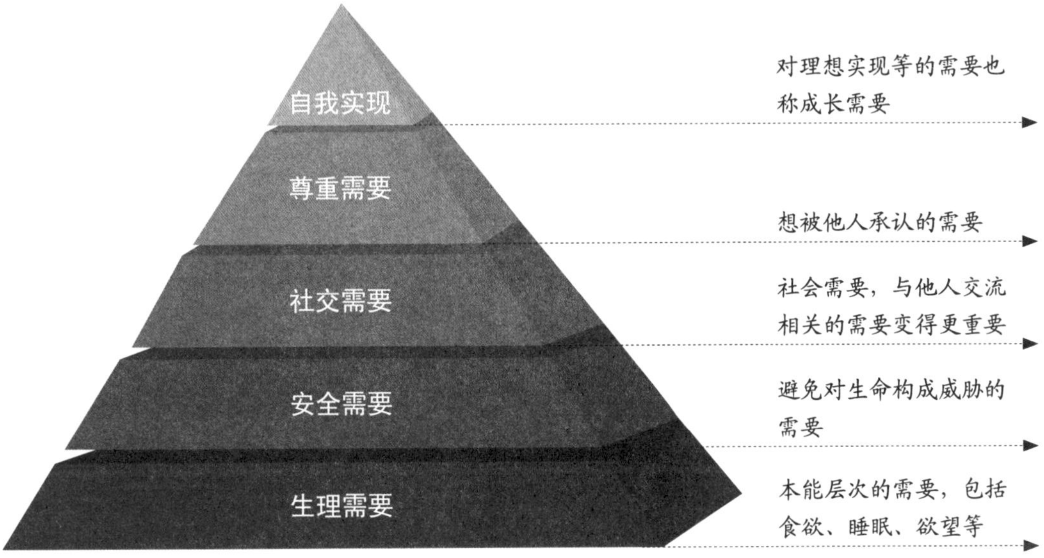

图 2-1 马斯洛需求层次图

二、马斯洛需求层次的应用

1. 五种需要像阶梯一样从低到高，按层次逐级递升，但这样的次序不是完全固定的，可以变化，也有种种例外情况。

2. 需求层次理论有两个基本出发点，一是人人都有需要，某层需要获得满足后，另一层需要才出现；二是在多种需要未获满足前，首先满足迫切需要；该需要满足后，后面的需要才显示出其激励作用。

3. 一般来说，某一层次的需要相对满足了，就会向高一层次发展，追求更高一层次的需要就成为驱使行为的动力。相应地，获得基本满足的需要就不再是一股激励力量。

4. 五种需要可以分为两级，其中生理上的需要、安全上的需要和感情上的需要都属于低一级的需要，这些需要通过外部条件就可以满足；而尊重的需要和自我实现的需要是高级需要，它们是通过内部因素才能满足的，而且一个人对尊重和自我实现的需要是无止境的。同一时期，一个人可能有几种需要，但每一时期总有一种需要占支配地位，对行为起决定作用。任何一种需要都不会因为更高层次需要的发展而消失。各层次的需要相互依赖和重叠，高层次的需要发展后，低层次的需要仍然存在，只是对行为影响的程度大大降低。

5. 马斯洛和其他的行为心理学家都认为，一个国家多数人的需求层次结构，是同这个国家的经济发展水平、科技发展水平、文化和人民受教育的程度直接相关的。在发展中国家，生理需要和安全需要占主导的人数比例较大，而高级需要占主导的人数比例较小；在发达国家，则刚好相反。

在企业管理中，了解员工的需要是应用需求层次论对员工进行激励的一个重要前提。在不同组织中、不同时期的员工以及组织中不同的员工的需要充满差异性，而且经常变化。因此，管理者应该经常性地用各种方式进行调研，弄清员工未得到满足的需要是什么，并有针对性地进行激励。

第三节 舒伯职业价值观

一、舒伯 15 种工作价值观

生涯规划大师舒伯认为职业价值观是个人追求的与工作有关的目标，亦即个人的内在需求及在从事活动时所追求的工作特质或属性。它是人生价值观在职业问题上的反映。对此，舒伯提出了 15 种工作价值观：

（1）利他主义：能够体现对他人的关心，为他人的幸福和利益尽一份力的职业。

（2）美的追求：能够制作美的物品，得到美感的享受并将美带给世界的职业。

（3）智力挑战：能够不断进行智力开发、动脑思考、理解事物怎样运行和作用的职业。

（4）成就动机：能够不断取得成就，有一种获得成功感的工作。喜欢能给人现实可见结果的职业。

（5）自主：能够自己做主，按自己的方式、想法去做，自主安排进度，不受他人干扰的职业。

（6）多样性：工作的内容能经常变换，有机会尝试不同种类、涉及不同领域的职业。

（7）稳定：能够有一个安稳的局面，不太可能受到失业、调动等事情困扰的职业。

（8）生活风格：工作能够让你按照自己所选择的生活方式生活并成为自己希望成为的人。

（9）创造力：能使你发明新事物、设计新产品或产生新思想的工作。

（10）同事关系：能和喜欢的人接触并共事，与老板和同事相处融洽愉快。

（11）社会关系：能和各种人交往，建立比较广泛的社会联系和关系。

（12）工作环境：工作能在不冷、不热、不脏的宜人环境下进行。

（13）声望：所从事的工作在人们的心目中有较高的社会地位，能使自己得到他人的重视与尊敬。

（14）权力控制：工作能够获得对他人或某事的管理权，能指挥和调遣一定范围内的人或事物。

（15）经济回报：工作能够获得优厚的报酬，使自己有足够的财力去获得自己想要的东西，使生活过得较为富足。

舒伯的价值观只包含了15项内容，不一定能够完全包括每一位同学的情况，同学们可以根据以上内容，归纳总结自己的职业价值观。

二、舒伯职业价值观量表

表2-1 舒伯职业价值观量表

分值	题号	题目	分值	题号	题目
	1	能参与救灾济贫的工作		31	能够减少别人的苦难
	2	能经常欣赏完美的工艺作品		32	能运用自己的鉴赏力
	3	能经常尝试新的构想		33	常需构思新的解决方法
	4	必须花精力去深入思考		34	必须不断地解决新的难题
	5	在职责范围内有充分自由		35	能自行决定工作方式
	6	可以经常看到自己的工作成果		36	能知道自己的工作绩效
	7	能在社会扮演更重要的角色		37	能让你觉得出人头地
	8	能知道别人如何处理事务		38	可以发挥自己的领导能力
	9	收入能比相同条件的人高		39	可使你存下很多钱
	10	能有稳定的收入		40	有好的保险和福利制度
	11	能有清静的工作场所		41	工作场所有现代化的设备
	12	主管善解人意		42	主管能采取民主领导方式
	13	能经常和同事一起休闲		43	不必和同事有利益冲突
	14	能经常变换职务		44	可以经常变换工作场所
	15	能成为你想成为的人		45	常让你觉得如鱼得水
	16	能帮助贫困和不幸的人		46	能常帮助他人解决困难
	17	能增添社会的文化气息		47	能创作优美的作品
	18	可以自由地提出新颖的想法		48	常需提出不同的处理方案

（续表）

分值	题号	题目	分值	题号	题目
	19	必须不断学习才能胜任		49	需对事情深入分析研究
	20	工作不受他人干涉		50	可以自行调整工作进度
	21	常觉得自己的辛劳没有白费		51	工作结果受到他人肯定
	22	能使你更有社会地位		52	能自豪地介绍自己的工作
	23	能够分配调整他人的工作		53	能为团体拟订工作计划
	24	能常常加薪		54	收入高于其他同行
	25	生病时能有妥善照顾		55	不会轻易地被解雇或裁员
	26	工作地点光线通风好		56	工作场所整洁卫生
	27	有一个公正的主管		57	主管学识和品德让你钦佩
	28	能与同事建立深厚的友谊		58	能够认识很多风趣的伙伴
	29	工作性质常会变化		59	工作内容随时间变化
	30	能实现自己的理想		60	能充分发挥自己的专长

计分及解释

得分	对应题目	职业价值观	得分	对应题目	职业价值观
	1、16、31、46	利他主义		9、24、39、54	经济报酬
	2、17、32、47	美的追求		10、25、40、55	安全稳定
	3、18、33、48	创造发明		11、26、41、56	工作环境
	4、19、34、49	智力激发		12、27、42、57	上司关系
	5、20、35、50	独立自主		13、28、43、58	同事关系
	6、21、36、51	成就满足		14、29、44、59	多样变化
	7、22、37、52	声望地位		15、30、45、60	生活方式
	8、23、38、53	管理权力			

三、探索职业价值观活动

下面列出 40 项价值观，可以根据清单项目勾选出自己最看重的价值观。

表 2-2 价值观清单

○ 01 金钱	○ 02 自我表现	○ 03 身份地位	○ 04 权力	○ 05 影响力
○ 06 专业	○ 07 丰富的知识	○ 08 服务他人	○ 09 自主	○ 10 安全感
○ 11 快乐	○ 12 做事的品质	○ 13 内在和谐	○ 14 升迁	○ 15 成长
○ 16 关爱	○ 17 生理上的挑战	○ 18 帮助别人	○ 19 亲和	○ 20 制造力
○ 21 冒险	○ 22 知识上的领先	○ 23 亲密关系	○ 24 名誉	○ 25 友谊
○ 26 变化	○ 27 挑战性的问题	○ 28 受人肯定	○ 29 责任	○ 30 领导力
○ 31 卓越	○ 32 能够自由运用时间	○ 33 成就感	○ 34 财富	○ 35 智慧
○ 36 名气	○ 37 和开放诚实的人工作	○ 38 发挥潜力	○ 39 自由	○ 40 刺激

其他：________________

并以此写出你认为最重要的 5 项价值观：________________

第四节 职业性格探索

案例分析一 性格决定命运

晋惠帝司马衷有个儿子叫司马遹，是个聪明懂事的孩子。当太子后，却不爱读书，喜欢做买卖。他在宫里让人同他一起杀猪卖酒，竟锻炼到可以用手估掂肉的斤两，并且毫厘不差。这么好的营业员人才，偏偏去当了皇上，结果当得一蹋糊涂，连小命也丢了。

明朝天启皇帝的爱好是盖房子。他亲自当木匠，操作斧锯凿削，活做得比正经木匠还好。他一天到晚都迷这个，从不厌倦。当他干活起劲时，最烦有别的事儿分心。魏忠贤就抓住了他这个特点，专门等他干木匠活时进来奏事。天启一听，就赶紧打发说："你们去办吧，我知道了。"于是大权旁落，最后断送了大明江山。

案例点评

性格会决定一个人的职业命运——决定着一个人的职业适应性和职业成就。性格是一个人职业素质中最核心、最具稳定性的内容。人的职业选择带有很大的偶然性，自己起初也不知道自己这辈子该干嘛。比如大家都知道，宋徽宗是个好画家，李后主是个好词人。但他们都不是一个好皇帝。那么，你认识自己的职业性格吗？

案例分析二 性格对职业的影响

陈红和王利是大学阶段的同学，两人毕业后到了南方的同一所学校任职，并且还在同一个系里。在迎接新教师的座谈会上，院长殷切地希望年轻人树立人生目标，并为之奋斗。会后，两人开玩笑，说目标就是当院长了，看谁先当上。

表面是句玩笑，两人心中却已当真。陈红认真、冷静、做事有计划，王利灵活、圆滑、办事有冲劲，两人性格迥异，决定了不同的人生。

三年后，王利当上了副主任，陈红仍是一名普通老师；十五年后，陈红当上了院长，王利仍是一名副主任。原先职位在上的王利现在成了下属，他承认自己输了，但不明白自己错在哪里。

自从立下目标后，陈红制订了自己的人生规划。头三年，他练习普通话、学习讲课技巧、琢磨学生心理、研究课本。三年后，他在学校讲课已小有名气。第 4 ～ 6 年，陈红考上另一所高校读研读博，在此期间专心学习研究方法。第 7 ～ 12 年，陈红潜心做研究，在国际期刊上发表文章、承担国家级课题，渐渐成为该领域的知名学者。从第 13 年起，陈红不仅以科研为主、重视教学，还开始加强各方人际关系。第 15 年老院长退休时，人们不约而同地想到让陈红接班，学术、教学、人际关系样样不错，不选他选谁？

王利则不同，一开始就关注仕途，以经营上下级关系为主，三年便当上了副主任。可是一上任就感到各方压力，上课水平一般，科研没有成果，处理问题难以服众。当了两年主任很不顺，看到一些老同学当老板，心中羡慕，也悄悄在外合伙开了间餐厅。不到一年，餐厅倒了，又相继开了面粉厂、美容院、服装店，可是干一样亏一样。瞎忙了四年才发现，自己不适合经商，还是在学校好。回头再往上走，发现过去的同事都有了大进步，自己必须跟上。一会儿忙教学，一会儿搞科研，生活工作忙得像锅粥，但什么都干不好。到了第 15 年，王利勉强还是个副主任，再不有点改观，恐怕也快“下课”了。

案例点评

性格之所以对我们的职业生涯规划影响深远，最主要的是因为性格不同，大家的思维方式，跟外界的接触方式都不一样。所以，职业性格对职业生涯规划的影响是巨大而深远的。我们进行职业生涯规划和职业决策时，一定不能忽略性格对职业的影响。

在职场中，尽管我们每个人都会根据所处的环境和所打交道的人采取不同的行为方式，但我们的性格是基本保持不变的。你的性格会让身边的人们预测到你的很多方面，这是你存在的依据。当然，性格也可能改变，特别是当你努力认识自己的潜能并试图开发它们的时候，但这个改变需要相当长的时间，是一个潜移默化的过程。所以，对现在的职场人士，接受自己的性格，改变工作的现状，才是最切合实际的做法。

性格不易改变，那么怎样才能适应工作的需求呢？尤其在这份工作对你来说非常重要的情况下。要学会改变工作方式，这会收到意想不到的效果，而改变工作方式和改变性格没有直接的联系。对于陈同学来说，首先要肯定原先的工作成绩，并从中归纳出自己的成功要素基本点，恰当应用到新的工作模式中来；然后需要锻炼人际沟通能力，使自己尽快融入新的工作团队；再次要培养自己在管理方面的知识与才能，提升自己的职业竞争力。他沉稳内向的性格对于事业的进一步发展应该说是非常有利的。

如果经过深入的分析，发现自己的性格与职业的要求确实不匹配，那就需要及时地调整职业的选择和方向。必须及时地寻找到长足的发展方向并逐步培养职业竞争力。如果蹉跎岁月，等到年纪已长，那时候重新发展已不切实际，性格与工作不适的矛盾就不能轻易解决了。

一、性格及其分类

性格是指一个人对事物的稳定态度以及与之相适应的习惯化了的行为方式，在一个人的人格中处于核心地位，它决定着个人的活动方向，是个人区别于他人的最主要特征。与气质相比，性格则更多地受到后天社会生活环境的影响。心理学家认为，气质是性格形成的先天因素，而家庭是个人性格形成的最重要因素。虽然家庭、学校、社会都会对人的性格产生多方面的影响，但相比之下，家庭的影响最为重要。因为在 6 岁之前，是人的性格基本定型的最重要阶段，而孩子在这段时间通常都是在家庭中度过的，接触最多的就是自己的父母，因此，父母对孩子性格的形成起着关键作用。

目前应用最广泛的是基于荣格心理类型理论的“梅尔—布瑞格斯心理类型指标”（MBTI）。该理论根据四组维度八个向度将人的性格分为 16 种性格类型。四个维度即：

（一）内向—外向（I—E）

根据能量更集中地指向哪里来区分，外向型关注自己如何影响外部环境，将心理能量和注意力聚集于外部世界和与他人的交往上。例如：聚会、评论、聊天，关注外部环境的变化对自己的影响；内向型将心理能量和注意力聚集于内部世界，注重自己的内心体验。例如：独立思考，看书，避免成为注意的中心，听的比说的多。

（二）实感—直觉（S—N）

根据收集信息的方式不同来区分。实感型的人关注由感觉器官获取的具体信息：看到的、听到的、闻到的、尝到的、触摸到的事物。例如：关注细节、喜欢描述、喜欢使用和琢磨已知的技能；直觉性的人关注事物的整体和发展变化趋势：灵感、预测、暗示，重视推理。例如：重视想象力和独创力，喜欢学习新技能，但容易厌倦，喜欢使用比喻，跳跃性地展现事实。

（三）思维—情感（T—F）

根据个人做决定的方式不同区分。思维型的人重视事物之间的逻辑关系，喜欢通过客观分析做决定评价。例如：理智、客观、公正；情感型的人以自己和他人的感受为重，将价值观作为判定标准。例如：对他人情感的影响敏感，认为圆通和坦率同样重要。

（四）判断—知觉（J—P）

根据个人最感到舒适的生活方式不同区分。判断型的人先工作后玩，确立目标并按时完成，注重结果；知觉型的人如果有时间就会先玩后工作，有新情况时便改变目标，注重过程，通过接触新事物获得满足。

以上四个维度两两组合，便可以得到 16 种性格类型。

1.“ENTP”（外向 + 直觉 + 思维 + 知觉）

反应快、睿智，有激励别人的能力，警觉性强、直言不讳。在解决新的、具有挑战性的问题时机智而有策略；善于找出理论上的可能性，然后再用战略的眼光分析。善于理解别人。不喜欢例行公事，很少会用相同的方法做相同的事情，倾向于一个接一个地发展新的爱好。较适合做演员、记者、营销人员、摄影师、销售人员等。

2.“INTP”（内向 + 直觉 + 思维 + 知觉）

对任何感兴趣的事物，都要探索一个合理的解释。喜欢理论和抽象的事情，喜欢理念思维多于社交活动。沉静，满足，有弹性，适应力强。在他们感兴趣的范畴内，有非凡的能力去专注并深入地解决问题。有怀疑精神，有时喜欢批判，常常善于分析。较适合做艺术工作者、电脑分析师、工程师、科学家、作家等。

3.“ESFJ”（外向 + 实感 + 情感 + 判断）

有爱心、有责任心、合作。希望周边的环境温馨而和谐，并为此果断地营造这样的环境。喜欢和他人一起精确并及时地完成任务。忠诚，即使在细微事情上也是如此。能体察到他人在日常生活中的所需并竭尽全力帮助。希望自己和自己的所为能受到他人的认可和赏识。较适合做美容师、健康工作者、办公人员、秘书、教师等。

4.“ISFJ”（内向 + 实感 + 情感 + 判断）

沉静，友善，有责任感和谨慎。能坚定不移地承担责任。做事贯彻始终、不辞劳苦和准确无误。忠诚，替人着想，细心；往往记着他所重视的人的种种微小事情，关心别人的感受。努力创造一个有秩序、和谐的工作和家居环境。较适合做健康工作者、图书管理员、服务性工作者、教师等。

5.“ENFP”（外向 + 直觉 + 情感 + 知觉）

热情洋溢、富有想象力。认为生活充满很多可能性。能很快地将事情和信息联系起来，然后很自信地根据自己的判断解决问题。很需要别人的肯定，又乐于欣赏和支持别人。灵活、自然、不做作，有很强的即兴发挥的能力，言语流畅。较适合做演员、神职人员、咨询师、记者、音乐家、公关人员等。

6.“INFP”（内向 + 直觉 + 情感 + 知觉）

理想主义者，忠于自己的价值观及自己所重视的人。外在的生活与内在的价值观配合，有好奇心，很快看到事情的可能与否，能够加速对理念的实践。试图了解别人、协助别人发展潜能。适应力强，有弹性；如果和自己的价值观没有抵触，往往能包容他人。较适合做艺术工作者、娱乐工作者、编辑、心理学家、社会工作者、作家等。

7.“ENFJ”（外向 + 直觉 + 情感 + 判断）

温情、有同情心、反应敏捷、有责任感。非常关注别人的情绪、需要和动机。善于发现他人的潜能，并希望能帮助他们实现。能够成为个人或群体成长和进步的催化剂。忠诚，对赞美和批评都能做出积极回应。友善、好社交。在团体中能很好地帮助他人，并有鼓舞他人的领导能力。较适合做演员、神职人员、咨询顾问、咨询师、音乐家、教师等。

8.“INFJ”（内向 + 直觉 + 情感 + 判断）

寻求思想、关系、物质等之间的意义和联系。希望了解什么能够激励人，对人有很强的洞察力。有责任心，坚持自己的价值观。在对于目标的实现过程中有计划而且果断坚定。较适合做艺术工作者、神职人员、音乐家、心理医生、教师、作家等。

9.“ESTP”（外向 + 实感 + 思考 + 知觉）

灵活、忍耐力强，实际，注重结果；觉得理论和抽象的解释非常无趣。喜欢积极地采取行动解决问题；注重当前，自然不做作，享受和他人在一起的时刻；喜欢物质享受和时尚；学习新事物最有效的方式是通过亲身感受和练习。较适合做财务核查员、工匠、警察、销售人员、服务性工作者。

10.“ISTP”（内向 + 实感 + 思维 + 知觉）

容忍，有弹性；是冷静的观察者，但当有问题出现时便迅速行动，找出可行的解决方法。能够分析哪些东西可以使事情进行顺利，又能够从大量资料中找出实际问题的重心。很重视事件的前因后果，能够以理性的原则把事实组织起来，重视效率。较适合做手工艺者、建筑工程师、机械工作者、保全服务工作者、统计人员等。

11.“ESTJ”（外向 + 实感 + 思考 + 判断）

实际、现实性主义、果断，一旦下决心就会马上行动；善于将项目和人组织起来将事情完成，并尽可能用最有效率的方法得到结果；注重日常的细节，有一套非常清晰的逻辑标准，有系统性地遵循，并希望他人也同样遵循；在实施计划时坚定有力。较适合做督导者、行政人员、财务经理、经理、推销人员等。

12.“ISTJ”（内向 + 实感 + 思维 + 判断）

沉静，认真；贯彻始终、得人信赖而取得成功。讲求实际，注重事实和有责任感。能够合情合理地去决定应做的事情，而且坚定不移地把它完成，不会因外界事物而分散精神。以做事有次序、有条理为乐，不论在工作上、家庭上或者生活上均如此。重视传统和忠诚。较适合做会计师、财务核查人员、工程师、财务经理、警察、技师等。

13.“ENTJ”（外向 + 直觉 + 思维 + 判断）

坦诚、果断，有天生的领导能力。能很快看到公司或组织程序和政策中的不合理性和低效能性，发展并实施有效和全面的系统来解决问题。善于做长期的计划和目标的设定。通常见多识广，博览群书，喜欢拓广自己的知识面并将此分享给他人。在陈述自己的想法时非常强而有力。较适合做行政人员、律师、经理、营销人员、工程人员等。

14.“INTJ”（内向＋直觉＋思维＋判断）

完美主义者。他们强烈的性格类型是“ESTP”（外向＋实感＋思维＋知觉）沉静、友善、敏感和仁慈。欣赏目前和他们周遭所发生的事情。喜欢有自己的空间，做事又能把握自己的时间。忠于自己的价值观，忠于自己所重视的人。不喜欢争论和冲突，不会强迫别人接受自己的意见或价值观。较适合做电脑分析师、工程师、法官、律师、工程人员、科学家等。

15.“ISFP”（内向＋实感＋情感＋知觉）

安静、友好、敏感、和善；喜欢有自己的空间，喜欢能按照自己的时间表工作；对于自己的价值观和自己觉得重要的人非常忠诚，有责任心；不喜欢争论和冲突；不会将自己的观念和价值观强加到别人身上。较适合做文书工作者、建筑工作者、音乐家、户外工作者、油漆工作者等。

16.“ESFP”（外向＋实感＋情感＋知觉）

外向、友好、接受力强。热爱生活、人类和物质上的享受；喜欢和别人一起将事情做成功；在工作中讲究常识和实用性，并使工作显得有趣；灵活、自然、不做作，对于新的事物都能很快地适应；学习新事物最有效的方式是和他人一起尝试。较适合做儿童保育员、采矿工程师、秘书、督导等。

二、探索职业性格活动

职业性格探索

测评试题：职业性格测评

下列题目均为单选，请选择后根据表格分数对照总计最后分值：

1. 你更喜欢吃哪种水果？

A. 草莓　B. 苹果　C. 西瓜　D. 菠萝　E. 橘子

2. 你平时休闲经常去的地方？

A. 郊外　B. 电影院　C. 公园　D. 商场　E. 酒吧　F. 练歌房

3. 你认为容易吸引你的人是？

A. 有才气的人　B. 依赖你的人　C. 优雅的人　D. 善良的人　E. 性情豪放的人

4. 如果你可以成为一种动物，你希望自己是哪种？

A. 猫　B. 马　C. 大象　D. 猴子　E. 狗　F. 狮子

5. 天气很热，你更愿意选择什么方式解暑？

A. 游泳　B. 喝冷饮　C. 开空调

6. 如果必须与一个你讨厌的动物或昆虫在一起生活，你能容忍哪一个？

A. 蛇　B. 猪　C. 老鼠　D. 苍蝇

7. 你喜欢看哪类电影、电视剧？

A. 悬疑推理类　B. 童话神话类　C. 自然科学类　D. 伦理道德类　E. 战争枪战类

8. 以下哪个是你身边必带的物品？

A. 打火机　B. 口红　C. 记事本　D. 纸巾　E. 手机

9. 你出行喜欢坐什么交通工具？

A. 火车　B. 自行车　C. 汽车　D. 飞机　E. 步行

10. 以下颜色你更喜欢哪种？

A. 紫　B. 黑　C. 蓝　D. 白　E. 黄　F. 红

11. 下列运动中挑选一个你最喜欢的（不一定擅长）？

A. 瑜伽　B. 自行车　C. 乒乓球　D. 拳击　E. 足球　F. 蹦极

12. 如果你拥有一座别墅，你认为它应当建在哪里？

A. 湖边　B. 草原　C. 海边　D. 森林　E. 城中区

13. 你更喜欢以下哪种天气现象？

A. 雪　B. 风　C. 雨　D. 雾　E. 雷电

14 你希望自己的窗口在一座30层的大楼的第几层？

A.7 层　B.1 层　C.23 层　D.18 层　E.30 层

15. 你认为自己更喜欢在以下哪一个城市中生活？

A. 丽江　B. 拉萨　C. 昆明　D. 西安　E. 杭州　F. 北京

题号 \ 得分	A	B	C	D	E	F
1	2	3	5	10	15	
2	2	3	5	10	15	20
3	2	3	5	10	15	
4	2	3	5	10	15	20
5	5	10	10			
6	2	5	5	15		
7	2	3	3	10	15	
8	2	2	5	5	10	
9	2	3	5	10	15	
10	2	3	5	8	12	15
11	2	3	5	8	10	15
12	2	3	5	10	15	
13		3	5	10	15	
14	2	3	5	10	15	
15	1	3	5	8	10	15

测试结果

180 分以上:

你是一个头脑冷静且意志力很强的人。这样的人拥有强烈的事业心，通常做事都是不达目的誓不罢休。虽然你外表显得温和友善，但内心傲气实足。比较看重有利于自己的人际关系，性情急躁，得理不饶人，也不肯轻易认输。想法很现实，无论是对爱情或是婚姻都以理性思维对待，不幻想空想，对金钱的欲望一般。

140 ～ 179 分:

你是个善于交朋友且拥有好人缘的人。阳光又活泼，心机较深。有事业心，野心，渴望能获得成功。崇尚爱情，但思维较理性，当爱情与婚姻发生冲突时会选择对自己有利的一方。金钱欲望强烈。

100 ～ 139 分:

你是感性的人，爱幻想，交朋友以是否与自己投缘为标准。平时性格比较倔强、急躁、孤傲，有时也优柔寡断、犹豫不定。不喜欢墨守成规，喜欢创造性、创新性强的工作，事业心较重。喜欢浪漫的爱情，但往往不切实际。对金钱的欲望一般。

70 ～ 99 分:

你是个爱自由、喜冒险、好奇心强的人。事业心一般，对于工作总是持有随遇而安的态度，不愿意自己主动去争取什么，善于妥协。对细小的事情通常敏感，但耐心较差，虽然勇于冒险，却又胆小，生活里时常出现种种矛盾。渴望浪漫的爱情，但又对婚姻持现实的态度。对金钱没有特殊的概念，不善理财。

40 ～ 69 分:

你是一个看重友情，性格温顺，踏实，偶尔却有点狡黠的人。事业心一般，能足够认真地对待本职工作，除此之外的事务并不能引起你足够的兴趣。喜欢有规律的生活、工作，不愿意接受太大的变动，不喜欢冒险。家庭观念强，比较善于理财。

40 分以下:

你是个爱幻想、爱玩闹、生活没有规律、爱散漫的人。平时爱交朋友，比较能和朋友打成一片，没有严格的择业标准，异性缘佳。事业心较差，对工作没有概念，经常得过且过。善于享受生活，但意志力和耐心较差，喜欢我行我素，强调个性和自我。对爱情不够坚持、认真，容易妥协。基本没有理财观念。

三、完善你的性格

自我性格的培养和完善需要相当长的一个过程，你可以试着通过下面的途径来不断完善自己。

1. 通过交友来培养自己的性格。通过与朋友之间的交往，可以从他们身上学到好的性格特征。此外，在与朋友交往的过程中，通过比较，你可以发现自己性格中的弱点，这样你就可以有针对性地完善自己的性格。

2. 通过读好书、看好的电视节目和电影来培养自己的性格。一部好书可以影响人的性格形成，乃至影响一个人的一生。大学生应多读一些好书。

3. 在工作中培养良好的性格品质。一个人的性格决定了他在职场中的命运。因此在日常工作中注意对自身良好性格的培养，不仅有利于工作的顺利开展，也有利于自我完善。

4. 在体育锻炼中培养性格。体育锻炼对人的性格培养有重要作用，并不是所有的人都了解。国外有关专家的研究表明，一些项目的体育锻炼可以培养好的性格品质。这些性格特征包括：决心、进取心、自信心、坚韧性、责任感、勇敢、果断性、主动性、独立性和自制力等。

在为自己的职业发展做规划时，首先就要正确测定自己的个性，职业发展规划是与职业气质、能力、兴趣、潜力、价值观、理念等因素相关联的，性格若能与工作相匹配，工作中更能得心应手、轻松愉快、富有成就感。反之则会不适应、困难重重，给个人的发展和组织造成影响。

要想做好工作，需要专业的知识、良好的技能，也需要和自己的性格相匹配，先借助科学手段了解自己的性格类型，更有利于进行准确的职业定位，更有利于职业的发展。当从事的职业与个性相吻合时，就可能发挥出能力，容易做出成就；反之可能导致其原有才能的浪费，或者必须付出更大的努力才能成功。

许多工作对性格品质有着特定的要求，要选择某一职业就必须具备这一职业所要求的性格特征。但是，性格在很大程度上来源于后天的培养，每个人在社会中都会因为种种外界原因而改变原先的性格，也许这种改变会让你意外地发现自己的潜力。另外，人的个性并不能决定他的社会价值与成就水平。当你发现你的个性与职业的匹配度不高时，可以通过个人努力来弥补自身不足。同样，一个人在自己适宜的职业中不努力也不会成功。

DISANZHANG HUANJING FENXI YU ZHIYE JUECE

第三章 环境分析与职业决策

教学目标

- 掌握环境分析的分类
- 学会利用环境分析对从事的职业进行分析
- 掌握职业决策的概念
- 学会运用 SMART 法则制定目标

在这个变革的社会里没有一成不变的事物。今天最热门的技术，明天可能就没人理睬；去年时髦的职业，今年可能就无人问津；当年招生备受冷落的专业，现在却供不应求。在求职时也会出现同样的情况。因而，我们在全面认识了解自己的同时，还必须充分考虑职业环境的需求和变化的趋势，清楚地认识职业环境特征，以评估职业机会来做好职业规划，谋求个人职业生涯的发展和成功。

一个人如果不先去了解这个世界上各种不同的工作，就决定自己的职业，简直就是不可思议和对自己不负责任。更重要的是，不要仅仅满足于眼前接触过的工作种类，把自己的职业选择范围限制得太窄；相反，要尽可能地扩大自己的视野，拓展自己职业选择的可能性，以方便自己做出正确的选择。

第一节 环境分析

一、家庭环境分析

任何人的性格和品质的形成及个人的成长都离不开家庭环境的影响，大学生在进行职业生涯规划时，考虑更多的是家庭的经济状况、家人期望、家族文化等因素对本人的影响。个人职业发展规划的确立，总是同自身的成长经历和家庭环境相关联的。个人在成长过程中，在不同时期也会根据自己的成长经历和所受教育的情况，不断修正、调整，并最终确立职业理想和职业计划。正确而全面地评估家庭情况才能有针对性地设计适合自己的职业规划。

（一）经济状况

家庭的经济状况主要将决定我们参加工作的紧迫性。如果父母经济宽裕，则可以考虑就读研究生进一步丰富自己的知识，或以此作为就业的缓冲。如果家里经济条件不是很好，我们则可能需尽早毕业参加工作，或者在本科期间通过兼职来积攒读研的学费。当然，有可能的话，我们还需要考虑是否要在经济上补贴家人，是否要尽快买房接父母过来一起住，等等。

（二）人脉与背景

人脉是在任何社会都非常重要而宝贵的资源，在讲求情感的中国更是如此。如果你的家人在你的目标行业拥有较好的人脉背景，那无疑会给你的职业发展道路带来不少的帮助。通过父母和亲戚的熟人与朋友，你可以得到相关行业或职业的咨询，你会得到相应的指导、帮助，甚至是直接获得工作机会。

此外，父母们有着几十年的社会经验和丰富的阅历，他们的意见对于指导子女择业有重要的参考价值。当然，尊重父母的意见并不代表放弃自己选择的权利。

（三）家庭特殊情况

在择业时还应该充分考虑自己的家庭中的特殊情况，例如，独生子女家庭，父母往往不希望子女离自己太远。事实上也的确如此，如果工作的地方离父母太远，在他们年老多病时，我们将难于照料。对独生子女而言，这更应加以考虑。

案例阅读

家庭环境分析

家庭环境分析一：

每个人的第一任老师是自己的父母，所以家庭环境对一个人的性格、人生观、价值观的影响至关重要。

小的时候舅舅和舅妈从韩国回来探亲，经常给我讲韩国伟人“世宗大王”的事迹，他创立具有简单和精确的朝鲜文字母，颁布了《训民正音》，从而使朝鲜人民有了自己的语言文字，后来又听说许多民间故事和歌曲，如“石头爷爷”，歌曲《阿里郎》等，使我能够感受到韩国的文明文化，我就像进入了梦境一样，想更加深入的了解韩国文化，而且现在家里经济状况好了，我的父母非常支持我到韩国留学和工作。

另外，我从小就对老师有一种感恩和向往。因为在小学五年级的时候，课间到冰场滑冰，不小心跌倒将眉频骨碰裂，晕了过去，眉角血流不止，是老师把我送到了医院，记得当时下的鹅毛大雪，我的父母没有及时赶来，是老师在我身边一直照顾着我，老师就像一位慈祥的母亲照顾婴儿一样，让我在爱的海洋里渐渐康复。这件事使我在以后的学习生活中更加的尊敬师长，从那个时候起我就明确了未来的发展方向，从事太阳底下最光辉的事业——教师。

有了最初的梦想就要插上翅膀向目标远航，那么，最重要的就要付诸于行动。现在家里经济很好，爸爸妈妈又都支持我去韩国留学，在和韩国舅舅的沟通当中，让我体会到韩国中文老师的严重缺乏，而目前我所学的正是应用韩语，我的目标就是去韩国做一名传播中国文化的教师，将中国文化传播到世界各地。我会一直朝着这个目标努力。

从我的家庭环境分析可见，有了家里经济后盾的支持，有了远在他乡舅舅的帮助，结合我本身的能力和素质，这些便成为我职业生涯规划一块重要基石。

家庭环境分析二：

我出生在一个普通又温馨的家庭。父母都是普普通通的工人，勤勤恳恳，默默地做着自己的工作。父母经常教育我做人要诚实，做任何事都要对得起良心，更要尽自己的努力。

妈妈一向待人有礼，从不用世俗的眼光看人，妈妈和周围人的关系处得很好。这使我也自觉地学习妈妈的待人处世，不与别人斤斤计较，凡事懂得谦让，待人有礼真诚。爸爸是个很严厉的人，对待事情一丝不苟，对工作十分认真负责，从小爸爸就教育我，做事要力求完美，这使我对待任何事情都不马虎，同时坚信自己都能做好。爸爸二十年的严厉教导使我受益很多。

家庭环境分析三：

我家在农村，家里有五口人，仅靠父母耕种三亩田地维持生活，弟弟和我都在读书。家庭很贫困，而且负担很重。我爷爷是文盲，父亲是高中毕业生，母亲是初中生。亲戚们的经济状况也都不好。所以，现在家庭不能够提供给我更多的帮助，我只有靠自己了。为了减轻父母的负担，我特意向学院申请了勤工俭学工作。我充分利用课余时间去做这些工作，为自己挣一部分生活费，同时也充分锻炼了能力。家庭经济能力仅能维持正常的生活，我的学习费用为全额贷款。我父母的工作不够稳定，所以经济收入不稳定。家庭文化氛围一般，姐姐从医，妹妹钢琴弹得不错，父母亲支持我们最低完成大学教育。

二、学校环境分析

学校环境是指所在学校的教学特色与优势、专业的选择、社会实践经验等。但随着近些年来各大高校的扩招和扩建，面对严峻的就业情形，很多大学毕业生抱怨找不到专业对口的工作，一方面是因为大学教育并非完全按照社会所需设置专业，职业发展受到市场供需比例的影响；另一方面则是专业太宽泛、职业太精细，导致较难找到绝对“专业对口”的工作。所以，大学生们在做职业生涯规划时，不必太苛求自己，可以尝试向边缘化方向发展。

案例阅读

学校环境分析

学校环境分析一：

（1）我校过往就业情况及趋势

我校的总体就业情况为：总就业率较高，近年学校各高职院校的毕业生就业情况都在稳步前进。但是在各个专业之间的就业率差距大。部分专业的毕业生就业的单位质量不够高，专业不对口的较多。

（2）物流管理专业就业情况分析

经过近20年的实践、探索，我国物流事业取得了很大的发展。我国加入了世界贸易组织，进一步说明我国的改革开放将进一步深化，我国和世界的联系将更加紧密，我国是真正地融入了世界经济一体化的潮流。所有的这些主要体现在外国市场进一步的汇入和中国市场进一步的走出，就在这外入内出的时候，中国经济受到的影响将是巨大的，其间有机遇也有挑战，其中以中远、中外运、中海和诚通为代表的一大批传统的国有仓储、运输、物资和海运企业基本完成战略转型，当然，这是通过分拆的阵痛完成的产权改造。于是，以“买客户”的方式和“重资产”的策略强行进入第三方物流市场，并且在大型的国内企业市场板块取得了相当大的份额。物流是在一片叫好声中出现的，所以显现出了一个旺盛的现象。

总而言之，看到自身的缺点才可以得以完善；发挥自身的优点才可以提高竞争能力。只要不断的学习和摸索，相信不久之后必然是强壮而成熟。

学校环境分析二：

高校的核心工作是培养人才。对人才要素的界定和需求是随着时代的变迁而变化的。进入二十一世纪，世界发展的基本趋势是全球化与多元化的同步加剧，知识化与信息化的全面展开。这一时代特征是我们确立科学的培养模式的根本立足点。

我认为，人才培养的根本不在于知识的传授，而在于能力的培养。因此，在德智体全面发展的基础上，应着力于加强基本技能、创新能力、实践能力、自学能力的培养。同时，人才培养应当努力适应社会经济发展对人才提出的需要，即复合型的、一专多能的专业人才。针对我读的三年套读模式，学校提供学历＋技能＋就业保障的学习模式，要求我们定位自己，选定成才方案。学校的校训“经世致用”，让我们每一个学生都感触到中南大学特别浓厚的学习氛围和人文精神。学校在学习方面为我们自考生提供了丰富的学习资源，在很多方面与统招生资源共享。现学校里讲座特别多，几乎每天都有1～2场，这为我们对社会人才的认识和自身能力的提升提供了一个广阔的平台，让我们能提前认知世界和适应世界。学校图书馆拥有丰富的文献信息资源，这涵盖人文社会科学、自然科学、工程技术、生命科学、农业科技、医学图书、艺术类图书等各学科门类，我们可以很方便地从图书馆网站和馆藏室获取各种各样的资源。

教师是人才培养模式的直接实施者。我们的老师都是各门科的专业人才，具有丰富的教师资源，经过严格挑选聘请过来的。相对优越和便利的教学资源为我们的职业基础的培养提供了条件。

学校环境分析三：

我现在就读的是厦门大学机电系测控技术与仪器仪表专业。厦门大学是全国著名大学之一，是南国最美的大学，有“南方之强”的美誉。厦门大学“211 工程”建设分别通过了部门预审和专家立项、审核，被确认为是一所“学科门类齐全，办学特色鲜明，基础研究力量和师资队伍较强，在国际上有影响力的高水平的国家重点大学”。

Δ专业分析:

本专业学生通过学习精密仪器的光学、机械与电子学基础理论、测量与控制理论和有关测控仪器的设计方法，受到现代测控技术和仪器应用的训练，具有专业测控技术及仪器系统的应用及设计开发能力，是高科技企业的首选人才。

Δ就业前景:

主要是到国民经济各部门从事测量与控制领域内有关技术、仪器与系统的设计制造、科技开发、应用研究、运行管理等方面的工作。本专业的就业方向及就业率分别是：精密仪器 87.42%、光学技术与光电仪器 95.93%、检测技术及仪器仪表 87.62%、电子仪器及测量技术 85%、热工计量测试 80%、检测技术与精密仪器 100%、测控技术与仪器 92.98%。

三、社会环境分析

大学生在进行职业规划和职业选择时，必须充分认识到社会环境对职业生涯的影响。注意分析社会环境的基本特点，了解社会环境的发展变化，还要认识在社会环境条件中，哪些是自己今后走向职业岗位的有利条件，哪些是不利条件。

（一）社会环境的特点

1. 市场经济与职业发展

市场经济是一种经济体系，在这种体系下产品和服务的生产及销售完全由自由市场的自由价格机制所引导，而不是像计划经济一般由国家所引导。我国目前正处在由计划经济向市场经济过渡，即处于社会转型时期。整个社会的职业在质和量上都有了很大变化。

（1）职业发展变动在量上的表现。职业发展变动在量上的表现包括两个方面，第一是职业变动增加，市场经济的激烈竞争要求人在一生中要进行多次职业转换，这就使得许多人不可能像过去那样，走出校门，找到一份工作，然后永远“焊”在一个单位一个工作上，直至退休。其次是工作方式多元化。越来越多的新型工作方式在我国社会出现，传统的朝九晚五不再是社会唯一认可的工作方式。比如，兼职工作、弹性工作制、SOHO 一族正成为年轻人向往的工作方式。

（2）职业发展在质上的表现。职业发展在质上的表现包括两个方面，第一是人们的职业选择自由度提高，个人可以不受政府制约规定而自由选择职业。大学生毕业时不再实行国家分配，而是实行双向选择的自主择业。其次是个人能力成为获得职业的重要因素。随着自主择业就业改革的不断深化，要求大学毕业生不仅要有良好的职业能力，还要有较强的心理承受能力和市场竞争意识。

2. 知识经济与职业发展

知识经济通俗地说就是“以知识为基础的经济”。从内涵来看，知识经济是经济增长直接依赖于知识和信息的生产、传播和使用，它以高技术产业为第一产业支柱，以智力资源为首要依托，是可持续发展的经济。按照世界经济合作与发展组织的说法，知识经济就是以现代科学技术为核心的，建立在知识和信息的生产、存储、使用和消费之上的经济。知识经济的标志和特征，集中体现在以下几个方面：

（1）资源利用智力化。从资源配置来划分，人类社会经济的发展可以分为劳力资源经济、自然资源经济、智力资源经济。知识经济是以人才和知识等智力资源为资源配置第一要素的经济，节约并更合理地利用已开发的现有自然资源，通过智力资源去开发富有的、尚待利用的自然资源。

（2）资产投入无形化。知识经济是以知识、信息等智力成果为基础构成的无形资产投入为主的经济，无形资产成为发展经济的主要资本，企业资产中无形资产所占的比例超过50%。无形资产的核心是知识产权。

（3）知识利用产业化。知识形成产业化经济，即所谓技术创造了新经济。知识密集型的软产品，即利用知识、信息、智力开发的知识产品所载有的知识财富，将大大超过传统的技术创造的物质财富，成为创造社会物质财富的主要形式。

（4）高科技产业支柱化。高科技产业成为经济的支柱产业，但并不意味着传统产业彻底消失。

（5）经济发展可持续化。知识经济重视经济发展的环境效益和生态效益，因此采取的是可持续化的、从长远看有利于人类的发展战略。

（6）世界经济全球化。高新技术的发展，缩小了空间、时间的距离，为世界经济全球化创造物质条件。全球经济的概念不仅反指有形商品、资本的流通，更重要的是知识、信息的流通。以知识产权转让、许可为主要形式的无形商品贸易大大发展。各国综合国力的竞争在很大程度上转化为人才、知识、信息的竞争，集中表现为知识产权的竞争。全球化的经济与知识产权保护密切连为一体。

（7）企业发展虚拟化。知识经济时代，企业发展主要是靠关键技术、品牌和销售渠道，通过许可、转让方式，把生产委托给关联企业或合作企业，充分利用已有的厂房、设备、职工来实现的。

（8）人均收入差距扩大化。这是指发达国家与发展中国家、发达地区与落后地区之间而言，是知识经济带来的负面效应之一。

21世纪处于知识经济在世界领域全面推进和经济全球化、一体化的格局之中。在这种形势下，经济产业将呈现出以下面貌：第一产业的就业数量比例很小，劳动生产率很高，产品呈现“绿色”、高科技（生物工程等现代技术）、深加工等特点，职业岗位则“少而精”，其知识、技术含量高。第二产业的结构随着社会需求变化而不断变化、更新，其产品和技术工艺的种类繁多，职业岗位的数量与层次也很多，从总体上可以分为经营者、技术开发人员、生产人员、服务性人员等。第三产业职业的发展趋势是数量和比例进一步加大，岗位种类与层次众多，新职业迅速、大量出现，职业层提高，形成若干大的“高薪第三产业”职业群，以至人们提出“第四产业”“第五产业”的概念。

知识经济时代职业分工越来越细，新职业层出不穷，现代科学技术运用到职业领域中的周期越来越短，使得职业的专业性越来越强。职业专业性的增强，促使新职业对从业人员的素质提出越来越高的要求。因此，在知识大爆炸的时代，我们必须有竞争意识，树立终身学习的理念，对于大学生而言更要养成学习的习惯，积累更多知识，培养从业素质，以适应时代和职业发展的要求。

3. 社会政治与职业发展

一切社会制度都服从并服务于政治制度。政治制度制约职业的地位，政治舆论影响待遇的标准，政治信念影响劳动态度。比如同一个国家的同一种职业在社会发展的不同时期有不同的社会地位，这是社会的经济制度与政治制度的变异性在职业地位上的反映。

影响职业的政治因素包含：政治体制、经济管理体制、人才流动的政策等，比如政府人事制度和社会保障制度。这些因素都对职业的选择和发展产生重要的影响。例如：北京的单位会比较重视求职者的学历、毕业院校、出生地、性别等；而广东的单位则更看重求职者的实际操作能力，招聘单位不会因为你的学习成绩、毕业院校而特别注意你或者不注意你，而是看重你的实践能力以及面试表现。了解这些政策有利于同学们进行有针对性的准备，使大学期间对自己的培养内容更加明确，也会对未来的职业选择提供依据。

案例阅读

社会环境分析

社会环境分析一：

当前就业形势严峻，大专毕业生普遍存在找工作难的问题。应对这一问题，我们所能做到的就是提高自身综合能力，加强专业技能修养，同时具备良好的社会适应能力。作为财政系的学生，更应意识到竞争的激烈性，我们不仅要和同等学历的其他高校毕业生比，而且还要和本科生学历甚至研究生学历的人比。所以，唯有加强自身竞争力，才有可能在这社会中占有一席之地。

社会环境分析二：

现在的中国在飞速的发展，产业也更新得很快。今天的热门专业明天可能就成为了冷门。但是幸运的是，医学是恒星职业是不会过时的，当然我不会因此而放纵了自己。从事将来的医学事业必须有过硬的知识和能力才行，将来的社会是有知识和有能力人的天下。因此只要你有足够的能力，未来的世界必然是你走在时代的最前沿——但必须要注意就是你要有能力！

社会环境分析三：

我是学经济学专业的，在目前社会的环境下，这个专业就业的空间广阔，金融、国贸、会计等方面高级人才稀缺。与此同时，我们学习的知识也比较广泛，在当今国际社会，经济是一个比较热门的话题，贸易自由化，经济全球化，但是也正由于这个职业的热门性，使得竞争比较激烈，如何确定好自己的人生定位至关重要。

社会环境分析四：

对社会环境因素的了解主要包括以下几个方面：1. 社会政策，主要是人事政策和劳动政策；2. 社会变迁，比如知识经济和信息化社会的发展，就会对人的职业生涯发展产生较大的影响；3. 社会价值观，价值观会随着社会的不断发展和进步而发生不同程度的变化，从而会影响社会对人的认识和对职业的要求；4. 科学技术的发展，科技的发展会带来理论的更新、观念的转变、思维的变革、技能的补充等，而这些都是职业生涯规划中不可或缺的要素。

我国人才的竞争日趋激烈，大学生就业难、失业率居高不下等等，都使我们的就业环境看起来不容乐观，而现在大学毕业生渐渐增多，市场需求量渐饱和，有些地域还存在性别歧视，女性就业前景不是很好。我正在努力提高自己的专业技能，以便在千万应聘者中脱颖而出。

四、职业环境分析

为了更好地进行职业选择与职业生涯规划，我们必须对外部环境进行分析，通过外部环境分析弄清环境对职业发展的要求、影响及作用，对各种影响因素加以衡量、评估，并做出反应。职业环境分析主要包括以下几方面内容。

（一）行业分析

行业环境分析包括对目前从事或拟从事的目标行业的环境分析。其内容应包括行业的发展状况、国际、国内重大事件对该行业的影响，目前行业的优势与问题、行业发展趋势等等。在分析行业环境时，一定要结合社会大环境的发展趋势，同时还要注意国家政策的影响，要了解国家对某一行业是支持、鼓励和引导，还是限制、控制和制约。通常，行业与企业的生存空间紧密相连，对公司来说，行业的性质决定着其未来的发展方向和发展程度。从成长性上看，选对了行业，个人在择业方面也就成功了一半。

1. 行业的评价标准

行业的所谓冷热，都是相对的。伴随科学技术发展和大众文化取向等诸多因素，每个时代都有所谓的“热门”行业和“冷门”行业。大学生求职时，如果仅仅将眼光放在行业的“冷热”上，必然会错过很多好的就业机会，也会给自己的求职增加难度。关键的是，你要发现那些适合你个性和能力的职业。

表 3-1 行业的评价标准

较好的行业	1. 未来市场或顾客需求的成长率高； 2. 该行业的企业和个人的利润、薪资都较高； 3. 行业人才的竞争压力较大。
较差的行业	1. 未来市场或顾客需求的成长率低； 2. 该行业中的企业和个人的利润、薪资不会很好； 3. 行业人才的竞争压力相对较小。

2. 行业的发展现状

一般来说，有些大学生学习的专业已经基本决定了以后从事的行业，例如：物理教育、生物教育、新闻学等；但更多的专业是没有行业限制的，例如：英语、国际经济与贸易、法学等。因此，在对目标行业进行行业发展现状的分析时，主要了解以下问题：

（1）目标行业处于生命周期的哪个阶段

行业的生命周期包括引入期、成长期、成熟期和衰退期，详见表 3-2。

表 3-2 行业的生命周期

所处阶段	具备特点
引入期	这一时期行业的风险大，失败的可能性也大，此阶段的行业要慎重加入
成长期	销售收入和利润快速增长，处于此阶段行业适宜加入
成熟期	行业的增长趋于平缓，处于此阶段行业可以加入
衰退期	市场对产品的需求逐渐减少，处于此阶段行业慎重加入

（2）是朝阳行业还是夕阳行业

处于朝阳行业适宜加入，例如，IT 业、旅游业、管理咨询等发展空间广阔；不断萎缩的行业慎重加入，例如，小型采矿业、小型造纸厂等资源消耗大、对环境污染严重的行业。

3. 行业发展前景预测

行业发展前景预测可以从两方面进行分析，一是行业自身的生命力，是否有技术、资金支持等；二是要考虑和研究国家对相关行业的政策。政府会根据经济与社会发展状况对一些行业发布政策法规。

总之，通过分析和了解影响职业生涯的行业因素，有利于个人选择有发展前途的行业和职业，有助于个人职业目标的更好实现。

（二）职业分析

所谓职业环境分析，就是要认清所选职业在社会大环境中的发展状况、技术含量、社会地位、未来趋势等。比如：当前热点职业有哪些、发展前景怎样；社会发展趋势对所选职业有什么要求、影响如何等。

延伸阅读

P.L.A.C.E 评估职业的有效方法：

P：指职位（Position），包括该职业在社会中有哪些具体职位，职位的经常性任务、所需担负的责任、工作层次等。

L：指工作地点（Location），包括地理位置、环境状况、室内或室外、工作地点的变化性、安全性等。

A：指升迁状况（Advancement），包括工作的升迁通道、升迁速度、工作稳定性、工作保障等。

C：指雇用状况（Condition of Employment），包括薪水、福利、进修机会、工作时间、休假情形及特殊雇用规定。

E：指雇用条件（Entry Requirements），包括所需的教育程度、资格证书、训练、能力、人格特质、职业兴趣、价值观等。

（三）企业分析

企业环境一般包括企业类型、企业文化、发展前景、发展阶段、产品服务、员工素质、工作氛围等。首先，要确定自己适合什么样的企业文化、什么样的环境，从而找到真正适合自己要求的公司。我们每个人都面临着这样一个严峻的现实：我们必须长期地、努力地工作，如果用几年的时间做自己并不适合的工作（这样的情况很常见），那么就是在浪费生命、浪费组织的信任。

对于绝大多数人而言，职业生涯是与某个或某些工作或服务的组织相联系的。个人所在的组织环境对个人的发展有着重要的影响，当组织环境适宜于个人发展时，个人职业更容易取得成功。因此在进行职业选择时，要学会对组织环境进行有效评估。

（四）地域分析

选择工作地点也是大学生职业生涯规划中的一个重要部分，对于大学生而言，就业不仅仅是一份工作和职业的选择，很多时候更是生活环境甚至生活方式的选择。就业区域正是对生活环境和生活方式影响非常巨大的选择。无论是大都市还是小城镇，人才结构都呈金字塔形，高端人才少。人才分布则呈山地形，有的地方人才多，是高地，有的地方人才少，是平地。在进行职业规划的时候，毕业生可客观地分析自己，不必拘泥于传统的地域限制，应选择一个适合自己发展的平台，寻找更广阔的发展空间。

从整个国家范围来说，经济的发展和科技的进步，以及生产率的提高，职业化速度的加快，就业岗位的增加，往往都是在发达地区进行的。而对于经济发展较为缓慢和落后的区域，其就业信息、岗位相对较少，造成职业提升也相对缓慢。因此不同的经济区域呈现出了各自的发展特点。就业区域主要可划分为几大模块：珠江三角洲、长江三角洲、京津冀经济圈、中西部地区和东北老工业基地。现就其各自情况简要介绍如下。

1. 珠江三角洲地区

珠江三角洲地区是我国改革开放起步最早、经济发展创造的奇迹最多的前沿地带，是我国一个富有特色的经济发展、改革和创新的区域。一般意义上的珠江三角洲地区是指包括广州、深圳、珠海、佛山、江门、东莞、中山、惠州、肇庆等城市和地区，经济总量位居全国前列。改革开放 30 多年来，珠江三角洲地区经济突飞猛进，是我国经济发展最快的地方，也是经济最富朝气和活力的地区之一。已经初步形成了比较雄厚的经济基础和区域竞争优势，形成了具有时代、地缘和文化特色的经济运行模式和产业机构特点。

目前，由广东省倡导，并得到福建、江西、湖南、广西、海南、四川、贵州、云南等八省（区）政府和香港、澳门特别行政区政府积极响应和大力推动的泛珠三角区合作（即“9+2”）也应运而生，并取得了初步成效。这一地区范围包括：东部、中部、西部省（区）和香港、澳门特别行政区，即广东、福建、江西、湖南、广西、海南、四川、贵州、云南等八省（区）政府和香港、澳门特别行政区政府，占全国面积的 1/5、人口的 1/3，经济总量占全国的比重超过 1/3（不含港澳）。

目前，该区域的工业化进程明显加快，高技术产业和信息技术产业快速发展，城市化进程快速推进，基础设施建设进一步完善，对外开放水平不断提高，环境保护和生态建设取得新进展，社会事业不断进步。有理由相信，随着合作的进一步推进和深化，珠三角地区乃至泛珠三角地区能够提供良好的就业岗位和创业机遇。

2. 长江三角洲地区

相对于珠江三角洲地区而言，长江三角洲地区也是我国经济发展最快、最富朝气和活力的地区之一。长江三角洲地区已初步形成了比较雄厚的经济基础和区域竞争优势，形成了具有时代、地缘和深厚文化特色的经济运行模式和产业结构特点。

长江三角洲地区是指长江三角洲及其沿江地区（以下简称“长三角地区”），地跨江、浙、沪两省一市，其所形成的长江经济带是我国产业布局的重要轴线，它的持续、快速和稳定发展对于全国国民经济的持续、快速和稳定发展都起着重要的作用。

现在人们对于长江三角洲地区在地域概念上的界定已经达成共识，即包括1个省级城市——上海，3个副省级城市——南京、杭州和宁波，11个地级城市——江苏省的镇江、扬州、苏州、无锡、常州、泰州、南通和浙江省的绍兴、嘉兴、湖州和舟山，其经济总量占全国的1/5左右。总体来说，长三角地区呈快速、稳定、上升的发展势头。在中国已加入WTO和上海力主打造“金融、经济、贸易和航运”四大中心的大背景下，为率先实现长三角地区的现代化建设目标，其产业结构不断优化升级，公共事业和基础设施等各项事业发展都十分迅速。

长三角经济的迅猛发展，使得就业机会增多，外出的劳动力减少。并且国内部分劳动力开始涌向长三角地区。长三角经济持续高速增长的态势为就业问题的解决创造了根本的条件。该地区随着产业结构的进一步调整、市场化程度不断提高，劳动力市场逐步成熟，劳动力市场价格引导机制得到进一步确立并逐渐完善，降低了就业运行成本，提高了就业市场的动态灵活性。民营、私营和外资、三资经济成为吸纳劳动力的主渠道。长三角地区也是一个吸引毕业生的巨大市场。

3. 以京津冀为主的环渤海经济圈

以京津为核心的环渤海经济圈称为中国第三大经济圈，从狭义的定义看，主要是指以京津冀为核心的经济区。进入21世纪后，国家非常重视该地区的发展。

在2005年国家制定的“十一五规划”中，明确并正式确立了“以京津冀为核心区，以辽东半岛、山东半岛为两翼的环渤海经济圈”发展战略，该区包括5省（区）2市即北京、天津、河北、山西、山东、辽宁、内蒙古。环渤海地区是全国重要工业基地，已经形成了临海沿边的地理区位优势、发达便捷的海陆空交通优势、雄厚的工业基础和科技教育优势、丰富的自然资源优势、密集的骨干城市群优势等五大优势。环渤海地区在充分发挥其政治、经济、科技、人才、流通等突出优势的基础上，紧紧抓住东北振兴、西部开发等历史机遇，通过平等协商，进一步加强合作，将会逐步形成优势互补、协同合作的有机整体。

4. 中西部地区

中西部地区主要是指除了上述地区之外的省市，主要包括安徽、河南、湖北、西藏、山西、重庆、甘肃、青海、宁夏、新疆等中西部省区。这些地区集中了许多大型工业基地，曾是中央财政收入的主要来源地之一。但在区域的经济发展中，其经济发展水平明显落后于全国平均水平，特别是与东部地区的差距越来越大。这其中有长期积累的历史原因，有区位因素与政策效应等客观原因，但更深层次的原因在于这些地区落后、低效、计划色彩浓厚的经济结构，从而导致了该地区在市场经济中转换难、适应慢、效益低、竞争能力弱的局面。

随着国家中西部大开发战略的实施，给这些省区带来前所未有的发展机遇。这些中西部地区具有资源丰富、劳动力充裕、投资成本低廉、市场广阔等优势。除煤、石油、天然气、水能等能源资源及有色和稀有金属、稀土、钾、磷等矿产资源外，这些地区农业优势也相当明显，农业宜用地资源开发潜力大。其生物资源总量大，物种丰富，更具多样性，有利于农业综合开发和多种经营。此外，这些中西部地区人口众多，市场潜力大，不同层次消费需求广泛。

近几年来，国家对中西部地区的投入逐年加大，使得中西部地区的投资环境得到显著改善。国家在安排大型基础设施和资源开发项目时，对这些地区实行倾斜政策，通过大中型项目建设带动这些地区的经济发展。其中包括南昆铁路、京九铁路、南疆铁路、三峡工程等投资数千亿元的重大项目的立项和开工建设。这些都表现出这一地区初步显露的经济活力和发展潜力。国家开发中西部地区，中西部大开发战略的实施，在很大程度上发展了高新技术产业、新型农业和技术含量高的产业，创造了更多的就业岗位；同时该省区也制定出各项有利于人才发展的政策，为人才施展才能营造了良好的环境和发展平台。

5. 东北老工业区

东北地区主要是指辽宁、吉林、黑龙江三省，其人口占全国的 8.4%，土地面积为 79 万平方公里，占全国的 8.3%。东北是我国重要的老工业基地，新中国成立以来对我国的经济建设有巨大的贡献，但是近些年来出现了一系列的问题，严重影响了老工业基地的发展。

2002 年，继沿海沿江和西部开发之后，中央又作出了“支持东北地区老工业基地加快调整和改造”的重大战略决策，为东北地区提供了难得的历史性发展机遇，也极大地推动了东北地区经济发展。相对于珠三角、长三角和环渤海经济圈的发展，东北地区发展严重迟缓。改革开放后，在为国家发展中作出重大贡献的同时，也同时面临着市场经济的冲击。

企业转型，劳动力市场化的重新组合，下岗与失业并轨，新的就业岗位的创建相对缓慢，造成了人才相对过剩和浪费。

随着国家振兴老工业基地工作的实施，区域经济的不断发展，就业岗位的不断增加，就业者观念上的转变，经济结构和产业布局等的合理调整，以及市场经济的进一步完善，都将加速东北地区的社会经济发展，同时，也会吸纳更多的劳动力和大学毕业生就业、创业。

案例阅读

职业环境分析

职业环境分析一：

中国政治稳定，经济持续发展，在全球经济一体化环境中扮重要角色。经济发展有强劲的势头，加入 WTO 后，有大批的外国企业进入中国市场，中国的企业也走出国门。目前社会对于通信类人才需要还是比较大的，特别是我国的通信技术还不是很先进的情况下，具有一定能力的高水平毕业生一定会得到企业的青睐。所以说在校加强通信方面的专业知识学习，会在就业时有一定的专业优势。

Δ行业环境分析：

在当今中国的社会环境下，就业形势十分严峻，每年的大学生数量均在增长，工作岗位却是僧多粥少。然而，现在市场上对于英语人才的需求量还是蛮大的。随着中国加入WTO，与世界各国的交流与交往也日益增多，大量的外商和外企都陆续进入中国市场，那么会英语的人才及工作人员就显得十分重要。因此，把英语学得又精又好就不怕找不到就业岗位。

Δ专业就业前景分析：

英语专业的三大就业岗位：a. 英语老师——老师这一行待遇稳定，保障性高，压力也不大，在以教育为重的今天，越来越多的各类学校、培训班等都需要英语老师。b. 翻译——英语技能必须扎实，中文功底也必须深厚。这一行待遇也比较高，也要掌握相当的综合知识，很多外企单位都缺此类翻译。c. 进外企——要有很强的交流与沟通能力，以及应变能力，不仅要与国外客户交流，还要处理好一些内部的工作问题，有时还要做书面英语的工作，这就需要语法的熟练掌握。

Δ就业目的地分析：

相对于北京、上海、深圳等国内的一些大城市来说，英语专业的人才要求还是比较高的，而且竞争压力也比较大，没有过硬的文凭，很难有立足之地。所以还是选择一个就业竞争压力不大，又有不错的发展前景的中小城市，才比较适合自己一步步发展。

职业环境分析二：

我国当前所处的社会是市场经济社会，国家经济发展迅速。近年来，大学生就业形势总体而言呈紧张趋势，在大多数高校，用人单位需求信息与毕业生数量远不成比例。但中国现在各行各业正高速发展，并且也与国际接轨，对人才的需求是很大的。尤其是电子信息行业在中国正越来越兴盛。二十一世纪进入信息时代，席卷全球的信息科技给人类的生产和生活方式带来了深刻的变革，信息产业已成为推动国家经济发展的主导产业之一，人们对电子产品的需求越来越多，要求越来越高，并且对服务质量的要求也越来越高。现代互联网也越来越重要，它是现在人们获取信息、交流以及进行商业活动的重要平台，所以说未来需要更多的人才来从事信息行业，为人类生活提供方便。

Δ行业环境分析：

所谓行业环境分析包括对目前所从事行业和将来想从事的目标行业的分析。分析内容包括行业的发展状况、国际国内重大事件对该行业的影响、目前行业优势与问题何在、行业发展趋势如何等。

将来我希望进 CDC 工作。预防医学目前还处于幼童期，不够壮大；但就业范围比较广，现在的医药、食品、卫生等方面均可，容易找工作，只是待遇不高，且国内此类高端人才及技术缺乏；不过经历非典、禽流感、甲流及此时正猖獗的麻疹（年年猖獗）后，国家越来越重视预防，正提倡培养该方面人才，全国各地都逐渐设立有 CDC；现在自己多考些证，以更易游刃于上述就业范围。

Δ专业就业前景分析：

我所学的是电信工程及管理。与本专业就业领域相关联的行业在近年来借助市场经济的搞活和对外开放程度的加深，也获得了飞速发展。民航、铁路、金融、通信系统、税务、海关等部门的自动化程度越来越高，科研院所、高科技公司也借助强大的人才优势，发展迅猛。未来随着计算机科学与技术应用领域的日益拓展，对这一专业人才的需求将会不断增加，计算机科学与技术专业的毕业生也将借助这一技术的广泛应用而在社会生活的各个领域、经济发展的各个环节找到发挥自己专长的理想位置。虽然现在的电信工程及管理专业就业形势较为理想，但是如果在专业课程上没有很过硬的技术，就很难找到一个满意的工作。

由于对技术的要求较高，而在大学本科阶段有很多东西都学不到，所以我要考研，考本专业的研究生，继续深造，争取能够在对口专业找到一个工作。虽然，学习计算机科学与技术专业比较困难，但是如果坚定了信念，并努力把它学好，应该没有什么做不到的事情。“既然选择了远方，便只顾风雨兼程”，在今后的几年里，我也要努力学习计算机科学与技术专业就业时所要求的职业技能，争取能够在四年里有社会实践的机会，在实践中找到培养自己的专业技能。

职业环境分析三：

Δ行业环境分析：

涉外经济贸易部门、外资企业、银行、进出口贸易单位、物流企业以及政府机构从事经贸业务的管理、策划、国际商务、进出口业务以及各种国际经济合作项目的谈判等工作；也可以进一步攻读本专业及相关专业的硕士学位。

Δ就业前景分析：

随着经济全球化、贸易全球化逐步体现，国际贸易在当今贸易中的比例不断加大，可以看到周围越来越多的进出口贸易公司。随着地球村这一观念的提出，国际贸易正呈增长的态势，而我们的专业正是这一方面的，以后能够在进出口公司做国内与国外贸易中介的贸易活动，或者是从事与外汇有关的工作，有着很好的前景。

Δ地域环境分析：

湖南省长沙市作为南方的中部地区，其有利的地理位置有着与国际贸易密不可分的关系。首先它上临湖北下临广东，左临贵州右临江西，是重要的交通枢纽。再加上湖湘文化的熏陶，使得这块土地正以神奇的速度与外界进行沟通。近几年，长沙的崛起，国际贸易不断增加，并处于上升的态势，形势可观。

讨论

运用 P.L.A.C.E 评估法对你希望从事的职业进行分析。

第二节 职业决策

每位大学毕业生都在为找一个“好”的工作而奔波。把握“好”职业的选择标准和原则，对于大学生求职择业是十分重要的。

一、职业选择的原则

尽管在职业生涯选择中，不同的人可以从自己的职业价值观出发，采用不同的策略，达到不同的满足。但是，在职业生涯选择中，有必要遵循一般性的原则，如可行性原则、胜任原则、兴趣原则、独立原则、特长原则、发展原则等，才能使大学生顺利地达到人生目标。

（一）符合社会需要的原则

大学生在选择职业岗位时，应把社会需要作为出发点和归宿，以社会对自己的要求为准绳，去观察、认识问题，进而决定自己的职业岗位。虽然大学生就业实行双向选择、自主择业，但自主择业是相对的、有条件的，并非可以不顾社会需要，一味地追求“自我设计”。

社会的发展，科技的进步，经济的繁荣，也都期望着合格的大学生为之去奋斗。从另一方面看，社会是由人构成的，社会需要本质上就是人类的需要。在现实生活中，个人需要的内容无论怎样多，个人需要的结构无论怎样复杂，它总是受现实社会要求的制约。人们正是通过不同的职业活动，在满足社会需要的同时，也在满足着个体的需要。社会的每一步发展，都是上述职业活动共同作用的结果。

（二）发挥个人素质优势的原则

大学生在选择职业岗位时，综合考虑自己的素质情况，根据自身的特长和优势选择职业岗位，以利于在职业岗位上能够顺利、出色地完成工作。发挥个人素质优势包括：

1. 发挥专业所长

大学生经过大学阶段的学习，不仅具有较为扎实的基础知识，而且具有一定的专业知识。因此在选择职业岗位时，要从所学专业特点出发，做到专业基本对口。这样就可以在职业岗位上发挥所长，大显身手。

2. 发挥能力所长

同一专业的同届毕业生，由于个人的情况不同，能力也有差异，根据不同的能力选择不同的职业岗位，是充分发挥个人素质优势的最佳体现。比如，有的人语言表达能力较强，适合搞教学、宣传工作；有的设计能力较强，适合从事设计工作；有的研究能力较强，适合搞科研；有的组织能力较强，适合领导或管理工作；还有的文字表达能力较强，适合从事文秘、编辑等工作。由此可见，根据自己的能力所长选择职业岗位，既是胜任工作的需要，也是发挥个人最大潜力、进行创造性劳动的需要。否则的话，事与愿违，功不成、业不就，就会贻误事业与前程。

3. 适当考虑性格特点

就性格本身来讲，并不能决定一个人的成才方向和成就的高低。同一性格的人，有的可能很有作为，有的则可能一事无成。性格相异的人也可能在同一领域、同一职业中成才。但是，在选择职业岗位时，适当考虑自己的性格特点，充分发挥性格所长则是十分必要的。比如，在职业活动中，有的人是用理智去衡量一切并配合行动，这样的人就适合从事基础理论研究工作；有的人很有主见，并善于发现问题和解决问题，这样的人就较适合从事科学研究或领导工作。

（三）主动选择的原则

大学毕业生在职业选择中不能消极等待，而应主动出击，积极参与。这里所说的主动选择，主要包括以下三个方面：

1. 主动参与职业岗位竞争

竞争机制的引入，冲击着各行各业，也冲击着人才就业市场。竞争使人们增加了紧迫感和危机感，也增加了责任感。从某种意义上说，职业岗位的竞争，就是靠才华、靠良好的素质去争得一份比较理想的职业。

2. 主动了解人才供求信息和规格要求

由于社会对大学生的要求在不断发生着变化，因此主动了解用人单位对人才规格的要求和需求信息，对有的放矢地选择职业岗位有着重要意义。

3. 主动完善自己

人生是一个不断进取和自我完善的过程，在学习和实践中取长补短，在挫折与失败中总结经验，在耕耘与收获中成就理想的自我。大学生应根据社会需要加强学习、主动提高、完善自己，以尽快适应新的工作岗位。

（四）分清主次的原则

在就业选择过程中，摆在毕业生面前的选择是多方面的。比如单位性质、工作地点、工作条件、生活待遇、使用意图、发展方向等诸多方面，不可能每项都满足自己的心愿，重要的是在择业过程中怎样权衡利弊，分清主次，做出抉择。切不可因一味求全，急功近利，好高骛远而失去良机。

（五）着眼未来的原则

毕业生在选择职业时，不能只看眼前实惠，而不看企业发展前景；不能只看暂时困难，而不看企业的未来；不能只图生活安逸，而不顾事业的追求等。选择职业时，要站得高，看得远，放开视野，厘清思路，把自己的命运紧紧地和祖国的命运联系在一起。

二、职业选择的标准

（一）工资收入水平

一般来说，人才的价值应该在经济收入上表现出来。大学生择业时常把工资收入水平作为重要的因素来考虑。工资收入高的跨国公司或外国企业是很多毕业生的首选。但是，大学生在择业时要目光长远，决不能一味追求高工资而忽视其他选择因素。

（二）个人兴趣与爱好

能否发挥个人特长，是否符合个人兴趣、爱好，是广大毕业生关注的重要问题。大学生只有在职业选择与个人状况的结合匹配合理时，才能够“干一行，爱一行”。

（三）用人单位性质

很多大学毕业生受社会舆论对职业评价等的影响，对用人单位的性质也有所考虑。据调查，一些毕业生选择单位性质的顺序依次为：政府机关，金融机构，高等学校，国有企业，外资企业，合资企业，民营企业等。

（四）用人单位的地理位置

大学毕业生择业考虑的另一个问题是工作单位所处的区域。很多人首先考虑的是大城市，其次是沿海开放城市或经济发达地区。选择在大城市、沿海开放城市就职有一定的优越性，生活方便、条件优越，再学习、深造的机会多。

但是也应该考虑到，这些大城市的大公司、大机关人才济济，专业人员齐备，毕业生锻炼的机会较少，容易受压抑。边远地区和中小城市的工作单位虽然条件较差，比较艰苦，但由于缺乏人才，因而对大学生极为重视，毕业生的才能有充分发挥的余地。

（五）就业单位的发展前景

毕业生的发展情况与所在单位的发展前景密切相关。因此许多毕业生注重单位的发展前景，既看眼前，又顾及长远。

（六）继续深造的条件和机会

大学生从学校毕业出来，知识面还是有限的，要在今后求得发展，有所作为，必须要在工作中继续学习，补充新的知识。因此，择业时很多人要考虑用人单位是否具备学习深造的条件和机会。

（七）发展机会

毕业生到用人单位工作后，在预期时间内可以取得什么样的业绩或晋升到什么职位，这可以根据该单位的发展前景、人事管理制度和培训计划机制等对其发展机会做出判断。

三、个人在职业发展各阶段的任务

（一）职业发展早期

此阶段的个人首先以求职者身份出现，进行职业选择，确定个人职业理想和目标追求；继而作为潜在雇员出现于劳动力市场，经过与组织间的相互选择，成为潜在雇员进入组织。进入期包括一系列个人职业发展任务。

1. 做出初步的职业选择

怎样选择适合自己的职业，对即将毕业的大学生们来说，是一个至关重要又特别困难和复杂的问题。能否选择到最适合自己的职业，取决于有哪些可以选择的职业或工作，以及怎样进行选择这两方面内容，多数情况下，应当依据一些与职业有关的要素来进行选择。

2. 形成可行的职业发展目标

当个人做出初步职业选择后，应当制定出可行的职业目标。制定职业目标时，需要结合自身条件及外部环境等诸多因素，综合考虑。

3. 调整心态

这里的心态是指求职者对其进入职业工作的态度及价值观。在职业生涯早期应当培养积极的认知态度，努力加深对所选职业工作及其组织的认识和理解，做好充分的思想准备，接受组织文化；积极培养爱心、快乐、热情的情感和情绪；应树立积极意向，有高度责任心，事业心，积极敬业，有做一名出色雇员的信念。

以上所述态度是由价值观决定的，一个人既然选择了某种职业及其组织，就应当发展有利于职业成功的价值观。首先，要真心接受这一职业及其职业工作单位。其次，充分认识自己所选职业的重要性。再次，在充分认识自己选定的职业重要性和真心接受它的基础上，形成个人积极向上的价值系统。

4. 进入劳动力市场，获取职业工作

个人作为潜在雇员进入劳动力市场，同来自组织的招聘者进行接触。主要任务是：获取工作信息；挑选职业工作组织；供需见面，获取组织方的有效信息；进行评估，选定组织。

（二）职业发展中期

进入职业中期阶段，容易形成职业中期危机。个人要克服职业中所发生的职业问题，以及应付人到中年时面临的生命周期的变化，需要承担如下主要任务。

1. 保持一种积极成长取向

职业中期，有的人发展劲头甚足，他们具有高潜力，有充分的进步，将来有望进入高层领导位置，或者在今后的职业中是一个稳定的贡献者，预期薪金有增加。但是，相当数量的中年期雇员，只求平平稳稳安度后期职业生涯，不想也不肯对工作投入太多、参与太多。少数人因为上不去，遇到的困难和问题多，以致失望、沉沦，滑向下坡路。后两种情况于己、于组织均十分不利。

2. 面临角色选择决策

在职业中期，每个人都具有较长时间的工作经历和经验积累，以后的职业生涯还长，在中期这个人生关键时期又一次面临职业选择，今后的长期贡献定位在哪里？自己将充任什么样的角色？是继续留在选定的职业岗位上，使自己的技术和操作技能日臻熟练、精深，成为专家或工作骨干；还是离开原职业工作，寻求新的适宜的职业角色；或是进入行政管理领域，成为主管，从根本上改变职业角色。这期间，每个人都需要在某点上做出选择和决定。

3. 担负起言传身教的责任

处于职业中期的人，不可避免地要肩负起言传身教的良师益友责任，不论其是否具有一种正式的主管角色。人到中年，处于职业中期阶段，做良师益友是义不容辞的责任，应当主动、自觉地充任好几种主要的言传身教的角色。

4. 在参与工作、家庭和自我发展中取得一种适当的均衡

在职业中期阶段，每个人都遇到了来自工作、家庭和个人发展三个生命空间的问题，以及三个生命空间的相互影响、相互制约的矛盾。因此，解决职业中期多方面的问题，正确处理三个生命周期运作之间的关系，求得参与工作、家庭和自我发展间的适当均衡，是处于这一阶段的雇员必须完成的重要任务。

（三）职业发展后期

职业后期是人的职业工作从衰退到离职的阶段，呈现出完全不同于早中期阶段的特征。如权力、责任和中心地位下降，竞争能力、挑战能力、职业能力下降，但尚存优势，仍可尽职贡献。根据职业后期阶段个人特征、家庭变动及职业工作的变化，个人有其特定任务。

1. 学会接受权力、责任和中心地位的下降

首先，要从思想上认识新陈代谢的必然规律，心悦诚服地认可个人职业工作权力、责任的减少以及工作中心地位的下降，求得心理上的平衡。

其次，将思想重心和生活重心从工作渐渐转移到个人活动和家庭生活方面，善于在业余爱好、家庭、社交、社区活动和非全日工作等方面寻找新的满足源，来充实自己的生活，满足自己的生活需求。

2. 基本竞争力和进取心的下降，学会接受和发展新角色

人到了职业后期阶段，要勇敢地面对生理机能的衰退及其所导致的竞争力、进取心下降这一客观事实。不沮丧，不气馁，寻求适合于自己的新角色，以发挥个人的专长与优势。

3. 学会如何应付“空巢”

在职业后期，“空巢”的出现对于雇员来讲，既是家庭生活的一大变化，也是人生的一大转折。应付好这一变动，对于雇员职业后期的工作和个人发展都是重要的。因此，思想重心应向家庭倾斜，多些时间给配偶，通过多种方式密切同配偶的关系。应注重社会人际交往，增进亲情和友情，积极参加社会活动，寻找适宜的新职业。

4. 评估自己的整个职业生涯，着手退休

一方面，总结和评价自己的职业生命周期，为自己的职业人生画上完满的句号；另一方面，总结自己职业生涯成功的经验和走弯路乃至失败的教训，这是充任良师益友角色、现身说法进行培训教育的极好案例。与此同时，还要着手准备退休，一是做好退休的充分思想准备；二是抓紧退休前的时间，使自身职业工作有个圆满的结束和交代；三是策划退休后的生活。

四、SWOT 分析

在自我认知和职业生涯条件分析的基础上对自己的职业做出选择，在选择职业时，要充分考虑职业自身的特点，即自己的性格、兴趣和特长；要充分考虑环境因素对自己的影响。对这些因素的分析是职业选择的前提条件。SWOT 分析是评估职业机会的一种有效工具。通过这种分析，我们可以很清晰地明确自己的优势和不足以及外部环境给我们带来的机遇和挑战。

SWOT 分析法，即态势分析，就是将与研究对象密切相关的各种主要内部优势、劣势和外部的机会和威胁等，通过调查列举出来，并依照矩阵形式排列，然后用系统分析的思想，把各种因素相互匹配起来加以分析，从中得出一系列相应的结论，而结论通常带有一定的决策性。

运用这种方法，可以对研究对象所处的情景进行全面、系统、准确的研究，从而根据研究结果制定相应的发展战略、计划以及对策等。SWOT 分析法常常被用于制定集团发展战略和分析竞争对手情况，在战略分析中，它是最常用的方法之一。

表 3-3 SWOT 分析模型

	优势因素（S）	弱势因素（W）
内部环境因素	1. 有较高的领导才能； 2. 有追求成功的干劲和雄心，能够时刻牢记长期和短期目标； 3. 雄心勃勃，工作勤奋，诚实而直率，工作原则强； 4. 有韧性，在困境中不轻易放弃。	1. 一定程度上信心缺乏； 2. 对一些较琐碎的小事没有兴趣，对那些既定问题不愿再审查； 3. 不允许别人提供建议和帮助； 4. 对失败和没有把握的事情感到紧张和压力。

（续表）

外部环境因素	机会因素（O）	威胁因素（T）
	1. 首先占地理优势，所在的江苏省经济发达，人才济济； 2. 其次所学专业比较热门，前途较为光明。	1. 首先地处于经济发达的长江三角洲，竞争压力比较大； 2. 其次外语这块人才多，因而不太容易出人头地。

五、运用 SMART 法则制订目标

SMART 法则在目标管理、绩效管理等方面均有运用。在职业生涯规划研究的目标管理中，其含义可理解为：

（一）S（Specific）确定性

确定性指所制订的目标要明确、具体、清晰，能让自己和别人都能明确地理解到目标是什么。

例如，在一项关于提高英语阅读能力的计划中，你定一个“要大幅提高阅读水平”或“阅读水平达到六级”的目标，都显得有点空泛；而如果你定一个“在随机抽取的六级阅读理解材料上，正确答题率超过 80%”的目标，就显得具体多了，也很明确。这样的目标才能给人压力与动力。

（二）M（Measurable）计量性

计量性指目标是可计量化的（不能量化的要质化），在考核时可以采用一些通用的标准进行准确的考量。

例如，你有一个改善健康状况的计划，那么，体重、腰围、心跳等是需要也可以进行明确的数量化的；而对于精神状况的好差，虽然无法直接进行量化，但可以通过“每天能正常入睡 8 小时以上”等指标来进行间接的规定。

（三）A（Achievable）可行性

可行性指目标是可以通过努力而实现的，即目标不能定得太低也不能太高，太低了没有意义，太高了无法实现。也就是说，要制定出跳起来“摘桃”的目标，但不能制定跳起来“摘星星”的目标。

例如，你在一学年内制定诸多的目标：ACM 全国一等奖、数学建模全国一等奖，考托福、GRE，拿国家奖学金，成功竞选学生会主席，校外兼职赚到 2 万块……这看起来就有点像是“摘星星”了，最终迎来的可能是一事无成，满盘皆输；而如果你根据自身状况选择其中的一两项作为努力的目标，就很有可能实现了，且这种努力的过程及结果将会带给你愉悦和成

就感。

（四）R（Relevant）相关性

相关性指所定的目标和整个生涯发展规划要有相关性，对整体发展影响不大的目标只会分散时间和精力。有些人占有欲或好胜心强，什么都想得到，什么都想比别人强，于是，整日疲于奔命，眉毛胡子一把抓。但是，我们时刻都要记得长远的生涯发展目标是什么，我们又是在哪条路径上发展自己的生涯。在时间精力不允许的情况下，该放弃的就放弃，轻装上阵才能施展好拳脚。

例如，决定了考研的同学，其生涯发展计划就应以学习为重，而不能在社团活动方面投入太多。竞争无处不在，我们必须不干或少干与核心目标不相关的事情，才能产出最好的效益。

（五）T（Time-limited）时限性

时限性指所定的目标要有达成的期限，要能够在规定的时间内检验所达成的结果。没有时限的计划是称不上“计划”的，顶多算是一种方向性的设想，对于具体的执行与实践而言并无意义。

例如，如果只想着要去图书馆学习，但没有具体的时间规定，便可能是一天天拖下去，最后不了了之；也有可能被杂七杂八的事情把时间都占用了。又如，“日清日结”“日清日高”是海尔集团快速发展的基本经验之一，也是海尔人自律精神的具体体现。据报载，每个海尔人都有一张“三 E 卡”（即 Everyone、Everything、Everyday 的缩写），要求每个人做好每一件事，过好每一天，并且工作目标要不断改进。

DISIZHANG ZHIYE SHENGYA GUIHUA YU SHIJIAN GUANLI

第四章 职业生涯规划与时间管理

教学目标

- 了解职业生涯规划的基本概念和基本理论
- 明确职业生涯规划的步骤和要点
- 了解大学规划的重要性与实际意义
- 学会运用时间管理

一个人职场的成功需要一个职业目标来引导，这个职业目标需要强烈的成就动机去驱使，而这个成就动机是建立在良好的自我认知基础上的，每个大学生都应当思考这些问题："我是谁？""我最喜欢做什么？""我最适合做什么？""环境允许我做什么？""我可能会面对什么困难？""今天我该先做什么？"

职业生涯规划是一把钥匙，开启职场成功的大门。更早地学习职业生涯规划知识，提高职业生涯规划意识，对于大学生认识自己的优势和劣势，树立正确的价值观，更好地规划自己四年的学习和生活，更主动地学习求职择业技能，更积极地寻求职业实践机会，无疑都具有积极的意义。

莎士比亚曾经说："人的一生是短暂的，但如果卑劣地过这短暂的一生，那就太漫长了。"蒙田也曾经写道："如果允许我再过一次人生，我愿意重复再过一次我自己所决定的人生。"其实，人的一生有生理上的长短，也有像莎士比亚所说的长短，如何积极地掌握自己的人生是关键。人生不像我们想象的那么好，也没有我们想象的那么坏，因为不管是好还是坏，最后的决定权都掌握在我们自己手上。生命只有一次，所以我们应该让人生充满希望、快乐、梦想，做想做的事，走想走的路，过想过的生活。既然这样，我们何不现在就行动，规划自己的职业生涯，去追求我们自己的梦想呢？！

案例分析 就业之路何去何从

案例分析 1:

张同学是法学专业大四学生，性格较为内向，少有朋友，人际关系不佳。刚入学时成绩处于专业中等水平，随着专业课的开设及专业课内容不断加深，发现自己对这个专业不是很感兴趣。曾向已毕业的学长咨询就业方向和未来发展，但发现专业对口工作竞争激烈，外地人在上海就业形势严峻，很多毕业生签约工作和专业方向大相径庭，于是对是否要学习产生怀疑，对未来发展感到迷茫。经常假想如果毕业以后找不到合适的工作该怎么办，自己到底要做什么工作，在剩余的大学时光里，该顺其自然还是应该做些准备。这种对未来的迷茫使该生思想进入不稳定期，焦虑不安，处于进退两难的抉择中，不知路在何方。

案例分析 2:

刘同学毕业于普通中等职业技术学校，毕业后在一家中型企业做技术工人。从第一天上班起，他就立志要做出一番成就，于是他为自己制定了 10 年后的职业目标：企业技术主管。但是他学历不高，又无特殊技能，想要达到这个目标似乎是有点不切实际。

为了让自己的目标落到实处，2 年的工作过程中，他熟练掌握了技术，成为当年的技术能手，通过函授他又学习了企业管理学，拿到了本科学历。刘同学在这 2 年中取得的成绩，让他感觉自己又向着目标前进了几步，这种成就感更坚定了他的信念。5 年以后他已经是该企业倚重的高级技师，年薪达到了 10 万。凭借他优秀的工作能力和管理学经验，4 年后就做到了该企业的技术主管的位置，成为该企业最年轻的技术主管。

案例点评

职业目标在心理学上一般被叫作工作积极性的"诱因"，也就是人在工作中获得的外在物质或内在精神的需求。如果一个人在工作中没有明确的目标，就好比你在大街上迷路了，找人问路，当为你指路的人问你要到哪里时，你却连自己要到哪里都不知道，那么谁也无法为你指明方向。

在职业生涯中，如果没有一个明确的目标来指引方向，每天重复单调的工作、纷繁复杂的人际关系、不合理的工薪待遇、不公平的上级评价等都会在潜移默化中消磨掉你的工作热情。当工作成为缺乏新鲜感的赚钱工具时，身在职场的人就会很自然地消极怠工，职场里的危机也会不请自到。

目标明确的人，知道自己想要什么，不会因暂时的困境而气馁，不会为眼前的利益而动摇。刘同学一开始上班就为自己制定了明确的职业目标，虽然他起步很低：既无特殊技能，也无高学历，但是他能认识到自己的不足，及时制订出适合自己的目标方案，朝着目标，脚踏实地地做起。刘同学从一名技术工人最后做到技术主管，实现了他最初的目标，这归功于他明确的职业目标和自身不懈的努力。

第一节 职业生涯规划

职业生涯规划是近几年来工业发达国家人力资源开发的重要内容之一，也是当今人事管理的一大走势。近年来，从政府、国家机关、大中专院校，到企事业单位对职业生涯规划的重视越来越高，尤其在企业当中，帮助员工进行职业生涯规划、提供培训与职业发展已经成为企业人力资源部的一个重要的管理职能。无论从事什么职业、从事什么工作，只要通过科学的职业生涯规划，都可能使一个人的目标得以实现，使一个人的事业获得成功，使一个平凡之人发展成为一个出色人才。

由此可见，职业生涯规划是个人成才的一种有效方法，也是个人在事业上得到长足发展、最终获得事业成功的必要途径。

一、职业生涯规划的含义

职业生涯规划又称职业生涯设计，是指个人与组织发展相结合，在对一个人职业生涯的主客观条件进行测定、分析、总结的基础上，对自己的兴趣、爱好、能力、特点进行综合分析与权衡，结合时代特点，根据自己的职业倾向，确定其最佳的职业奋斗目标，并为实现这一目标做出行之有效的安排。目的不仅是帮助个人按照实际的资历条件找到一份合适的工作，更重要的是帮助个人真正了解自己，为自己的发展选定方向，筹划未来，向着自己的目标不断迈进。

职业生涯的概念起始于20世纪60年代，在90年代从欧美国家传入中国，目前，职业生涯教育已经成为许多国家国民教育的组成部分，成为小学、中学、大学各个阶段的必修课程。职业生涯规划，又叫职业生涯设计，是指个人与组织相结合，在对个人职业生涯主客观条件进行测定、分析、总结的基础上，对自己的兴趣、爱好、能力、特点综合分析与权衡，结合社会的需求，根据自己的职业倾向，为自己确定行为方向、行动时间和行动方案。

正确理解职业生涯规划要注意以下三点：第一，职业生涯规划具有明显的个人化特征；第二，职业生涯规划是一个包含了职业目标的确定、生涯措施的实施及目标实现的长期过程；第三，职业生涯规划中的职业目标同日常工作目标相差很大。

职业生涯规划要解决的是个人将在怎样的领域以及如何在其间得到发展、打算取得怎样的成就等问题。大学阶段正处于职业生涯中的准备期和探索期，对大学生来说，职业生涯规划有着更具体更重要的内涵：在大学阶段，应当客观、全面地认识自己的能力、兴趣、个性和价值观，了解各种职业、行业、环境的需求趋势和影响因素，确立职业生涯发展目标，选择实现这一目标的职业方向，制订出行之有效的实施方案，包括相应的学习和培训计划，并做到及时反馈和修订。大学生进行职业生涯规划，不仅能帮助自己实现目标，更重要的是有利于更好地了解自己，掌握自己的优势，并能为获得自己理想的职业做好各种准备。

一个人的职业生涯分为内职业生涯和外职业生涯。内职业生涯指从事一项职业时所具备的知识、观念、心理素质、能力、内心感受等因素的组合及其变化过程。内职业生涯的各项因素不是依靠助力达到的，要靠自己不断努力才能取得，一旦取得就会成为别人拿不走、收不回的个人财富。外职业生涯是表现出来的职业身份，是指从事职业时的工作单位、工作地点、工作内容、工作职务、工作环境、工资待遇、荣誉称号等因素的组合及其变化过程。外职业生涯的构成因素通常是别人给予、别人认可、别人决定的，是你所从事的职业赋予你的，容易被别人否定、剥夺甚至收回。

内职业生涯是职业生涯的根，决定着外职业生涯的发展程度；外职业生涯是职业生涯的叶子、花、果实。内职业生涯是外职业生涯发展的前提，内职业生涯的发展会带动外职业生涯的发展，使外职业生涯自然提升。外职业生涯发展目标的实现可以促进内职业生涯的发展。内职业生涯的发展是以外职业生涯的发展成果来展示的，内职业生涯的匮乏以外职业生涯的停滞或失败呈现。

二、职业生涯规划的特点

大学时代是人生的探索阶段，这一阶段的规划既有较高的奋斗目标，又对自身的体力、智力、能力有充分的考虑。对于大学生的职业生涯规划，应该以掌握基本专业技能及科学文化为基础，并与职业生涯规划的自身独特性、终身性、发展性、综合性的特点相结合。

（一）独特性

每个人都有自己的特点，有与众不同的成长背景与机遇，因此必须从自己的特点、特长出发来进行职业生涯规划。职业生涯规划因人而异，比如哈佛退学的比尔·盖茨，投身于软件事业获得事业成功并一度成为世界首富，这是职业生涯规划成功的一个典型事例。人们将比尔·盖茨的成功作为理想与追求是可以的，但创业的过程和结果绝不可能与他完全相同，因为背景、文化、机遇已经不同，还存在着潜在的、看不见的各种因素的影响。人们可以学习他、超越他，但不能盲目模仿他。

（二）终身性

我们每个人的发展全过程就是，从小孩到老人。这个过程的每个阶段都涉及职业生涯规划这一个课题。只是有的人是自觉做的，有的人是无意间完成的。小时候孩子们玩过家家时，有的人爱扮演医生，有的人爱扮演妈妈，有的人爱扮演解放军……这就是职业生涯规划的萌芽。五六十岁的人仍然有自己的职业生涯规划，有的退休者发挥余热或办学或兼职或上老年大学学习新专业、新技能。这说明了职业生涯规划终身性的特点。

（三）发展性

随着自我认知不断成熟、能力不断提高、世界不断变化，职业生涯也需要多次进行规划。例如，在中国 IT 界很红火的 MySee 的总裁高燃，清华大学毕业时选择了记者职业，但是九个月后开始了自主创业，并且是跨行业性的创业。正是由于职业生涯规划具有发展性，在职业生涯规划的过程中，要不断调整自己的职业目标以及行动策略。

（四）综合性

如果把生命看成一个截面，每个人在某一时间段内同时有多重身份。如一位五十多岁的某高校的系主任，他在单位主持工作时是领导，在与同事共同研究问题时是伙伴，在学生面前时是老师，在“充电”时他是学生……所以职业生涯规划具有很强的综合性。

三、职业生涯规划的原则

正确的职业生涯规划能使一个人走向成功，而错误的职业生涯规划则有可能使人误入歧途。因此，职业生涯规划必须遵循一定的原则和方法。

对于个人而言，良好的职业生涯规划，既要有利于个人职业生涯活动有出色的表现，又要有利于个人的整体发展和家庭生活质量的提高。所以，在进行职业生涯规划时要充分考虑到个人的特性，对影响职业生涯的因素进行总结和分析，确定个人的人生发展目标，选择实现这一目标的职业并做出具体的安排。具体来说，在职业生涯规划时应遵循下列原则。

（一）全程性原则。全程性原则也称系统性原则。即对职业生涯发展的整个历程作全程考虑，同时将职业生涯计划实施当成一个系统工程，并纳入到个人的发展战略之中。也就是说，拟定职业生涯规划时应该考虑到自身职业生涯发展的整个历程，从整体的角度全盘考虑。

（二）阶段性原则。所谓阶段性原则，主要指在进行职业生涯设计时，要充分考虑自身所处的不同发展阶段，有目的、有步骤、有计划地调整和安排各个不同阶段的职业生涯计划。职业生涯设计的阶段主要划分为短期、中期和长期三个阶段：①短期规划。一般为 3 年，这一阶段职业生涯计划主要是确定近期目标和明确其间需要完成的任务；②中期规划。一般为 5 年，这一阶段职业生涯计划的重点是要规划出 3 ～ 5 年内的职业生涯的目标与任务以及具体实施途径；③长期规划。一般为 5 ～ 10 年，这一阶段的职业生涯计划重点是要设定较长远的目标。

（三）挑战性原则。规划要在可行性的基础上具有一定的挑战性，完成规划要付出一定的努力，成功之后才有较大的成就感。

（四）持续性原则。人生每个发展阶段应能持续连贯衔接，各具体规划与人生总体规划一致，不能摇摆不定，浪费自己的时间和精力。

（五）发展性原则。主要指在制定和采取职业生涯的具体实施措施时，要充分考虑变化与发展性因素，如目标或措施是否能依环境、组织、个体的变化而做调整；调整的幅度及范围有多大；目标或措施是否有弹性或缓冲性。

（六）清晰性原则。规划应该清晰、明确，能够把它转化为一个个可以实行的行动，人生各阶段的线路划分与安排一定要具体可行。

（七）实际性原则。一份职业生涯规划不管表面上有多么诱人，都得经过实践的考验。一份好的职业生涯规划除了遵循以上原则外，还应该遵循实际性原则。在实际性原则里，我们应该考虑目标是否符合自己的性格、兴趣和特长，是否对自己有挑战性，能否在规定的时间内完成，实现目标的途径是否能在自己的特质、社会环境、组织环境等范围内执行，可行性有多大。同时，职业规划是否具体，在执行职业生涯规划的过程中，自己能否随时掌握执行的情况，能否进行评估等等。

四、职业生涯规划要素

（一）职业生涯规划的影响因素

从职业生涯发展的规律看，每个人都有不同的发展阶段与历程，职业生涯现划的重点也就有所不同，不同的人在做其职业生涯规划时，所考虑的因素也有所不同。一般而言，在做职业生涯规划时应考虑的因素可以用如下表格来描述。

表 4-1 职业生涯规划的影响因素

关于自我认识方面	关于外围环境方面	关于个人目标选择方面	落实生涯目标措施方面
1. 个人的兴趣、爱好与特长； 2. 个人的性格与价值观； 3. 个人所选定的目标与需求； 4. 个人的情商； 5. 个人的工作经验； 6. 个人的优缺点； 7. 个人的学历与能力； 8. 个人的生理情况。	1. 组织的需求； 2. 家庭的期望； 3. 社会的需求； 4. 科技的发展； 5. 经济的兴衰； 6. 政策、法律影响。	1. 设定该目标的原因； 2. 欲达到该目标的途径； 3. 欲达到该目标所需的能力、训练及教育； 4. 达到该目标可能得到的助力； 5. 达到该目标可能遇到的阻力。	1. 教育、训练的安排； 2. 获得发展的安排； 3. 排除各种阻力的计划与措施； 4. 争取各种助力的计划与措施。

（二）职业生涯规划的三要素

我国人事科学研究者罗双平用公式总结出了职业生涯规划的三大要素，即职业生涯规划 = 知己 + 知彼 + 抉择。在职业生涯规划中，“知己”就是自我认识和自我了解；“知彼”就是熟悉周围的环境，特别是与生涯发展有关的职业世界。知己与知彼相互关联，个人职业生涯目标要符合现实，而不是一厢情愿；对从事的职业要感兴趣，而不是被动去做；所从事的工作能发挥专长，利用了个人强项。这就说明你的职业生涯规划不仅做到了“知己”“知彼”，而且还做出了正确的抉择。

罗双平展示了“知己”“知彼”和“抉择”三大要素之间的关系与具体内容，如表图 2-1 所示。

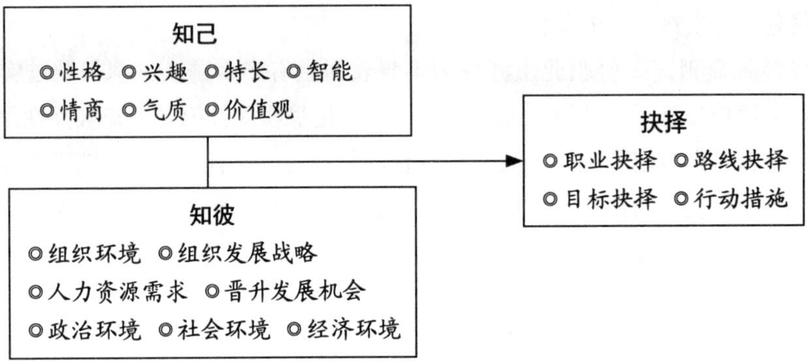

图 4-1 三大要素的关系与具体内容

五、职业生涯规划的基本步骤

职业生涯规划是一个周而复始的连续过程，具体过程包括确定志向、自我评估、生涯机会评估、职业选择、职业生涯路线选择、确定目标、制订行动计划、评估与回馈八个步骤。

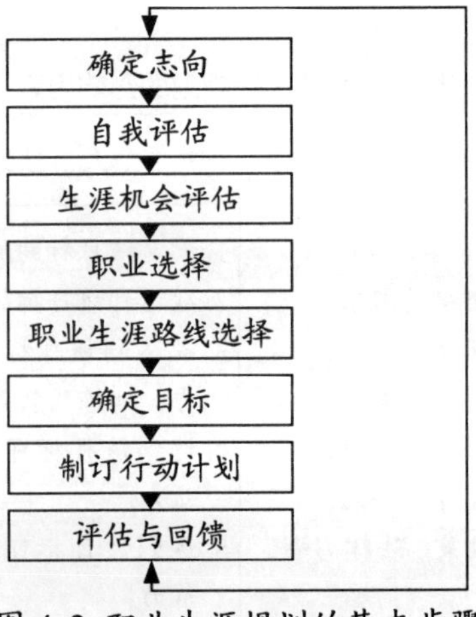

图 4-2 职业生涯规划的基本步骤

（一）确定志向

志向是事业成功的基本前提，没有志向，事业的成功也就无从谈起。俗话说："志不立，天下无可成之事"。综观古今中外，各行各业的佼佼者都有一个共同的特点——具有远大的志向。立志是人生的起跑点，反映着一个人的理想、胸怀、情趣和价值观，影响着一个人的奋斗目标及成就。所以，在制定生涯规划时，首先要确立志向，这是制定职业生涯规划的关键，也是生涯规划最重要的一点。

（二）自我评估

自我评估就是对自己做全面分析，通过自我分析，认识自己、了解自己。因为只有认识了自己，才能对自己的职业做出正确的选择，才能选定适合自己发展的生涯路线，才能对自己的生涯目标做出最佳抉择。因此，自我评估是生涯规划的重要步骤之一。通常自我评估包括自己的兴趣、特长、性格、学识、技能、智商、情商以及组织管理、协调、活动能力等。

职业生涯规划是一个过程，自我评估是规划不可缺少的一个步骤。如果忽视了这一步，或自我评估不全面，生涯规划将会因根基不牢，中途夭折。

（三）生涯机会评估

生涯机会的评估，主要分析内外环境因素对自己生涯发展的影响，每一个人都处在一定的环境之中，离开了这个环境，便无法生存与成长。所以，在制定个人的职业生涯规划时，要分析环境条件的特点、环境的发展变化情况、自己与环境的关系、自己在这个环境中的地位、环境对自己提出的要求以及环境对自己有利条件与不利条件等等。只有对这些环境因素充分了解，才能做到在复杂的环境中避害趋利，使生涯规划具有实际意义。环境因素评估主要包括：①组织环境：组织发展战略、人力资源需求、晋升发展机会；②社会环境；③经济环境；④职业的选择。

（四）职业选择

通过自我评估、生涯机会的评估，认识自己、分析环境，在此基础上对自己的职业做出选择。也就是在职业选择时，要充分考虑到自身的特点，即自己的性格、兴趣和特长；要充分考虑到环境因素对自己的影响。即组织环境、社会环境和经济环境的影响。对这些因素的分析，是职业选择的前提条件。分析自我、了解自己、分析环境、了解职业世界，使自己的性格、兴趣、特长与职业相吻合。这一点对刚步入社会初选职业的年轻人非常重要，对于在职人员调整自己的职业时也很重要，甚至对即将退休或已离退休人员再次选择职业时仍然重要。

（五）职业生涯路线选择

在职业选择后，还须考虑向哪一路线发展。即是走行政管理路线，向行政方面发展，还是走专业技术路线，向业务方面发展等等。发展路线不同，对其要求也就不同，这一点也不能忽视。因为，即使同一职业，也有不同的岗位，有的人适合搞行政，可在管理方面大显身手，成为一名卓越的管理人才；有的人适合搞研究，可在某一领域有所突破，成为一名著名的专家学者；有的人适合搞经营，可在商海大战中屡建功勋，成为一名经营人才。如果一个人不具有管理才能，选择了行政管理路线，这个人就难以成就事业。由此可见，职业生涯路线的选择，也是职业生涯发展能否成功的重要步骤之一。

（六）确定目标

生涯目标的设定，是职业生涯规划的核心。一个人事业的成败，很大程度上取决于有无正确适当的目标。目标的设定，是在继职业选择、生涯路线选择后，人生目标的抉择。其抉择是以自己的最佳才能、最优性格、最大兴趣、最有利的环境等条件为依据。通常目标分短期目标、中期目标、长期目标和人生目标。短期目标又分日目标、周目标、月目标、年目标；中期目标一般为三至五年；长期目标一般为五至十年。

（七）制订行动计划

在确定了生涯目标后，行动便成了关键的环节。没有达成目标的行动，就不能达成目标，也就谈不上事业的成功。这里所指的行动，是指落实目标的具体措施，主要包括工作、训练、教育、轮岗等方面的措施。例如，为达成目标，在工作方面，你计划采取什么措施，提高你的工作效率；在业务素质方面，你计划如何提高你的业务能力；在潜能开发方面，采取什么措施开发你的潜能等等，都要有具体的计划与明确的措施，并且这些计划要特别具体，以便于定时检查。

（八）评估与反馈

俗话说："计划赶不上变化"。影响生涯规划的因素有很多。有的变化因素是可以预测的，而有的变化因素难以预测。在此状况下，要使生涯规划行之有效，就需要不断地对生涯规划进行评估与修订。其修订的内容包括：职业的重新选择；生涯路线的选择；人生目标的修正；实施措施与计划的变更等等。

案例分析 成功的阶梯

张明是某重点大学金融系的高才生。大学一毕业就在一家大型企业找了令同学们羡慕的工作。对这份工作张明自己也很满意，不仅专业对口，收入也很理想。张明开始了自己日复一日的职业生涯。转眼两年过去了，张明对自己的工作也早已应对自如。他每天都按部就班地完成分给自己的任务，尽量不主动去参与分外的事。五年后，张明坐上了主管的位置。他开始专心经营自己的小家庭。不知不觉到了四十岁，张明的职位再也没有得到提升。这时想不到的事情发生了。张明的公司突然被另一家竞争对手收购，接着就是机构重组。张明和其他一些老同事被列入了待安置的名单里。后来因为另一主管不满意新的职位安排辞了职，张明才算保住了自己的饭碗。这一系列的变化让他实在难以接受，他抱怨公司没有人性，抱怨社会变化太快，抱怨政府没有完善的社保系统，他就这样一边抱怨一边工作，一直到退休。退休那天，张明哭了，他想起自己二十岁时曾梦想做一名优秀的财务经理，他不知道自己是什么时候怎么丢掉这一梦想的。可现在他知道说什么都晚了。

王亮是一所走读大学机械系的毕业生，一没有当地户口，二没有名牌大学学历，毕业后一直没有找到满意的工作。为了生存，王亮到一家朋友开的小公司帮忙做网页设计。虽然收入微薄，但他却非常投入，一干就是两年。这使他的朋友很感动，于是推荐他去一家跨国公司应聘，竟然被录用。新工作的职位是管理见习员，收入也不高，但王亮非常珍惜这个机会，全心地投入到了工作中。一年后，他完成了各部门的实习，被分配到设备保养部做技术员。因成绩突出，三年后又被提为主管工程师。后来公司全面推行 6Sigma 管理，他被选为项目推动小组成员，并接受专业的绿带资格培训，在项目组又做了三年。这种工作经历大大地提高了他的能力，开阔了他的眼界。公司在南方成立分公司时，他被提升为华南总经理。四十岁那年，又被提升为公司中国区总经理，举家迁到北京。十年后，成了集团亚洲区副总裁，一直干到退休。离开公司后，王亮并不清闲，因为公司还聘他为高级顾问，他还是公司董事局成员，还有很多高校请他去做客座教授。学生们向他请教成功的秘诀，他说："其实成功没有什么秘诀，如果有也是一些众所周知的法则。我个人成功主要有两个法则：一个是态度，一个是目标。我把它叫作个人使命。"

他对大学生们的忠告是：二十岁是你事业的起步期，如果这时你还没有自己的梦想，你将来要为此付出巨大的代价。四十岁是你事业的飞跃期，如果这时你不能保持积极乐观的心态，你可能永远都在起步期。六十岁，这时你并不需要特意做什么。如果你前 40 年作对了，这时你想不辉煌也难；如果你前四十年没有做对，这时你想不凄凉也难。

案例点评

生活是公平的，当你努力工作，尽量多付出的时候，你不知不觉就会收获很多；当你事事计较能获得多少，只做分内之事的时候，却往往收效甚微，这也是职业生涯成功的法则。

我们每个人都与职业有着不解之缘，都有自己不同于他人的职业生涯。在童年、少年时代，我们内心对不同的职业充满了朦胧的向往；到了青年时代为如何择业而烦恼、兴奋；一旦确定了自己的职业，职业生涯如何发展就成了摆在我们面前的难题，作为人生的最重要组成部分，整个职业生涯占据了一个人从二十二岁到六十岁这近四十年的黄金时间。

六、职业生涯规划的意义

职业生涯规划能够使我们更好地了解自身的优势及缺陷，使自己有针对性地学习、提高，是就业、再就业和许多成功企业和个人发展的不可或缺的重要手段。

（一）职业生涯规划有助于帮助自己确定职业发展目标。通过分析，认识自己，了解自己，估计自己的能力、智慧以及性格；找出自己的特点，明确自己的优势，正确设定自己的职业发展目标，并制订行动计划，使自己的才能得到充分发挥，以实现职业发展目标。

（二）职业生涯规划有助于鞭策自己努力工作。对许多人来说，制定和实现规划就像一场比赛，随着时间推移，你一步一步地实现规划，这时你的思维方式和工作方式又会渐渐改变。有一点很重要，你的规划必须是具体的，可以实现的。

（三）职业生涯规划有助于自己抓住重点。制定职业生涯规划的一个最大的好处是有助于我们安排日常工作的轻重缓急。通过职业生涯规划，能使我们紧紧抓住工作的重点，增加成功的可能性。

（四）职业生涯规划有助于引导个人发挥潜能。职业生涯规划能助你集中精力，全神贯注于自己有优势并且会有高回报的方面，这样有助于你发挥尽可能大的潜力，最终实现成功的目标。

（五）职业生涯规划有助于评估目前的工作成绩。职业生涯规划的一个重要功能是提供了自我评估的重要手段。你可以根据规划的进展情况评价你目前取得的成绩。

美国的成功学大师安东尼·罗宾斯曾提出过一个成功的万能公式：成功＝明确目标＋详细计划＋马上行动＋检查修正＋坚持到底。我们在职业生涯领域也是一样。我们首先选择一个最适合自己发展的行业和工作，然后确定我们的目标，同时对我们的整个职业生涯进行初步规划，最后付诸行动，并且经常对自己的目标和计划进行检查修正，只要坚持到底，定能获得职业生涯的成功。

拓展阅读

职业生涯发展的五个理论

理论一：“烧开水”理论

“烧开水”理论即将烧开水看作是一个证明自己存在的过程，并从中提炼了“添柴加火”“耐心等待”和“服务大众”这三个职业发展的要素。强调把水烧开必须把握“经常添柴”“水开了再掀锅盖”“水开了别让火熄灭”这三个要素。其中不断“添柴”是为了获得积累个人职业生涯所需的能量，包括知识、信息、技能、经验和社会资本等，这个过程必须是一个不停顿、不间断的过程，只有不断地努力学习和积累，才能聚集能量实现发展。同时，知识的获取和积累又是一个互补和互动的过程，是一种借“势”的能量转换和增加。在职业发展的道路上要善于借助已知知识的“势”不断获取新的知识。其中添柴的技术也不容忽视：柴的大小（综合素质、基础知识、专业能力、文化素质）、柴的形状（内在美和外在美要统一）、添柴的时机（太快和太慢都是相同的错误，不要失去时机，要有超前意识）、火势的控制（不能祸及他人、要有危机意识）、柴的数量（要能理解和消化，注意能力、个性与兴趣的结合）、碳的处理（扬弃旧知识，学习新知识，给前沿知识留空间）对个人的发展都起着十分重要的作用。证明自己的存在还需要掌握以下几个要义："不要急于掀锅盖""未开的水不要喝"，即在学习积累的过程中不要过分急于表现自己，在学习的过程中需要耐心等待，在没有成熟的情况下急于表现自己或因此误导组织提前使用不成熟的人，这对个人和组织都是不好的。"沉得住气是一种修养"，"寂寞也是一种重要的锻造"，在寂寞的等待中可以更加清醒地审视自我，扬长避短，不但是积累、增加知识的良好途径，更是修身养性的良好契机。"面壁十年"终于等到"水开"后，就应该大胆地掀开锅盖证明自己的存在。但是，仍要留有余地，"学然后知不足"，要防止水溢出锅面，不要让水熄灭了火种，在回报与感恩的同时继续积累新的知识、经验和能量，适应新的环境变化，寻找人生更上一层楼的机会，做好人生的第二次冲刺。

理论二："绣花"理论

"绣花理论"主要是说在奉献中发展，这其中包括三个要点，即：寻找资源、职业的三大积累、职业飞跃——品牌（亦或名气）。寻找资源指当职业生涯开始或处于低谷时，主动去寻找资源或机会。无论做什么事，都需要一定的资源，绣花理论主张用付出，即义务劳动或很低的报酬去换取资源，以作为下一步职业发展的基础。有了基础就进入了积累阶段，这包括人力资本的积累、品牌的积累和资源的积累。

理论三："马论"

"马论"即识别并抓住机遇的理论。它把人在职业发展中的机遇比作飞奔而来的马，转瞬即逝，识别和抓住机遇，骑上机遇之"马"，才能在职业发展过程中加快速度，"跋山涉水"，从而获得职业的成功。"马论"认为要获得机遇，实现职业的成功，必须具备三个要素：（1）识马——靠知识、靠见识、靠眼光；（2）跃马——靠技巧、靠魄力、靠勇气；（3）驭马——靠能力、靠技术、靠借势。具体地讲，在职业发展中首先要学会"识马"，要通过不断的努力、学习和探索增加对识"马"的知识和眼光。识马必须具备：强烈的自我发展愿望、长期的知识积累、对各种信息的分析力和反应力。而跃马和驭马则必须冒着失去很多既得利益的风险。因此，必须具有跃上马的技巧和魄力，承受落马的勇气和耐心，驭马的决定和能力，审时度势的借"势"技巧。

理论四："红叶子"理论

"红叶子理论"是指把一个人的优点比作一棵树上的红叶子，把一个人身上的缺点比作一棵树上的绿叶子。它认为一个人职业的成功主要不在于红叶子数目的多少，而在于是否具有一片特别硕大的红叶子。这片红叶子不是与生俱来的，需要个人的不断努力和开发才能形成。准确地识别和开发这片红叶子，使它特别硕大、特别鲜艳，才能引起人们的关注。而这片叶子，就是你的亮点，即个人最有价值的资本。“红叶子”理论有三个要点：（1）识别红叶子，也就是识别最有潜力、最有价值、最能取胜的“红叶子”；（2）发展红叶子，只有某一方面的出色和卓越才是职业成功之所在。要使红叶子足够硕大，必须具备坚强意志、健康的心理素质以及智慧和技巧；（3）缩小绿叶子，努力克服自身的缺点。

理论五：“交点”理论

“交点”理论是一个关于寻找职业成功起点的理论。人们在从业过程中，常因客观环境的限制和本人条件的制约，不得不从事若干种不同的、犹如平行线一样的工作，这些平行线让人们对自己职业的成功感到困惑。“交点”理论认为，只要你努力地去做每一件事情，认真地从中获得有益的经验并积累自身的人力资本，发展自己的核心能力，那么你总能在远处某一个地方找到一个“交点”。这一点是你所有努力的结晶，所有知识的融合，所有勤劳和奉献的积累。这样的“交点”可能会有若干个，每一个“交点”都是你职业成功的新起点。

七、舒伯生涯彩虹图

20 世纪 80 年代，为了综合阐述生涯发展阶段与角色彼此间的相互影响，舒伯创造性地描绘出一个多重角色生涯发展的综合图形——“生涯彩虹图”（详见图 2-4），形象地展现了生涯发展的时空关系，更好地诠释了生涯的定义。

在生涯彩虹图中，最外的层面代表横跨一生的“生活广度”，又称为“大周期”，包括成长期、探索期、建立期、维持期和衰退期。里面的各层面代表纵观上下的“生活空间”，由一组角色和职位组成，包括儿童、学生、休闲者、公民、工作者、家长等主要角色。各种角色之间是相互作用的，一个角色的成功，特别是早期角色的成功，将会为其他角色提供良好的基础；反之，某一个角色的失败，也可能导致另一个角色的失败。舒伯进一步指出，为了某一角色的成功付出太大的代价，也有可能导致其他角色的失败。

彩虹图中的阴影部分表示角色的相互替换、盛衰消长。它除了受到年龄增长和社会对个人发展、任务期待的影响外，往往跟个人在各个角色上所花的时间和感情投入的程度有关。

从这个彩虹图的阴影比例中可以看出，成长阶段（0 ～ 14 岁）最显著的角色是儿童；探索阶段（15 ～ 20 岁）是学生；建立阶段（30 岁左右）是家长和工作者；维持阶段（45 岁左右）工作者的角色突然中断，又恢复了学生角色，同时公民与休闲者的角色逐渐增加。这正如一般所说的“中年危机”的出现，同时暗示这时必须再学习、再调适才有可能处理好职业与家庭生活中所面临的问题。舒伯的职业生涯发展阶段理论较为全面完整，阐释了将个人特征与职业匹配的动态过程，并将制约个人职业选择和发展的心理因素、社会因素有机地结合在一起，对职业生涯发展的研究具有较高的理论价值和实践价值。

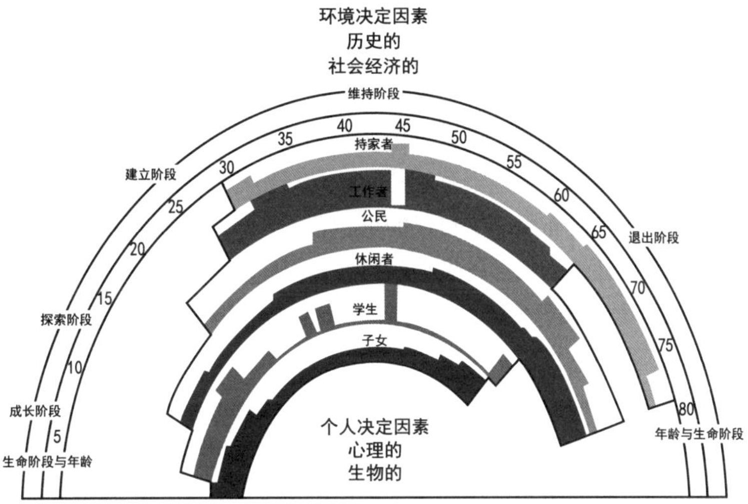

图 4-3 舒伯的职业生涯彩虹图（1980）

八、5W2H 原则

除了制订符合 SMART 原则的计划目标外，计划的另一关键就是制订和实施可行、高效的措施了。我们可以运用 5W2H 原则来制订具体的计划执行措施。5W2H 原则（又称作七何分析法）在第二次世界大战中由美国陆军兵器修理部首创，它简单、方便，易于理解、便于运用，对于决策和执行性的活动措施起着非常重要的作用，同时，也有助于弥补考虑问题时出现的疏漏。

（一）Why：为什么要这么做？理由何在？原因是什么？

也许有人会说，有时候人做事情并不总是需要原因和理由的，比如当你爱上某一事物时，可能很难说出具体的原因，但这并不影响你去热爱它们。这种情况的确存在，但是，我们之所以做职业生涯规划，就是想通过系统的、理智的方式来规划未来，发展生涯。感情用事、相信直觉的办法往往是不可靠的。只有说得清楚理由、经过利弊权衡的措施才是最有利于目标的达成和效益的产出，否则将可能陷入盲目的从众中去。

例如，你看见别人都在报双学位，于是也跟着大家报了一个，但却不知道读双学位有什么用，对将来的职业发展帮助有多大，把时间精力投入到别的地方去会不会产生更多的收益。如果是这样的话，你的举措就缺少了科学的规划与理智的分析，将很难保证其产出。

（二）What：要做的是什么？要完成什么任务？

明确自己最需要做的事也非常重要，因为人的时间精力都是有限的。有一个关于时间管理的帕累托定律，也叫“20/80 法则”：在任何一组东西中，最重要的仅占 20%，其余 80% 都是次要的。因此，我们要集中资源去办那 20% 的重要且紧要的事情。在做任何事情时，我们首先要搞清楚要干的是什么（保证指向的正确性），然后弄清楚其中的关键、核心是什么（抓住重点难点）。

（三）Where：在哪里做？从哪里入手？

清楚自己的优势领域是什么，自己需要在哪个地方去做事情也很重要。所有的努力都必须在合适的时机和合适的地方才能开花结果。例如，你是想在专业技能方面有所突破，还是在综合素质方面有所提升？你是在技术领域有优势，还是在销售行业有实力？有些同学在求职简历上不写求职意向，认为写了反而限制了自己的求职范围，将会失去“意向”外的机会。但是，在用人单位看来，你连自己适合在哪里生存和发展都不知道，还怎指望你有好的绩效。

（四）When：在什么时间做？于什么时间完成？在什么时机下最适宜？

机遇不是等来的，而是靠自己去争取和把握的。例如，很多淘宝店主不知道卖什么好，好像卖什么的竞争都很大，但他们往往把握不好——在合适的时机卖合适的东西。在北京奥运期间，卖望远镜就绝对畅销。而最近全国都在严查酒后驾车，于是售卖酒精测试仪的网店都火了起来。不少卖家表示，近来酒精测试仪的销量不错，至少比原来翻了两番。又如，大学生求职也需要把握好时机：外企、名企大多在 10 月初起就开始招揽人才了，而中小企业则一般在年底至次年三四月份才开始大量招聘毕业生。

（五）Who：由谁来执行？又由谁来负责？

对于职业生涯规划而言，实施的主体当然是规划者本人。但是，其间有诸多的任务需要他人的支持与帮助，此时，必须搞清楚将会与哪些人发生关系？你需要与哪些人合作？谁能帮助你解决问题？例如，你想组建一个社团，那么，由谁来负责后勤，又由谁来负责外联？如果你想参与数学建模比赛，你理想的团队成员是谁？他们又分别负责什么？如果你想进行职业生涯咨询，你该找哪个咨询师才合适？类似这些，都需要规划者加以分析和甄别。

（六）How：如何实施？如何提高效率？用什么方法？通过什么途径？

要达成一个目标，可能有多种途径供你选择，但它们之间的成功概率、难易程度和效益高低是不尽相同的。例如，作为一名计算机专业的学生想向招聘单位证明你有较强的专业技能，那么，你可以多考取一些资格认证，你也可以多学习开发一些小程序。或许，那些“水分”很大、交钱就能拿的证书并不如你在开发小程序中所体现的专业兴趣和技能。不管你做什么，靠投机取巧的态度和华而不实的东西来“混”终究不是长久之计，在务实的基础上“有所长、有所强”才是最重要的。

（七）How much：指做到什么程度？达到什么数量？达到什么水平？

“量变到质变”和“过犹不及”的道理我们都知道，我们做事情一定要把握分寸，要恰到好处。比如，你很想向某个招聘经理争取录用的机会，那么你在参加面试后做一些后续工作是必需的，如当天下午或晚上发一封邮件表示感谢、必要时还可对发挥不好的地方做些合理的说明；但如果你为了争取便天天打电话去问结果，则肯定会适得其反。

第二节 时间管理

正常人 1 ～ 20 岁和 60 ～ 80 岁都无法工作，人的一生真正能用于工作的可能只有 40 年的时间，先看看我们的时间是如何分配的（详见表 4-2）。

表 4-2 时间分配表

项目	每天耗时	40 年耗时	结余
睡眠	8 小时	13.3 年	26.7 年
一日三餐	2.5 小时	4.2 年	22.5 年
交通	1.5 小时	2.5 年	20 年
电话	1 小时	1.7 年	18.3 年
看电视、上网	3 小时	5 年	13.3 年
看报纸、聊天	3 小时	5 年	8.3 年
刷牙、洗脸、洗澡	1 小时	1.7 年	6.6 年
休假、白日梦、闹情绪、身体不适	2 小时	3.3 年	3.3 年

真正工作的时间只有 3.3 年。讨论：我们只有 3 年的时间去创造价值，那么我们如何管理

时间呢？

人生最重要的任务，就是在有限的时间内，尽可能做更多的事情。但这并不意味着，每一天、每小时、每分钟我们都必须忙忙碌碌，像陀螺一样不停地旋转。相反，我们应该更努力，更自觉地利用时间，去做一些对于我们来说重要的事情。20/80 定律是个人工作效率中最重要的法则，指的是工作前花 20% 的时间制订计划，在工作过程中将节约 80% 的时间。

大学是职场的前奏曲，合理地利用和安排时间是实现职业目标的关键因素之一，大学生应该对自由的时间进行合理的安排和规划，以提高时间的利用效率。

一、时间管理的目标

时间管理是为了实现目标，其核心就是如何分配自己的时间。所以时间管理是根据个人计划来拟定的，详细的计划、步骤在时间上的反映就是时间管理的目标。在人的一生中，很多事情都是与时间有关联的，都有时间的元素，在以时间为分母的情况下，把事情很快地做完，叫作效率；把事情很快又很准确地做好，叫作效能。所以做好时间管理是高效学习的前提。

二、时间管理的作用

计划、目标都是对自己行为的约束，时间管理就是监督自己切实执行计划，对计划的完成规定进程、步骤及最后时限（注：最后时限不是事到临头的时间，应在此之前）。一个人能做到每天进步一点，这种小进步的 Σ 最终会聚成大的进步，直至步入成功，这是时间赋予的，是时间的函数 $\Sigma=f(t)$，所以一定要坚持。

三、如何做好时间管理

时间是可以掌控的，那么如何才能做好时间管理呢？可以从以下几个方面进行：

（一）要有明确的方向

如果没有明确的方向，时间将无法管理；要有良好的习惯，如：不乱放东西、要勤奋、办事不拖拉等，这是高效利用时间的必备行为。所以做好时间管理的第一步是要有目标和良好的习惯。

（二）要明确时间管理的目的

时间管理的目的是要让我们通过最短的时间，实现想要达成的更多目标，以求时间利用的最大化；是要让你做好多项事情（或多个方面）的平衡。也就是说提高时间利用的质量，保障各项事情做得顺畅，以求达到多赢的效果。

（三）要有明确的个人计划

这是根据目标来定的，也就是我们必须要把每年、每学期、每月、每天、每小时所要做的每一件事情都列出来。从这个意义上讲，时间管理可分为：以年为单位的时间管理、以学期为单位的时间管理、以月为单位的时间管理、以天为单位的时间管理和以小时为单位的时间管理。这些时间管理的制定是由粗到细的，在时间上是由长到短的，如：以天为单位的时间管理你可以只做一周或一天。

（四）计划的修改

在一些特定的情况下，你的计划是需要依据客观情况进行调整的。但是计划的调整是有原则的，计划修改的原则是更新和提高，不能降低原来的标准，不能改变原有的目标，时间只会变得更紧一些，目标只能是变得更大一些。当你原来制订的计划确实不切实际时，便要重新制订新的计划，以新的、更切合实际的计划来代替原来的计划。

（五）确定优先次序

做事情时，要分轻重缓急、有主有次，按照一定规律去完成。确定优先次序，从最重要的事情开始做起，重要紧急的事马上做；其次是做重要而不紧急的事；紧急但不重要的事，要学会放弃，对于不重要也不紧急的事，尽量不去做。在所要做的事情中，先做最有价值的事情。人的价值一般是通过他所做的事情的价值来体现的。

（六）抽出固定的时间做事

每天给自己一个不被干扰的时间，专心做自己的事，想想自己该做的事情。这个时间应该是质量最好的时间，一般以早上起床后的时间为最好，因为这时头脑是最清醒、最清静的时候，容易把事情想好、办好、想全、办全，这样时间安排是比较合理的。因此作为大学生，养成每天早起床的习惯对学习的帮助也是很大的。

（七）根据价值观确定目标

大学生要用自己的价值观来决定自己的目标，把主要的时间和精力放在自己认为最重要的事情上，适当兼顾他人的要求，要让自己周围的环境更加和谐些。同时也是让自己处在与自己价值观相同或相近的人群之中，这样能保持个人较好的情绪，做起事来效率会高一些。

（八）避免重复劳动

任何事情，争取一开始就要把它做对、做好；能一次做完的事情一定要一次做完，绝不拖拉，重复做同一件事情是很浪费时间的。也就是说两个小时的事情，一次用两个小时做完和分两次各做一个小时是不一样的，要有时间成本的概念。

（九）多学习，多借鉴

学会向知名人士学习，向专业内的顶尖人士学习。向师长、学长学习，吸取他们成功的经验和失败的教训，保留值得学习的地方。这也是一种学习方法，是一种节省时间的学习方法。

延伸阅读

时间管理四象限法则

时间管理四象限法则，是由著名管理学家史蒂芬·柯维提出的一个时间管理理论。按照该法则，我们每天面对的纷繁复杂的事务，均可按照重要和紧急两个不同的程度进行衡量，基本上可以将事务分为四个象限：重要又紧急、重要但不紧急、紧急但不重要、不紧急也不重要。

第一象限　重要又紧急的事

诸如应付难缠的顾客、处理个人危机、住院开刀、处理顾客投诉、送货收款以及有期限压力的事情。这样的事情，会让人时刻有压力感。如果此类事情做得过多会让人心力交瘁。

第二象限　重要但不紧急的事

主要与生活品质有关，包括制定目标与计划、开发新的顾客资源、日常顾客的维护、人际关系的建立、参加培训学习、问题的发掘与预防、锻炼身体等等。这个领域的事情不会对我们造成催促力量，但必须重点去做。荒废这个领域将使第一象限日益扩大，使我们陷入更多的压力，在危机中疲于应付。

第三象限　紧急但不重要的事

诸如突来不速之客、意外的电话、临时会议、他人的请托、符合别人期望的事情都属于这一象限。这类事情因为迫切的呼声会让我们产生"这件事很重要"的错觉——实际上就算重要也是对别人而言。很多时候，我们花大量时间在此象限打转，大多情况下不过是在满足别人的期望与标准。

第四象限　不紧急也不重要的事

诸如无聊的小说、毫无价值的电视节目、闲聊、网络游戏、业务不相关的电话等等都属于此象限。虽然有时候在我们很忙很累的时候，需要这样的事情来放松或缓解压力，但是如果将此类事情没有控制的去做，反而对身心有损，刚开始时也许有滋有味，到后来你就会发现其实是很空虚的。

延伸阅读

高效时间管理方法分享：

1. 生命规划——以终为始，倒计时心态；

2. 要事第一——守护好生命中的“大石头”；

3. 运用 ABCD 法则安排优先顺序；

4. 每日管理——不要相信自己的记忆，每日记录胜过千言万语；

5. 任务清单——就是你的生命清单；

6. 检查追踪——自己是自己的上司，要对自己狠一点；

7. 日事日毕，日清日新——朝花夕拾，明日之花，今夜浇灌；

8. 杜绝拖延——2 分钟规则；

9. 分类整理，条理清晰——每天花时间找东西是浪费生命的潜伏最深的敌人；

10. 马上行动——所有的时间管理是否有效的最终落脚点，时刻在行动中，时刻在奔赴梦想的路上，你离目的地就越来越近了。

DIWUZHANG ZHIYE GUIHUASHU DE ZHUANXIE

05

第五章　职业规划书的撰写

教学目标

- 熟悉职业生涯规划的设计
- 完成一份职业规划书的撰写
- 了解大学生职业生涯规划的误区

一些新生计划着大一、大二先轻松一下，到大三、大四再努力也不迟，但回顾这些年毕业生的情形，看到更多的是同学们找工作时的慌乱和艰难。知识、能力储备不足，英语不够好，没有学位（毕业）证书，没有工作经验，自我定位不够准确等，都在不同程度上对毕业生的求职择业产生了影响。职业生涯规划应从大一做起，大学时期是毕业起跑的助跑期。

案例分析 做好规划，少走弯路

卫同学是一家重点院校的本科学生，今年大三，进学校时因分数偏低，虽然被录取了，但是被调剂到了植物学专业。在上完大一的基础课以及大二的专业课后，发现自己对这个专业一点也不感兴趣，了解了下就业方向更是失望。如果毕业以后去从事专业工作，那么自己将要一辈子忍受下去。如果不从事专业工作，那么自己到底要去做什么工作呢？在剩余的两年里，自己不知道该顺其自然还是应该做些其他准备？

安同学学的是工商管理专业，专业知识多而杂，缺乏准确就业方向。安同学当初的想法只是想当管理层，但是听毕业了的学长学姐们说的多了，知道刚毕业的学生不可能一工作就是做管理层，必须要从基层做起。但是这个基层范围太广，很多人做了很多基层岗位工作还是升不到管理层。自己现在已经大四了，一眨眼就毕业了，很多同学都开始找实习单位了。那么自己该怎么选择呢？现在学的知识出去后能帮自己就业吗？现在该做些什么事情呢？很迷茫！

案例点评

很多在校大学生认为只有走出校园，开始工作了，那么才需要职业规划。其实最早的职业规划应该是高考选择专业甚至文理分班时就确定了。否则的话，选择了自己不适合的专业，在学校里或者进入职场后，需要付出比别人多几倍的时间精力以及财力成本。而已经进入大学校园，虽然晚了一步，但是比起已经踏入职场的职业人来说又是早很多步，把握时间，确保了自己少走弯路。

第一节 设计职业生涯规划书

一、充分了解自身实际情况

大学四年制订行动计划以及选择需要采取的方式和途径，四个年级各有侧重，不尽相同，且要根据自己的长期目标因人而异。

（一）试探期

一年级为试探期：要初步了解职业，特别是自己未来所想从事的职业或与自己所学专业对口的职业，提高人际沟通能力。要多和师兄师姐们进行交流，尤其是向大四的毕业生询问就业和考研情况。要利用学生手册了解相关规定，为考研、择业、留学做好资料收集和课程准备。要在培养学习习惯、掌握学习方法、打牢学习基础上下工夫。同时，可适量参加一些学校活动，以锻炼和增强实践能力。

（二）定向期

二年级为定向期：应考虑清楚大学毕业后是继续深造还是立即就业，并以提高自身的基本素质为主，通过参加学生会或社团等组织，锻炼自己的各种能力，同时检验自己的知识技能；可以开始尝试兼职、参加社会实践活动，并要具有持久性，最好能在课余时间长时间从事与自己未来职业或本专业有关的工作，提高自己的责任感、主动性和受挫能力，增强英语口语能力，增强计算机应用能力，通过英语和计算机的相关证书考试，并开始有选择性地辅修其他专业的知识以充实自己。

（三）冲刺期

三年级为冲刺期：因为临近毕业，所以目标应锁定在提高求职技能、搜集公司信息或确定报考专业上。在撰写专业学术文章时，可大胆提出自己的见解，锻炼自己独立解决问题的能力和创造性；参加和专业有关的暑期工作，和同学交流求职工作心得体会，学习写简历、求职信，了解搜集工作信息的渠道，并积极尝试加入校友网络，和已经毕业的校友、师兄师姐谈话了解往年的求职情况；希望出国留学的学生，要注意留学考试资讯，向相关教育部门索取简章和参考资料，并准备通过 TOEFL、GRE 考试。

（四）分化期

四年级为分化期：找工作的找工作、考研的考研、出国的出国，不能再犹豫不决，大部分学生的目标应该锁定在工作申请及成功就业上。这时，可先对前三年的准备做一个总结：首先，检验自己已确立的职业目标是否明确，前三年的准备是否充分；然后，开始毕业后工作的申请，积极参加招聘活动，在实践中校验自己的积累和准备；最后，预习或模拟面试。积极利用学校提供的条件，了解就业指导中心提供的用人单位资料信息、强化求职技巧、进行模拟面试等训练，尽可能地在做出较为充分准备的情况下进行施展演练。

二、确定奋斗目标

（一）认清自己的现状

认清自己其实是整个职业规划中最难的部分，同时也是职业生涯规划无法绕开的一个步骤。认识自己要从职业爱好、职业特长、工作能力、性格特点、价值观、主要优缺点这几个方面进行分析，也可以使用 MBA 的战略分析工具——SWOT 方法来对自己进行分析。

（二）确定自己的奋斗目标

一个人的职业目标可大可小，可近期可远期，具体操作时可以从三个“10”来考虑，即：

1.10 天内我要达成什么目标——短期目标；

2.10 个月内我要达成什么目标——中期目标；

3.10 年内我要达成什么目标——长期目标。

短、中、长期目标又可分为：岗位目标（希望在什么岗位工作）；职务目标（希望获得什么职位）；经济目标（希望取得的经济收益）；成就目标（希望取得的社会认可）；等等。

做了以上分析之后，则要考虑，十天内的目标和十个月内的目标，是否有助于你达成十年目标，如果不是，那么你要重新进行选择，如果是，那就坚持下去。

（三）分析现状与目标的差距

当前面的两项功课完成时，你会发现自己的现状与目标差距很大，越是长期的目标越看似不可能实现。这时，你要明白人类的天性会“高估现在，低估未来”，就好比一个孩子看中商场的一件玩具，而妈妈承诺下月买个更好的，孩子通常都不会选择下月更好的玩具，非要现在能看到的一样。所以，不要被你自己的目标吓倒，你要找出自己现状与目标的差距。

（四）制订行动计划，找出减少差距的方法

制订行动计划，计划通常分为三个部分：

1. 寻找能够帮助你实现目标的行业、企业与岗位；
2. 培训自己的技能，可以是在工作中的学习，也可以选择培训班学习；
3. 寻求帮助，寻找可以帮助你实现长期目标的贵人、机会。

三、职业生涯目标设计

职业生涯目标设计，应从一生的发展写起，然后分别制订出 10 年计划，5 年、3 年、1 年计划，以及制订出 1 月、1 周、1 日的计划。计划制订好之后，再从 1 日、1 周、1 月计划实行下去，直至实现你的 1 年目标、3 年目标、5 年目标、10 年目标。

（一）制订出未来发展目标

在这漫长而短暂的一生中，你想成为什么样的人？想做哪一件或几件大事，想取得什么成就？想发挥自己哪一方面的优势与特长？想成为哪一专业的佼佼者？把这些问题确定后，你的人生目标也就确定了。当然目标是建立在自我分析与内外环境分析的基础上，否则目标就失去了意义。

（二）制订出 10 年计划

为什么是 10 年的计划而不是 20 年呢？因为，20 年太长，容易令人泄气，10 年正合适，而且 10 年工夫，足够干成一件大事。今后 10 年，你希望自己成为什么样子？找到一份什么样的工作？有什么样的事业？将有多少收入，要过上什么样的生活？你的家庭与健康水平如何？你将获得什么样的社会地位？把它们仔细地想清楚，一条一条地计划好，记录在案。

（三）制订出 5 年计划

制订出 5 年计划的目的，是将十年大计分阶段实施。并将计划进一步具体、详细，将目标进一步分解。

（四）制订出 3 年计划

你的 3 年计划，主要是对大学期间的学习生活做出合理的安排。

（五）制订出明年计划

制订出明年的计划，以及实现计划的步骤、方法与时间表，务必具体、切实可行。如果从现在开始制定目标，则应单独制订出今年的计划。

（六）制订出下月计划

下月计划应包括下月应完成的学习任务、质和量方面的要求、计划开展的活动等等。

（七）制订出下周计划

计划的内容与上面月度计划相同，重点在于必须具体、详细、数字化，切实可行，而且每周末提前作好下周的计划。

（八）制订出明日计划

明天计划要做哪几件事？哪几件事是最重要的，非做不可的？把它们挑选出来，取最重要的三至五件事，按事情轻重缓急，按先后顺序排好队，明日按计划去做。按照事情的轻重缓急去做事，可以避免“拣了芝麻、丢了西瓜”，这对一个人提高办事效益是大有好处的。

四、大学生职业生涯规划的误区

大学生在制定规划时，要注意避免以下几个误区。

（一）急功近利

有的同学刚上大一，因为父母希望自己报考研究生，所以就连暑假期间每天都自学英语和数学，感觉和高中一样紧张，学习以外的事情先不考虑，社会活动也不参加，怕影响学习。我们认为，早准备不是坏事，但也不用一口吃成个胖子或两耳不闻窗外事，首先他的目标不是出自自己的意愿，这与他年龄小、决定能力不强有关，但到了大三或大四，有了自己的主见再想转向就为时已晚。即使以考研为目的，也不应该一条腿走路，毕竟早晚要就业，如果不增强自己的综合素质，提高适应社会的能力以及交际能力，书读得再好再多也只能纸上谈兵。当然，学生应该以学为主，更不能以增加社会阅历和工作经验为理由，走另一个极端——旷课去打工，这可真是本末倒置了。

（二）准备不足

大学生往往在时间、实力和经验方面准备不足。时间准备不足表现为，误以为找工作从大三开始准备就可以了。其实，对社会的认识、资料的收集、能力的提高需要提早准备；实力准备不足表现为，误认为看得见的准备（比如证书、成绩单）比看不见的素质重要。

其实，单位看重的是个人长期积累的素质，如文化底蕴、合作意识、沟通能力、自我认识等；经验准备不足表现为，误认为有一些社会实践的背景就可以帮助自己找工作。其实，经验的获取是需要一段时间、反复进行的，个别时间的尝试不表示个人拥有有价值的经验。

（三）忽视规划

有些大学生认为，世界发展变化快，根本无法预料未来，所以不需要做职业生涯规划。可是如果世界不存在变化，每个人都知道自己的未来是什么样子，就更加没有必要做生涯规划了。所以，正是因为要应对当今多变的世界和环境，才更需要积极地做好生涯规划。

（四）生涯规划可以等到即将毕业时再做

外国有一句格言，大意是说人生只有三天：昨天、今天和明天。昨天是幸福或无奈的回忆，今天才是人生的“核心”，只有抓紧今天，明天才能生活得更美好。大学生从入学开始，就要树立职业规划的理念，并在老师的指导下逐渐形成自己的生涯发展规划。事实上，近年来严峻的就业形势已经促使一些大学生入学伊始就将生涯规划作为大学生活的重要内容来对待。

（五）把生涯规划等同于职业目标或学习计划

生涯规划不是职业目标，它的核心是达到人生目标的步骤、方法和时间安排。不但要有长期计划，还要有短期计划、阶段计划。生涯规划也不是学习计划，达到人生目标不仅需要具备知识，更重要的是要具有能力，生涯规划是以提升能力为重点，并从长远出发以实现人生目标的规划。

（六）把“心锚”等同于“职业锚”

在日常生活中有许多东西，人们第一眼看见它们便会产生各种不同的心情，这些能刺激人、促使人产生特别感觉的东西，称之为“心锚”。“心锚”可以是一句话、几个字、一个动作或一件物品，人们或看、或听、或想、或嗅、或尝，在一眨眼就能够改变内心的感觉。

“职业锚”是美国的施恩教授提出的，他认为生涯规划是一个持续不断的探索过程，在这一过程中，每个人都在根据自己的天资、能力、动机、需要、态度和价值观等慢慢地形成较为明晰的与职业有关的自我概念。随着个人对自己越来越了解，就会越来越明显地形成一个占据核心地位的“职业锚”，实际上就是人们选择和发展自己的职业生涯时所依托的、不可放弃的中心。可见，两者不是一回事。

（七）专业就是职业

一般来说，80%的人的所学专业决定不了其职业。专业学习是学生时期的任务，在某种程度上是一种被动接受，而职业则是步入社会后的任务，是一种主动的谋生手段，二者的关联只是一些知识背景。大多数人都希望自己选择的专业就是自己今后的职业，但实际上往往不能如愿，而且转行所付出的代价也不仅仅限于知识背景而已。

（八）生涯规划就是大学生涯规划

有的人往往把生涯规划等同于大学生涯规划，二者其实是不一样的。大学生涯规划是整个人生生涯规划的一部分，是生涯的阶段性设计和铺垫。但大学生涯规划对个人生涯设计具有至关重要的影响，可以说，生涯规划的实现在相当程度上取决于大学生涯规划。所以，一定要走好生涯规划的第一步——大学生涯规划。

导致大学生职业生涯规划误区的原因主要包括主客观两方面：

（一）客观原因

1. 随着我国教育由精英教育向大众教育转变，就业由分配式向自主择业转变，学生人数激增，学校对学生的指导却难以深入细致；同时，高校和社会本身对职业生涯规划的认识和实行还不是很到位，所以导致大学生职业生涯规划方面知识欠缺、得不到有效指导。

2. 片面强调职业的经济收入。随着市场经济的发展，经济因素开始在大学生职业生涯规划中占据着最重要位置。人们在评价大学生就业情况时，往往以大学生从事职业经济收入的多少和地位的高低论，导致大学生容易急功近利。

3. “出人头地”“光宗耀祖”“非公不选”等观念严重影响青年大学生的职业生涯规划。

（二）主观原因

1. 许多大学生的价值观发生很大的变化，由社会中心转向自我中心，追求享受，不愿奉献；

2. 自身重视不够，很多大学生进入大学之后精力没有专注在自身的发展和职业生涯规划中，或者把时间浪费在上网、玩游戏或者谈情说爱上，或者把时间放在准备考研究生或者各种社会活动中，再草草搞一下职业生涯规划，之后却不再修正；

3. 青年大学生绝大部分时间都是学习，整体而言缺少社会经验，因而缺乏规划的宽广眼界；

4. 自我认识不够，不少大学生不清楚自己的兴趣、爱好、优势、劣势，要么自认为学识渊博，从政、经商、做学问轻而易举；要么自认为自身条件好，素质较全面，工作能力强；要么缺乏自信心和竞争意识，对进入社会感到胆怯，所以不能根据自身的特点进行趋利避害的职业生涯规划。

第二节 撰写自己的职业规划书

一、我的大学规划书

在大学期间做好职业生涯规划有助于合理地安排和利用大学生活，为实现自己的规划目标，制定大学阶段的学习和能力培养计划，并根据自己的爱好、实际能力和社会需求制定正确的大学生涯发展目标和有效的实施步骤非常有必要。有了目标，同学们就能积极主动地学习知识，完善自己。

判断自己目前所属的阶段，根据实际情况填写下表，并在每个学期填写一次，对比自己职业生涯规划的修订情况和实现程度。

<table>
<tr><td colspan="2">姓名</td><td></td><td>性别</td><td></td><td>专业</td><td></td></tr>
<tr><td colspan="2">我的特长</td><td></td><td></td><td></td><td></td><td></td></tr>
<tr><td colspan="2">我的人生偶像</td><td></td><td></td><td></td><td></td><td></td></tr>
<tr><td colspan="2">我的人生理想</td><td></td><td></td><td></td><td></td><td></td></tr>
<tr><td colspan="2">我的理想职业</td><td></td><td></td><td></td><td></td><td></td></tr>
<tr><td rowspan="8">第一学期</td><td rowspan="3">就业成本积累</td><td>学业目标</td><td colspan="4"></td></tr>
<tr><td>素质完善目标</td><td colspan="4"></td></tr>
<tr><td>活动或工作</td><td colspan="4"></td></tr>
<tr><td rowspan="4">自我性格完善</td><td>个人特殊能力发展</td><td colspan="4"></td></tr>
<tr><td>养成一个好习惯</td><td colspan="4"></td></tr>
<tr><td>克服一个毛病</td><td colspan="4"></td></tr>
<tr><td>本学期自勉的话</td><td colspan="4"></td></tr>
<tr><td>个人其他目标</td><td colspan="5"></td></tr>
</table>

（续表）

第二学期	就业成本积累	学业目标	
		素质完善目标	
		活动或工作	
	自我性格完善	个人特殊能力发展	
		养成一个好习惯	
		克服一个毛病	
		本学期自勉的话	
	个人其他目标		
第三学期	就业成本积累	学业目标	
		素质完善目标	
		活动或工作	
	自我性格完善	个人特殊能力发展	
		养成一个好习惯	
		克服一个毛病	
		本学期自勉的话	
	个人其他目标		
第四学期	就业成本积累	学业目标	
		素质完善目标	
		活动或工作	
	自我性格完善	个人特殊能力发展	
		养成一个好习惯	
		克服一个毛病	
		本学期自勉的话	
	个人其他目标		
第五学期	就业成本积累	学业目标	
		素质完善目标	
		活动或工作	
	自我性格完善	个人特殊能力发展	
		养成一个好习惯	
		克服一个毛病	
		本学期自勉的话	
	个人其他目标		

二、撰写职业生涯规划书

案例分析 大学生职业规划书

前言

当下，人们越来越重视自我的发展完善和自我实现，这就需要我们对自己的未来做出一个全方位的统筹规划，即职业生涯规划。它是我们职业选择乃至一生的计划，这对我们来说是至关重要的。职业生涯规划能让我们更充分的认识自我，了解自己的优缺点，同时，通过结合自身的特点做出切合实际的方案，为我们的未来奠定良好的基础。

一、自我分析

1. 兴趣爱好:

业余爱好：读书、听音乐、体育、画画

偶像：周恩来、比尔·盖茨

喜欢的文学作品：《红楼梦》《战争与和平》《老人与海》《平凡的世界》

喜欢的歌曲：《爱拼才会赢》《水手》《我的未来不是梦》

2. 优势盘点:

由于从小生活条件艰苦，让我养成了不怕苦的精神，创业是一个坚苦的过程，在这个漫长坚苦的过程中，它将是我唯一的也是最宝贵的财富。

3. 劣势盘点:

因为来自农村，没有经济基础，决定了我的事业起点相对要低，而且，到目前为止，还没有任何工作经验，各类荣誉证书太少。

4. 优点盘点:

乐观，开朗，而且口齿伶俐，胆大，有一股不服输的劲儿。

5. 缺点盘点:

做事不够细心，有时候也比较怀疑自己的能力，惰性较大。

二、解决自我盘点中的劣势和缺点

当劣势和缺点成为了你前进道路上的障碍时，就应充分发挥你的优点，让其把你带出围障；虽然恒心不够，但可凭借那份积极向上的热情鞭策自己，久而久之，就会慢慢培养起来，充分利用一直关心支持我的庞大亲友团的优势，真心向同学、老师、朋友请教，及时指出自身存在的各种问题，并制定出相应的改正计划。

三、社会环境分析

1. 一般社会环境：电子、网络铺天盖地，知识信息飞速发展，科技浪潮源源不绝，人才竞争日益激烈。

2. 特殊社会环境：（将要从事的职业行业的环境。）

四、角色建议：

父亲：目前，必须搞好学习，为以后找工作奠定基础，同时，还要多锻炼自己，让自己成为同龄人中的强者。

母亲：学习要认真，最好要考研。

老师：聪明、机灵古怪。

同学：有较强的工作能力，聪明。

五、职业生涯规划

1. 学习生活规划

在这个高科技的社会，计算机已成为了日常生活中不可缺少的一部分，而英语更是让我们随时体会到它的重要性，因此，在大学的学习规划上，我将这两科作为学习的重中之重。在学习的同时，还努力提高自己各方面的能力。

大学一年级：了解大学生活，了解专业知识，了解专业前景，了解大学期间应该掌握的技能以及以后就业所需要的证书。

大学二年级：要通过大学英语四级考试；通过计算机应用 2 级考试；熟悉掌握专业课知识。

大学三年级：着重提高自己的工作能力、交际能力、动手能力和环境适应能力，同时极锻炼自己独立解决问题的能力和创造力；尽量多体验兼职，积累工作经验。

大学四年级：目标应锁定在工作申请及成功就业上，积极参加招聘活动，在实践中检验自己的积累和准备。积极利用学校提供的条件，强化求职技巧，进行模拟面试等训练，尽可能地做出充分准备。

2. 近十五年的目标

2017—2020 年：利用 3 年左右的时间，经过不断的尝试努力，初步找到适合自身发展的工作环境、岗位；

2021—2027 年：贮备资金，积累经验；

2028 年：了解市场行情；

2029 年：筹划资金，办理相关的手续，准备建立公司；

2030 年：拥有自己的公司。

3. 求职计划

（1）学位证书、资格证书是我们求职的敲门砖，是一个公司招聘人才的首要条件，因此，要在大学期间拿到相关的证书。

（2）公司招聘人才看的不仅是文凭和证书，更多的是注重个人的能力与素质，所以，大学期间学习的同时，还要注重个人素质的提高和能力的培养。

（3）对于刚毕业的大学生来说，经验的缺乏是一个很突出的问题，要想在众多应聘者中脱颖而出，就必须在某些方面拥有过人的优势，所以，还要在大学生活中积累更多的工作经验，这一方面可以通过兼职来实现，但在其过程中，要懂得总结经验。

（4）一定要在大四之前把简历制好，留下更多的时间来找工作。

（5）要时刻关注招聘信息，积级参加招聘活动，在公司选择我们的同时也选择一个适合自己的公司。

六、结束语

任何目标，只说不做到头来都会是一场空。然而，现实是未知多变的，定出的目标计划随时都可能遭遇问题，因此，要时刻保持清醒的头脑。一个人，若要获得成功，必须拿出勇气，付出努力，并为之拼搏和奋斗。

在这里，这份职业生涯规划差不多也落入尾声了，然而，我的真正行动才刚刚开始。现在，我要做的是，朝着这个规划的目标前进，以满腔的热情去获取最后的胜利。

请结合自身实际，合理运用所学理论与方法，做出一份自己的职业生涯规划，并最终付诸行动。

DILIUZHANG JIUYE ZHUNBEI YU JIUYE CHENGXU

06

第六章 就业准备与就业程序

教学目标

- 了解求职就业前应做的准备
- 掌握就业信息收集的渠道及方法
- 熟悉求职材料的准备
- 熟悉大学生就业程序

随着社会主义市场经济的发展、人事制度的改革和人才供求关系的变化，在校大学生的就业准备显得越来越重要。只有准备充分，才有可能在求职过程中面对激烈的竞争时展示出自己的优势及特点。当然就业准备也并不是简单地制作简历、整理材料，而是更需要有系统的、明确的目标，有条不紊的计划和实施才更加有利于择业、就业。本章将系统地阐述知识准备、能力准备、信息准备、材料准备等就业前的准备工作，并给予相应的建议。

温馨提示

步入职场前，大学生应该学会什么

1. 一定要有独立的人格、独立的思想。一个经过独立思考而坚持错误观点的人比一个不假思索而接受正确观点的人更值得肯定。不要成为灌输教育的牺牲品。

2. 仕途，商界，学术。大致说来，每个人都注定要走上三条道路中的某一条。在进行职业生涯规划的时候，不妨以此作为思考的出发点。根据不同的职业生涯规划来塑造各自的核心竞争力。只有知道自己以后要做什么，才能知道自己应该学什么。

3. 专业无冷热，学校无高低。没有哪个用人单位会认为你代表了你的学校或者你的专业。千万不要因为你是名牌大学或者热门专业而沾沾自喜，也大可不必因为你的学校不好或者专业冷门而自卑。

4. 千招会，不如一招熟。十个百分之十并不是百分之百，而是零。如果你有十项工作每项都会做百分之十，那么，在用人单位眼中，你什么都不会。所以，你必须要让自己具备核心竞争力。“通才”只有在“专才”的基础上才有意义。

5. 求职简历必须突出自己的核心竞争力。求职的时候大可不必有一说一，必要的时候恰到好处地使用沟通技巧是非常有用的。一份求职简历只要用一张 A4 纸做个表格就足够了。很多女生的求职简历就像是写真集，不但浪费钱，而且对求职毫无用处。面试其实是有规律的，每次面试的时候只要背标准答案就行了……

6. 垃圾是放错位置的人才。所以，在找工作的时候一定要把自己放到那个让你成为人才而不是垃圾的职位上。当然，前提是你要知道自己究竟想做什么、究竟适合做什么。世界上最大的悲剧莫过于有太多的年轻人从来没有发现自己真正想做什么。骑驴找马固然没错，可是，并非随便骑一头驴就能找到千里马。所以，一定要重视第一份工作。

7. 大公司是做人，小公司是做事。进入公司工作以后，必须尽快融入写字楼政治。职员能否得到提升，很大程度不在于是否努力，而在于老板对你的赏识程度。在写字楼的政治斗争中，一定要学会自我保护。

8. 大学期间一定要多去图书馆、自习室。很多书你现在不读，一辈子就再也没有机会去读了。虽然不是每本书看了都一定有用，但是，因为你不知道究竟哪本书以后会有用，所以只好多看书，并且抛弃那些过于功利的想法。尽管每次网到鱼的不过是一个网眼，但要想捕到鱼，就必须要编织一张网。

第一节 就业信息准备

就业信息就是指择业者事先不知道，但是经过加工整理，能被择业者所接收并对其选择所从事的职业或职位有价值的消息、资料和情报。收集就业信息是高校毕业生求职择业前的一项重要任务，就业信息越广泛，择业的视野就越宽阔；就业信息质量越高，择业的把握性就越大。而高质量的就业信息往往存在于广泛的信息之中，因此，大学毕业生必须利用各种渠道、各种手段，广泛全面地收集各种信息，为就业做好充分的准备。

一、就业信息的内容

（一）政府就业决策信息

政府是对社会进行统一管理的权力机构，任何组织、个人都必须服从政府依据法律和法规对整个社会的统一管理。如果能了解政策，遵循政策，利用政策提供的条件，那么就能使个人顺利就业。反之，政策不明或与之违背，将妨碍个人的顺利就业，因此必须收集和研究国家和各级地方的政策与规定。

就业工作是一项政策性很强的工作，例如：大学毕业生参军具体条件：①政治思想合格，必须是党员或学生干部，受过处分的毕业生一律不接收；②学习成绩优秀：学习成绩总评良好以上，必须获得相应学位；③身体健康：接收补充到指挥岗位的本科毕业生，每眼裸视 4.7 以上，男性身高 1.68 米以上，女性身高 1.58 米以上；接收到技术岗位的本科毕业生，每眼裸视 4.5 以上，或矫正视力每眼 4.7 以上；④年龄要求：本科生不超过 25 周岁；⑤生源种类：应为参加全国普通高校统一考试录取的应届本科毕业生。

（二）有关就业的法律法规信息

国家通过法律法规来管理调节和规范组织和个人的活动，排除组织之间的纠纷，制裁违法行为。法律法规既赋予组织和个人进行各项活动的权利，又赋予了组织和个人同一切侵犯自己合法权益做作斗争的有效手段。如果依法办事，不仅可以取得合法效益，而且可以捍卫自己的正当权利，减少不必要的损失。由于我国人才市场机制尚不完善，因此出现了不少违纪犯规现象，作为大学毕业生来说就必须清楚地了解有关就业法规、法令，学会用法律来保护自己。目前已出台和执行的有《中华人民共和国劳动法》《反不正当竞争法》《劳动合同法》等等。

（三）有关社会职业方面的信息

现代社会存在许多行业职业的划分，理论界也没有统一的认识，其中具有代表性的观点有：第一，从行业上划分，可分为第一、第二和第三产业职业类别，从目前我国产业分布状况来看，第一产业（农、林、渔、畜、牧业）人数比重明显偏高，而第三产业（商业、服务业、旅游业、信息业等）人数比重明显偏低，比例失调；第二，从所有制上划分，可分为全民所有制、集体所有制、劳动者个体所有制、私营所有制以及中外合资、合作经营和外资独营的所有制职业类别；第三，从各级各类学校的专业来分，可分为高等学校专业、中等学校专业和职业技术学校专业；第四，从工作特点上划分，可分为实务、社会服务、文教、科研、艺术及创造、计算及数学、自然界、户外、管理等十种类型职业；第五，按职业横向分类，可分为各类专业技术职业、国家机关、党群组织、企事业单位、商业工作、服务性工作、农林牧渔劳动、工业生产和运输等，及不便分类的其他劳动。

（四）有关用人单位信息

高校毕业生在择业时，往往会出现这样一些错误：对用人单位情况不甚了解，又没有一定的对比，于是在择业时带有很大的随意性和盲目性，如只挑选大城市而不问用人单位的性质、业务范围；盯着有“关系”的单位，企图靠“关系”得到提拔和重用，还有的只图单位名称好听就盲目拍板等等，而这都是片面的。那么如何才能避免一些假象，做到对用人单位有个客观的评价呢？关键取决于掌握用人单位的信息。

掌握用人单位的信息，不仅指在招聘广告和职业信息中选择出最适合自己的职位，还应包括在初步确定了自己想应聘的职位后，对该招聘单位及应聘岗位工作要求有所了解。对招聘信息多掌握一点，求职的选择机会就多一点，对招聘单位多了解一点，求职的成功希望则会多一点，掌握和了解用人单位的信息量越大，判断准确率越高，反之，则越低。

对于用人单位的信息，可以从该单位的介绍资料中获得，也可以到企业的主管单位那里了解到。当然，如果能认识一些已在该单位就职的人员，从他们那里也许能获得更多更有价值的信息。亲自到企业去社会实践、生产实习与参观考察将会使你对企业有更多的感性认识，以便做出适合自己的职业抉择。

二、就业信息收集的渠道及方法

（一）就业信息收集的渠道

收集就业信息，关键要畅通信息渠道，并结合自己所学的专业和特长，有所侧重。目前毕业生收集信息一般通过以下几个渠道：

1. 学校的主管部门

目前，各高校学生工作处为组织协调全校毕业生就业工作的职能部门，一般都设立“毕业生就业信息专栏”，及时发布就业信息。各院（系）党总支为组织协调本院（系）毕业生就业信息的职能部门，一般也都设立“毕业生就业信息发布专栏”。毕业生可以直接到校学生工作处，院（系）党总支、分团委咨询就业信息。就目前情况来看，毕业生从学校得到的就业信息需求数量大，可信度高，其针对性、准确性均较强，是毕业生就业的主渠道。高校学生工作处和各院（系）党总支通过组织一个个招聘会，架起供需桥梁，使学生顺利就业。

2. 各级政府主管部门和就业指导机构

为了适应毕业生就业制度改革的需要，多数县级以上各级政府都成立了毕业生就业指导机构，这些机构的主要职责就是制订所辖区的毕业生就业政策，交流毕业生和用人单位的供求信息，为毕业生提供各种咨询和服务。

3. 全国及各省、市人才交流会

根据 2001 年国家教育发展研究中心课题组的《我国高校毕业生择业与就业状况报告》调查结果显示，通过学校推荐，参加学校、部门或地方主管单位举办供需见面会是大学生就业的主要途径。国家教育部《关于高等学校招生和毕业生就业制度的改革的意见》规定：“根据招生和拨款制度的改革步骤，随着社会主义市场经济的发展和劳动人事制度改革的进一步深化，逐步把‘以国家为主体、统一安排毕业生’的就业制度过渡到‘国家政策指导，毕业生自主择业’的制度，除少数享受国家奖学金、专项奖学金、单位奖学金的学生外，大部分毕业生实行在国家方针、政策指导下自主择业的就业办法。”

依照我国高校毕业生就业制度改革的目标，我国目前高校毕业生就业工作初步实现了“市场导向，政府调控、学校推荐、毕业生和用人单位双向选择”的就业模式。高校毕业生通过各级各类就业市场就业，通常有参加各类供需见面会、参加公务员招考等公开考试等方式。

4. 师长和校友

高校中许多专业教师与校外的研究机构、企业、公司等合作开发科研项目，许多教师在行业协会中都有兼职，并参加各类行业年会与学术交流会，你可以通过有关教师获得用人单位的信息。同时，校友也是你获取用人单位信息的宝贵资源之一，你可以利用学生干部经历，参加学校组织的学生活动的经历，甚至是“老乡”关系，尽可能多认识一些“学哥”“学姐”，请他们为你收集本单位或本行业内的就业信息。你也可以给在你感兴趣单位供职的校友写信，告诉他你是他的校友，请他为你提供有关公司内部招聘的情况，等等。总之，只要你是有心人并注意开发这方面的资源，定会收集到更多的就业信息。

5. 家长和亲友

在收集就业信息时，动员家长、亲戚、朋友以及朋友的朋友，为你提供就业机会，也是一个非常有效的途径。他们的社会交往广泛，社会经验丰富，对你人品、学业、能力、个性等情况相对比较了解，容易提供适合供需双方要求的信息，并且在帮助了解就业信息或推荐就业时积极主动、不遗余力。

6. 社会实践

走出校门，融入社会，锻炼与体验人生是大学生自我教育的有效形式之一。同时，也是大学生收集就业信息、推销自我的机会。目前，按照学校的要求几乎每一个在校学生都有利用寒暑假期进行社会实践的任务。大学生应充分利用业余时间在校外兼职，到各单位挂职锻炼，争取为公司宣传、推销产品的机会，了解单位对大学毕业生的需求情况。同时了解其现有的职位、职业竞争机会和其内部管理情况，以便于日后的择业竞争。

7. 毕业实习

毕业实习是大学生踏入社会的前奏曲，是参加工作的预演，所以每个人必须充分重视这一难得的经历。通过实习，一方面使用人单位对你有所认识、了解，另一方面使大学生对社会工作有更感性的认识。如果你向单位证明你是一个有价值的职员，在实习过程中体现出你的才华、能力与敬业精神，将为你加盟该公司奠定良好的基础。

8. 有关新闻媒体

目前，许多用人单位通过新闻媒体发布招聘信息。这类信息经常公布在日报、晚报、广播电视报及各类相关行业的专业性报刊杂志上，注意定期收集，并向他们查询有关资料。也有的同学自己在有关新闻媒体上做广告，刊登自己的简历，希望感兴趣的单位与之联系，但往往收效甚微。

9. 利用网络收集就业信息

网络作为开放式的信息平台，正以日新月异的速度发展，并使人们生活的各领域发生了突飞猛进的变化。而网上求职正以其开放、全面、快捷的特点逐步形成规模。我国各地纷纷建立人才市场信息网，实现网上就业信息查询，网上招聘。如何能更全面、更快捷地获取求职信息，在严峻的就业形势下抢占先机，这就需要学会利用网络进行就业信息的搜索。

10. 其他途径

通过参加各级各类“博览会”“产品展销会”等了解企业情况，收集就业信息。如广交会、中国春季服装发布会、国际食品添加剂展销会、中国高新技术成果展、中国机械产品博览会等等；通过某一新产品形态来收集相关专业的企业及联络方式，例如，食品类企业到超市去通过陈列的产品了解企业名称和联系方式等等。

（二）就业信息收集的方法

1. 广泛与重点相结合

当今社会科学技术迅猛发展，边缘学科、交叉学科不断出现，知识的渗透性更加明显。社会行业也由过去的专项性向综合性发展。所以在收集信息时不要仅仅局限于专业对口单位，对非对口单位的需求信息也要注意收集。但是在广泛收集的基础上，要确保重点，要全面了解专业对口单位的需求，因为这样的单位对相应人才的需求量大。

2. 纵向与横向相结合

市场经济的发展要求地域之间加快人、财、物的流动和流通，取长补短，相互促进，形成合理完善的人才机制。所以在收集人才信息时，一方面，要把本省、地（市）的人才需求信息收集起来，另一方面，也要注意收集不同省份的人才需求信息。

3. 动态与静态相结合

一方面社会各行业对人才的需求方面具有相对的连续性和稳定性，需要我们及时准确地获取当年的需求信息（静态）；另一方面，各行业又是在竞争中求生存，随着经济的发展、市场的调节而变化的。因此，必须同时了解、掌握、预测社会各行业在一个时期内对各类人才需求的动态信息，增强就业指导的预见性和主动性。

4. 注重用人单位对毕业生招聘要求的信息收集

社会上对人才的需求，既有数量的限制，又有质量的要求。当前则更注重质量。在收集就业信息时，尤其要注意各单位对毕业生的具体要求是什么。总的来看，社会上急需德才兼备的人才。改革开放的今天，对大学生提出了新的、更高的要求，从政治素质、知识、实际工作能力，乃至身体状况，都要适应时代的发展，需要毕业生不仅要有远大的理想，还要有丰富的专业知识，较强的竞争意识，勇于开拓和脚踏实地的苦干精神。

三、就业信息的整理与利用

在广泛收集信息的基础上，结合自己的实际情况，及国家有关的政策、法规对信息进行一番去伪存真、去粗存精，有目的、有针对性地进行排列、整理和分析，这是非常必要的。只有当信息具有准确性、全面性和有效性后，才能更好地为自己做出就业决策服务。

（一）就业信息的整理

就业信息整理要准备一个专用笔记本，根据本人实际情况与择业理想有针对性地分类整理。主要方法包括以下四个方面：

1. 就业政策信息整理

就业政策信息整理可以分成国家就业政策信息与各地方政府就业政策信息两类。国家就业政策信息较为稳定，对其主要内容要记录下来，如有调整应及时添加。各地方政府就业政策是各不相同的，每年都有适度的“从宽”或“从紧”的调整，在初步确定求职地域后，应关心一下当地的人事政策，对于户口迁移、养老保险、应届毕业生准入条件等相关内容，对比整理，以便于记忆。

2. 单位分布区域整理

单位分布区域整理一般可以分为沿海单位与内地单位。分布在沿海地区的单位又可以分为：中心城市，如上海、北京、天津、广州、深圳等；大城市，如厦门、青岛、宁波、南京、苏州、无锡等；中小城市，如昆山、张家港、漳州、绍兴等。同时，目标单位分布在市区、郊区、开发区的，又可以分类整理。

3. 企业品牌知名度分类整理

企业品牌知名度分类整理在调查研究的基础上，对企业的知名度、资产规模、产品的市场占有率、发展潜力等进行综合排序，适度归类整理。

4. 网上就业信息整理

及时整理从互联网上下载下来的就业信息对日后帮助很大。除用笔记本记录外，也可以用 Word 或写字板，把网上有益的信息摘录下来，以便日后定期拜访。对填了简历的网站和单位要重点记录。有的网站有个人信息及密码，最好把密码写在本子上，免得忘记了增加麻烦。

（二）就业信息的筛选

由于信息的来源和获取的方式不同，内容也必然虚实兼有，互有矛盾。因此对收集到的信息进行去粗取精、去伪存真的整理、筛选，是使用信息的前提。

1. 就业信息筛选的原则

（1）发挥优势和学以致用的原则。即在筛选就业信息时，要尽量做到发挥所长，学以致用。这样可以发挥优势，避免人才资源的浪费。

（2）面对现实、理论联系实际原则。在使用就业信息时，无论个人的愿望如何美好，在实际操作时均要面对现实。不能图虚荣爱面子、好高骛远，而要量力而行，量“能”择业，量“才”定位。即把所有的就业信息都对照衡量一下，看是否适合自己。尤其要选择适合自己性格、气质和有利于发挥特长的单位和具体岗位。

（3）在政策范围内择业的原则。使用就业信息时，要把个人意愿和国家需要结合起来。并根据社会需要与自己的能力、愿望做出职业选择。

（4）辩证分析原则。即用辩证唯物主义方法论来分析信息，用历史的、发展的、变化的眼光研究、处理信息的实际利用价值。

（5）综合比较原则。即把所有的信息放在一起从各方面比较各自的利弊和优劣。

（6）善于开拓原则。即将那些价值潜在的信息，深入思考，加以引证，充分利用。

（7）早做抉择原则。信息有很强的时效性，及时用之是财富，过期再用等于无。较好的职业总会吸引许多应聘者，而录用指标是有限的。如果不早做抉择，往往会错失良机。

2. 筛选就业信息的步骤

（1）鉴别获取的信息。由于所获取信息不一定都全面、准确，因此要对信息进行严格的鉴别和判断，并加以澄清和剔除，使之更好地为自己的求职择业服务。鉴别信息，首先要确定信息的可靠程度，对于不可靠和心里不踏实的信息要通过各种信息渠道和知情人去打听；其次，要鉴别信息的内容是否齐全，特别是发现自己想要知道的细节没有或者不清楚时，要抓紧时间进行一番实际考察，旁敲侧击地询问一些情况，或通过其他渠道了解，还可以在应聘时向面试官提出。总之，要等信息基本准确之后再做决定。

（2）信息排序。在信息加工之前，先给自己草拟一个职业选择提纲，确定择业标准；再按照标准进行初选，即去粗取精、去伪存真；然后进行细选，把较符合自己的信息选出来；最后进行精选，决定两个以上的信息作为应用信息。应用信息也要有主次之分。

（3）反馈信息。将已排序的信息，按从高到低的顺序反馈给用人单位，表示自己愿意去该单位的诚意。反馈信息可以定一个，也可以是两个以上（在时间紧迫时这样做，但同时接到两个以上单位接收意见时，对不打算去的单位必须及时反馈意见，并表示道歉）。一旦反馈后，应多与用人单位联系，随时听候答复。

温馨提示

如何识别虚假招聘信息：

1. 将岗位头衔“美容”的招聘

卖保险的喊成“财务规划师”或“理财顾问”，销售英语软件的美其名曰“语言教育顾问”，最有杀伤力的也是最隐蔽欺骗的是“储备干部”头衔，吸引了无数应届大学生竞折腰。之所以这样做，主要是因为岗位工作内容或岗位薪酬缺乏吸引力，用“美名”可以诱骗到一些单纯的廉价劳动力。

2. 除了“董事长”和“总经理”，一个公司内的其他岗位都“奉献”出来的招聘。这种招聘其实是为了壮大声势，本来只有几个岗位空缺，但为了显显自己“财大腰粗”，就把所能想到的岗位给添了上去。

3. 岗位薪酬不说月薪说年薪

岗位薪酬不说月薪说年薪，或者月薪模模糊糊一个大范围，“月薪”后边还加有“……者”定语的招聘。“优秀者”和“努力者”是常用的前缀定语，岗位多数是销售岗位，如证券公司或黄页公司采用电话营销的销售岗位。据了解，迫于找不到工作而选择这种工作的人，99% 会在三个月内因为业绩不好拿不到糊口钱而自动离职。

（三）就业信息的使用

就业信息的使用必须做到以下几点：

1. 正确选择

择业的成败很大程度上取决于对就业信息如何进行选择。选择是一门集思想性、政治性、科学性、综合性于一体的学问，其中也包括方法论科学。要选择得好，首先，必须能在较短的时间内查阅大量的信息，以便从中迅速发现最有用、最重要的信息；其次，要鉴别、判断，善于识别信息的准确性、有效性和可行性。

信息在传递过程中由于信息来源和人为的一些因素，难免会造成有些信息的失真。这就要求我们必须通过查询、核实来加以修正、充实，使信息具有有效性；同时必须依据各自实际情况和有关方针政策找到与自己最合适的信息，使信息具有可行性。

2. 善于开拓

许多信息的价值往往不是直观的，必须经过使用者深入思考，加以引证才能发现。常言道：信息的价值会用则有，不会用则无。所以当你获得一定量的就业信息时就必须善于利用，否则你仍将一无所获。

3. 迅速反馈

信息有很强的时效性，及时用之是财富，过期不用是垃圾，当你收集到广泛的信息并加以分析处理后，应尽早决断并向用人单位反馈信息，否则“机不可失，时不再来”，因为条件较好的职业人人都会被吸引，而录用指标却是有限的，所以犹豫不决很可能会痛失良机。

第二节 求职材料准备

在各项就业准备中，材料准备是不可或缺的，它不仅能够反映毕业生的在校情况，更有利于用人单位从众多的毕业生当中选择符合用人单位目标的人选，同时毕业生也可通过对材料的准备，准确将自己的优势展示出来，选择自己喜欢的岗位。通常，材料准备包括自荐材料、求职信及个人简历。下面我们将分别加以介绍。

一、自荐材料

求职大多以自荐为主，自荐即自我推荐，它是毕业生就业的基本环节。大学生在求职择业过程中，要让用人单位认识自己、了解自己、选择自己，就必须通过多种途径和方法正确地宣传自己、展示自己、推荐自己，即成功地自荐。只有成功地自荐，才能获得进一步面试的机会。

自荐材料是广大毕业生用来和单位取得联系、“投石问路”最常用的办法之一。在求职择业过程中，自荐材料有着举足轻重的作用，是“敲门砖”，推荐、面试、录用都离不开它，自荐材料的好坏直接影响着就业。

（一）自荐材料的作用

1. 评估，做出择业取向

编写自荐材料过程中，毕业生逐渐清楚了自己的实际情况，能对自身的情况做出全面的分析和评价，明确自己的专长和爱好，把职业的要求和自己个性特征、实际才能结合起来，理性思考，做出明智的择业趋向。

2. 宣传接洽，通往成功就业的阶梯

通过自荐材料，用人单位不仅可以了解你的个人简历，而且可以了解你的知识能力以及特长、爱好，并能够为你提供一次面试机会。

3. 提供取舍的依据

自荐材料是用人单位面试的出发点及面试后做出取舍的主要依据。

（二）编写自荐材料的要领

1. 目标明确

组织和编写自荐材料的大目标和大方向就是为了就业，凡有利于就业的各种材料、各种组织编写方法都可以加以运用。

2. 针对性强

即编写自荐材料时，应根据大致的就业意向，根据应聘的行业、职业或单位特点进行材料的合理组织、安排和撰写。要做到有针对性，就须做到知己知彼，根据不同情况写出最适宜的自荐材料，“投其所好”。

3. 客观实用

即实事求是，摆正位置。在编写自荐材料的过程中要采取客观真实的思想态度，可以说，自荐材料的真实性是应聘者的生命线，一旦用人单位发现自荐材料有假，应聘者便会失去理想的就业机会。另外，在文体上，自荐材料属于实用文书写作中的说明文一类，其目的就是为了就业，切不可过分追求文笔超脱，言辞华丽，而舍本逐末。

（三）自荐材料的内容及特点

1. 自荐材料的内容

自荐材料主要包括：求职信、个人简历、学校推荐表、附件（证书复印件等）等内容。学校推荐表在自荐材料中有举足轻重的地位，是必要的一环。可以说这是一个官方的认证，具有权威性，用人单位对此有较高信任度。把它放在自荐材料中加大了自荐材料的可信度及自荐力度。正因为学校推荐表统一规范，易产生千篇一律的感觉，内容上也难于全面、缺乏个性。所以这就要求毕业生在组织编写其他自荐材料中既不要重复，但又要进行必要的补充添加。必要时也可在学校推荐表中选取最有价值和利于就业的重点部分进行复印（如学习成绩、组织意见等）加入自荐材料中。

毕业生《就业推荐表》的主要内容有：毕业生基本信息、所学专业及使用方向介绍、个人择业意愿、毕业生及所在院系联系方式、学习（工作）简历、奖惩情况、曾任学生干部和社会职务情况、社会实践或教学实习情况、班集体鉴定、系（部）鉴定及推荐意见、学业成绩表、学校毕业生就业主管部门意见等。

附件即指能证实自荐材料中所列的各方面情况的原始证明材料，它也是证明自荐材料的真实性和毕业生各种能力的有力佐证。为防止投递过程中丢失，可用复印件，一般用人单位决定录用后是要看原件的，所以原件一定要妥善保存。

2. 自荐材料的特点

（1）客观性。自荐材料必须要以事实作基础，以能够顺利就业为目的。

（2）创造性。自荐材料从形式到内容，材料的结构和组织取舍，完全可以发挥自荐者的创造性思维和丰富的想象力。一些用人单位常常被这些创造性很强的自荐材料所吸引，从而下定了进行面试录用的决心。但创造性并不等同于求新求异，要切忌把材料搞得花里胡哨，哗众取宠，要把握好创造性和求实的尺度。

（3）独特性。正因为自己编撰自荐材料是一项创造性的工作，所以它也最能充分展示大学生的个性特征，使自荐材料具有他人不可取代的独特性。

（4）全面性。要针对用人单位，取舍得当，突出重点，结构合理，条理清晰，让用人单位能够一目了然，印象深刻，促使对方早下面试并录用你的决心。切勿为求全面，讲究面面俱到，反而啰里啰唆。

（四）自荐材料的整理与包装

1. 自荐材料的整理

自荐材料的整理包括以下五个阶段：

（1）搜集材料。俗话说“巧妇难为无米之炊”，搜集个人自荐原始材料是一项基础性工作。搜集材料的原则就是为就业服务，以择业为目标，按需搜集。即围绕就业目标所需的专业特长、知识结构和能力等进行，注意专业特点、个人能力与行业特点的统一。

（2）分类整理。搜集的原始材料很多，在分类整理过程中一般按以下五个大方面进行专题细分：个人简历性材料、专业学习材料、特长爱好材料、社会实践材料、奖励评论性材料。

（3）编辑审查。分类整理之后就要进行一次编辑审查，即对分类的材料进行汇总编辑，检查一下材料是否有明显遗漏，不能出现材料残缺。同时材料含糊甚至与实际情况有出入的，一定要撤除或修补。还要对材料上是否有错别字等细节进行校对。

（4）汇总分析。经过分类整理和编辑审查后，首先要把同类型的材料集中起来；然后对材料的使用价值进行自我分析评估；最后把材料按价值评分，分清主次，一一罗列出来，以便于编写使用。

（5）合理编撰。在编撰自荐材料的过程中，要针对所选择目标的具体情况，合理取舍，有机组合，充分体现择业者的优势与特长。

2. 自荐材料的包装

当自荐材料的主体部分在原始材料基础上，根据不同的应聘目标编写完后，就要进行包装这一工序了，即完成封面（主题）设计和自荐材料的装订工作。封面的设计是丰富的，但其基本原则是美观、大方、醒目、整洁。

封面设计要有一个主题（标题），一个好的主题，往往能够一下子吸引到用人单位的目光，促使面试官想进一步了解自荐材料的具体内容。而且封面的设计风格与自荐材料内部主体内容风格要一致，具有同一性、整体性。同时，封面设计中最好体现出本人的姓名、专业、年级、学校等最基础的内容。在自荐材料的装订中最好采用 A4 标准纸，用计算机打印，不要用繁体字（有特殊要求除外），装帧不要太华丽，保持整洁明快是最重要的。

3. 投寄自荐材料的一般程序

投寄自荐材料一般有两种方式，一种是直接递交，另一种是间接递交（包括转交或以信函、电子邮件等方式投寄等）。无论采取哪种形式，都要求准确、便利、快捷，要在用人单位规定的投寄时间内寄到。

投寄自荐材料首先要明确投递对象，做到有的放矢；其次要注意检查自荐材料，不要有遗漏与错误，特别是材料内容是否与投递对象一致，千万不要出现张冠李戴的现象，否则是对用人单位的不尊重，对大学生也是个遗憾与损失；第三要注明双方联系办法。

如果以信函方式，则要把投递地址写清楚。接收方若是具体人，则要把姓名写清楚、写正确。同时，职位称谓、单位地址、名称等不要写简称。此外在自荐材料的明显位置必须有联系方式，以方便用人单位与自荐人联系。还有，信封要用标准信封，在信封上也可写上联系办法。做好上述几点后，再经过确认，就可以把一份精心编制的自荐材料投寄出去了。

二、求职信

求职信是一种介绍性、自我推荐的信件，它是通过表述求职意向和对自身能力的概述，引起面试官的重视和兴趣。一封好的求职信可以向面试官说明你的才干。一般来说，打开自荐材料，首先看到的便是求职信。正因为有了求职信，面试官才会对你的简历上所写的经历与业绩感兴趣。所以，求职信无论在形式上还是内容上都应力争给面试官留下好印象。

（一）求职信的结构

求职信文字一定要简洁，字数最好不要超过 1000 字，它一般由四部分组成：

1. 标题

标题有多种写法，通常是把典型经验高度集中地概括出来，一般不采用公文标题的写法。这种集中概括出来的标题，既包含正文中各部分典型经验的内容，又不是这些内容的简单重复，可以说就是典型经验的主题。并写明你要申请的职位和你是如何得知该职位的招聘信息的。

2. 开头

一般是展示典型经验的背景材料和突出的成果。背景材料包括典型的自然情况、社会背景等，既要写出典型经验出现的环境，又不要冗长、啰唆。成果，要概括写出最为突出之点，并尽可能与背景材料相映衬。有的也把成果放在材料的尾部来写，这要根据具体材料安排。表述你对该职位有浓厚兴趣，并说明你如何满足公司的要求，陈述个人技能和个性特征。

3. 主体

对典型经验的具体展开，是典型经验材料的核心部分。写作这部分内容，一般是从总体上把典型经验按照一定的逻辑关系分成几个部分。各部分都是紧紧围绕标题，服务于标题，说明标题；各部分之间要有内在联系，但不能重复、互相包含，要相对独立地处在一个统一体内。与申请职位有关的资历、经验和成绩都是非常重要的证明材料，说明你适合这个职位的原因。

一般来说，这部分内容的表述，应当既要有思想，又应有具体做法或实例，既要有面上的综合，又应有点上的说明，最好还要有一些必要的数字。

4. 结尾

表示如能得偿所愿，自信必能胜任此项工作，提醒收信人留意你所附的个人简历。表明你希望迅速得到回音，如及早答复、予以安排面试等。

（二）求职信的内容要点

由于大学生的个人情况不同，加之所求职业或职务的性质有别，因此，求职信的内容也因人因事而异。但一般说来，它应包括以下几个部分。

1. 说明写信缘由、表达求职愿望

求职信一般都是针对招聘信息而写的，因此，信文开头可以告诉对方自己在何时从何处获悉招聘信息的。如大学生曾经听说某单位需要员工，但并不知道该消息是否确实，信文开头便可以询问的语气自荐，并借此机会陈述自己对该单位的兴趣与向往。总之，无论是应聘还是自荐，求职信的首段最好是说明缘由，并明确表达自己欲进入该单位担任某项具体工作或职务的愿望。同时，必须设法在信的头两句话就能抓住面试官的心，吸引他的注意力，使他主动往下看。但须注意不要写空话、套话或过多的客气话。

2. 提供个人背景资料

为使用人单位在众多应聘者中选中你，你须向对方提供自己的有关个人资料。在做上述介绍时，介绍的重点应放在与所求职业或职务有关方面，其他无关或无直接关系的方面应予省略，以免画蛇添足，冲淡主题。这部分主要需说明大学生胜任某项工作的条件，这是求职信的核心部分。可用一两个事例概述其在校期间的工作业绩、社会实践水平以及别人所没有的而招聘单位又需要的本领、技术特长与优势等，包括团队精神、职业道德、工作纪律、钻研精神等方面的优点，主要突出别人所没有的优点。

3. 提供推荐人

为使用人单位对自己的为人及表现有所了解，大学生应该在求职信中提供两至三个推荐人的姓名、工作单位、职务及联系电话，以便用人单位查询、了解。同时，也借此表明自己这封求职信所述内容的可信度。需要注意的是，大学生所提供的推荐人最好是自己的老师。另一方面，在提供这些人的名单之前，大学生一定要得到这些人的同意和乐于为你推荐的承诺才行。

4. 结尾

首先要明确表示自己希望获得面谈的机会，以及自己希望获得某项工作或职务的强烈愿望，这才是大学生写这封求职信的目的。其次要写上表示敬意、祝福之类的词语。如“顺祝愉快安康”“祝贵公司财源广进”“祝愿贵单位事业蒸蒸日上”等。同时，大学生需要在求职信中写清楚自己的详细通信地址、邮编以及电话号码，以便对方随时和你联系。

（三）求职信的表达方法

1. 要站在对方的立场上说话

表达自己的求职愿望时，要使面试官觉得自己感兴趣的是该公司或企业及其提供给你的职业或职务，而非个人的偏好或兴趣。因此，措辞行文时要突出对方的利益，要让面试官意识到录用你可能在哪些方面受益，而不是强调个人的需要、个人的期望或家境的困难等与对方没有直接联系的个人因素。要知道求职不能靠人同情或施舍，而是靠自己的才华和技能，靠自己能否为用人单位做出自己的贡献。

2. 不要过分渲染自我

求职需要优秀的品德和真才实学，也需要自信心，但是在提出求职申请时不能过分夸大自己的能力，更不能自吹自擂。当然，也不要妄自菲薄，过分谦虚。如果自己确实具备某些优势，就应实事求是地列举出来，要充分相信自己的能力能够胜任你申请的工作或职务。在求职信的创作中应尽量避免使用以下说法："我能够适应各种工作"，"我听说贵公司近期效益不好，我相信我有能力改变这种状况"……

以上这些不实之词，一眼就能辨认出来。这种过分吹嘘反而让人觉得你华而不实，从而对你真实能力产生怀疑。因为刚出校门的大学生，虽有一定的理论基础，但缺乏实践经验。所以，求职中切不可用肯定的口气把自己说成是万事通，尽量避免使用"一定""第一""绝对""肯定""完全可以""保证"等这一类词，而是只能"适度推销"自己。当然，"适度推销"也要根据具体情况而定。由于文化上的差异，一般而言，对外资企业可以较充分地表现自己的能力，强调自己的特长；对国内企业，可如实介绍自己的理论基础及特长。

3. 避免在求职信中以强迫的口气要求用人单位

最常见的问题有：一是为对方限定时间，如"本人于某年某月要赴外地实习，敬请贵公司某月某日前复信为盼"，表面看，文字相当客气，但客气之中却为对方限定时间，容易使人反感；二是为对方规定义务，如"本人谨以最诚挚的心情，应聘于贵公司，盼望获得贵公司的尊重和考虑"。这样的文字似乎在说：你如果不聘用我就是对我的不尊重，这是对方难以接受的；三是以上压下的口气，如"贵公司总经理某某先生要我直接写信给你"或"某长很关心我的求职问题，特让我写信找你"，收信人看后可能会这样想：既然某领导有意，你还写信给我干什么，真是多此一举；四是卖关子以提高自己身价，如"现有几家公司欲聘我，所以请您从速答复我"，这样的文字，往往易激怒对方，将应聘者的求职信直接扔进垃圾筒。

（四）求职信中应注意的几点

（1）求职信的第一句话应该开门见山，让面试官尽快知道它的内容。

（2）段落要短，句子不宜很长，长的段落更易令人生厌。

（3）段落可以加小标题，或是编上序号，使求职信条理分明、层次清晰。

（4）求职信的语气应不卑不亢，不能过分客气，也要力求避免无意中伤他人的尊严。

（5）尽量避免用专业术语、谚语或典故、地方方言，否则在信息传递上可能会出现周折，甚至引起误会。

（6）求职信不应有错别字，不要使用涂改液或橡皮擦，纸张不要沾上污迹。一定要保持干净整洁，以示对人的尊重。

（7）先进典型材料的先进事迹是否真实，直接关系到先进典型材料的生命力。只有绝对真实才能使先进典型真正具有教育人、鼓舞人的作用。因此，凡是材料中反映的先进思想、先进事迹和典型经验，一定要认真核对清楚，不允许有半点虚假、拔高或拼凑及张冠李戴的情况，不能把道听途说、未经核实的“先进事迹”和“经验”写入材料。如果确实一时难以搞清楚，宁可暂时不写，也不能勉强凑数。

（8）观点和提法要分寸恰当。在叙述先进典型的先进事迹和经验时，要注意摆正先进典型和其他群众、集体的关系。许多先进个人、先进集体的事迹，都不是单枪匹马干成的，是与周围群众和其他集体、单位的大力支持分不开的。因此，讲先进典型的事迹、经验，一定要注意切不可讲那些脱离群众、脱离整体观念的过头话。否则，就不能起到先进典型的带动作用。

（9）文字要朴实、简明。整理先进典型材料，主要是通过实实在在的事实说话。这就要求在语言文字的表达上，一定要善于选择那些实在、贴切的词语。不要过多选用做修饰成分或言过其实的形容词。不要讲空话、套话，表达要力求简洁明了。

案例分析 达·芬奇的求职信

1482年，31岁的达·芬奇离开故乡佛罗伦萨，来到米兰。他给当时米兰的最高统治者、米兰大公鲁多维柯斯弗查写了封求职信，希望谋得一个军事工程师的职位。这封求职信就是著名的《致米兰大公书》：

尊敬的大公阁下：

来自佛罗伦萨的作战机械发明者达·芬奇，希望可以成为阁下的军事工程师，同时求见阁下，以便面陈机密。

一、我能建造坚固、轻便又耐用的桥梁，可用来野外行军。这种桥梁的装卸非常方便。我也能破坏敌军的桥梁。

二、我能制造出围攻城池的云梯和其他类似设备。

三、我能制造一种易于搬运的大炮，可用来投射小石块，犹如下冰雹一般，可以给敌军造成重大损失和混乱。

四、我能制造出装有大炮的铁甲车，可用来冲破敌军密集的队伍，为我军的进攻开辟道路。

五、我能设计出各种地道，无论是直的还是弯的，必要时还可以设计出在河流下面挖地道的方法。

六、倘若您要在海上作战，我能设计出多种适宜进攻的兵船，这些兵船的防护力很好，能够抵御敌军的炮火攻击。

此外，我还擅长建造其他民用设施，同时擅长绘画和雕塑。

如果有人认为上述任何一项我办不到的话，我愿在您的花园，或您指定的其他任何地点进行试验。

向阁下问安！

达·芬奇

案例点评

米兰大公收到此信后不久，就召见了达·芬奇。短暂的面试后，正式聘用达·芬奇为军事工程师，待遇十分优厚。

达·芬奇这封短短的求职信为何能够产生这样好的效果？分析起来，不难发现，主要是他的求职信有以下两个优点：

一是针对对方需要。米兰大公当时大力发展军事制造业，因此急需这方面的人才。达·芬奇深切地了解他的需要，于是有针对性地设计了求职信。

二是达·芬奇是个多才多艺的人，在绘画、歌唱、医学、哲学和其他领域都拥有卓越的才能，但在这封求职信中，他只详细描述了自己在军事工程方面的技能。这封详略得当、针对性很强的求职信，无疑给米兰大公留下了深刻印象。

三是语气充满自信。在求职信中，达·芬奇一连使用了六个“我能”，一项一项，有条不紊地列举自己军事工程方面的才能，语气坚定。这份自信当然来自于对自己实力的清醒认识，而且显然也感染了见多识广的大公，既激起了他的求贤若渴之意，也引发了他的好奇之心。

三、个人简历

个人简历是求职材料中的重要组成部分，一般与求职信一起使用，是毕业生个人经历和全面素质的体现。从表面看，简历是告诉别人你做过什么，但是实质上是要让用人单位知道你能为他做什么。因此，一定要扬长避短，突出优势。

（一）个人简历的基本类型和结构

1. 简历的基本类型

大学生由于个人经历方面存在着的差异，在做出简历里要写些什么的决定之前，你要选择一种适合自己情况的简历类型。这样才能有利于面试官能够从堆积如山的简历里发现并认识你。如果能在不同的时间、场合，用上类型合适的简历，肯定有助于你的求职。

（1）时间顺序型简历

这是最普通也是最直接的简历类型，即从你最近的经历开始，逆着时间顺序逐条列举个人信息。这种简历清晰、简洁，便于面试官阅读。一份按时间顺序排列的简历应包括目的、摘要、经历和学历等部分。

（2）功能型简历

这是一种不太常用但往往很有效的简历。它强调你的资历与能力，并对你的专长和优势加以一定的分析和说明。技能与专长是功能型简历的核心内容。一份功能型简历一般包括目的、成绩、能力、经历以及学历等几部分。

（3）复合型简历

这种简历是时间型和功能型的综合运用。你可以按时间顺序列举个人信息，同时刻意突出你的成绩与优势。一份复合型简历一般包括目的、概况、成绩、经历和学历等部分。

（4）业绩型简历

业绩型简历以突出成绩为主，因此一般将“成绩”栏直接提到“目的”栏后。一份业绩型简历一般包括：目的、成绩、资历、技能、工作经历以及学历等。

（5）目的型简历

除上述几种主要的类型外，简历也可以完全根据求职目的来安排。主要适应于具体情况。

2. 简历的基本结构

个人的简历写法没必要千篇一律，都要采用一样的格式，但不管如何布局安排，都要层次分明、简洁明了、突出重点。通常情况下大学生多采用的是开始部分、中间部分和结尾部分的写作方式。

（1）开始部分

开始部分包括标题、姓名、年龄、学历、健康情况、联系电话、家庭地址、求职目标等，在这里要重点讲一下求职目标。大学生要结合自己的实际情况去选择职业目标，应该考虑的因素有：专业所长、兴趣、待遇、能力、学历、年龄、性别、性格、爱好、社会习俗（其中兴趣与待遇最为重要）。例如你一心想学好外语，并且打算在一两年内出国深造，那么你就可以把旅行社、涉外宾馆饭店、贸易公司、外事机构、航空公司、进修学院作为优先考虑对象。对于特别热门、应聘人数特别多的职业，选择要谨慎行事。

（2）中间部分

中间部分主要陈述个人的求职资格和所具备的能力等，这部分主要包括专业知识和工作经历及能力两部分。专业部分包括自己所学的专业和业余所学的专业及特长、具体所学的课程等；自己所受教育的阶段、具体的证明材料、证书等。对于教育背景的陈述，要突出与招聘工作密切相关的论文、证书与培训课程等。经历和能力主要是为了表明工作经历尤其是与求职目标相关的工作经历，一定要说出最主要、最有说服力的资历、能力和工作经历。说明的语气要坚定、积极、有力，这其中还包括具体的工作、能力、关系等证明材料等。在这个部分需要注意一点是陈述了个人的资格和能力经历之后，不要太多提及个人的需求、理想等。

（3）结尾部分

结尾部分多是提供证明自己资历、能力以及工作经历的证明材料，其中也包括介绍自己的一些补充材料。补充材料可以列在另外的附页上。

（二）个人简历的主要内容

个人简历的内容主要包括毕业生个人基本情况、专业学习情况、奖励评论性情况、社会实践情况等方面内容，每个方面又都包含有一系列具体内容。

1. 个人基本情况

个人基本情况包括毕业生的姓名、年龄、籍贯、政治面貌、所学专业、特长爱好及求职意向。针对应聘的不同行业和要求，还可以加上身高、体重等内容，表格式情况介绍还应在右上角贴上一张免冠正面照片，以增强直观感觉。个人简历封面上，最好要有学校名称、专业名称、学历层次、学生姓名、联系电话等内容，便于用人单位了解和联系。

以上内容有的是固定的，无可选择，有的在内容设置和表述上还要有周密的思考。一般说来，内容的设置应根据实际情况，特别是根据现实的需要来设置，如有必要，应尽可能展示自己的全面情况，有时多一个因素，就可能多一分机遇。但切不可画蛇添足，乱设项目，以免给人烦琐的印象，对求职不利。

基本情况所包括的内容要理解准确，切不可随意填写。如“特长爱好”一项，特长与爱好不一样，特长是指个人比他人更为突出的能力，而爱好是指情趣所致在某方面具有一定的素质基础。能力与知识基础是有显著区别的。

求职意向是个人对求职的期望目标，这个目标应是明确的、具体的，一般要写清行业或部门，不必落实到具体的职位，如写得太具体，与用人单位的具体安排常会发生冲突，甚至给用人单位留下不好的印象，很可能导致就业机会的丧失。

2. 专业学习情况

专业学习情况包括各学年主要课程，含基础课、专业课、实习、设计、毕业论文等成绩，另外还有外语程度、计算机程度、学习总评成绩、研究成果等。该项内容一般由学校填写，并应由其负责人签字及加盖公章。研究成果包括学习期间发表的科研论文、写作的文章、创造发明等内容。学习成绩单是由学校教务部门填写或打印、盖章核发的反映毕业生在校期间学习成绩的证明，它不仅反映了毕业生所学过的课程情况，更反映出毕业生的学习能力、知识掌握程度。成绩单若有涂改部分均须学校教务部门盖有校对章。

3. 能力表现情况

一是社会实践情况。主要是毕业生在寒暑假参加社会实践的经历，包括实践单位名称、实践城市、职位名称、起止时间、工作简单描述等。可以使用人单位了解到毕业生在学校期间参与社会实践的情况，反映毕业生的社会活动能力。二是任职情况。包括校（院）级学生会、团委、院（系）级学生会的各项具体任职，也包括各种校内社团及社会企事业组织机构的兼职等内容。三是本人特长、爱好、社会表现及社会活动能力。主要为用人单位提供自己的喜好、能力、知识水平及社会认可情况。

4. 奖励评论性情况

主要是指毕业生的获奖情况及有关组织、部门或权威人士的评价。奖励性资料包括校内外各种性质、各种层次级别活动中的获奖情况。评论性资料则指组织鉴定、班级评语，领导、教师、名人的评价等。

5. 就业意愿

包括用人单位类型及岗位选择和就业地域选择等。

6. 自我鉴定

毕业生自我鉴定是对自己学习生活的全面总结。

7. 备注

备注是个人简历的一项补充内容。一般毕业生可以填写自己辅修课程、培训情况及其他有优势的学习情况、特色项目及就业的其他要求等。

（三）简历编写的基本要求

1. 形式内容要完整

一份完整的简历有形式上的完整和内容上的完整两个基本的要素。形式上的完整，即整个简历要一气呵成，不能上半段打印，下半段手写。内容上的完整指的是简历的四大基本要素不可或缺，即个人状况、教育背景、工作经验、其他专长，如果还有不能归入上述四大项的内容，可另行罗列，但决不能将四大要素中的任何一项内容省略。

作为内容的要求，有四句要诀：个人状况要简洁明了，教育前景要争取对应，工作经验要详略得当，其他专长要真才实学。这其中“其他专长”是最能反映出个人的文化程度和水平档次的，但你所陈述的“专长”要能真实反映出你的水准才行。

2. 自身优势要突出

简历中有几栏是用来给面试官留下深刻印象的，也是决定面试官是否给你面试机会的关键。如何写好这几部分的内容很重要，可从以下几个方面着手：

（1）成绩——以你的骄人业绩去打动未来的领导或雇主。要注重对行动和结果的描述，尽量让他感到，你的工作能力和个人魅力将会给他带来莫大的收益。突出你的技能和成绩，强化支持标题。集中对能力进行细节描写，运用数字、百分比或时间等量化手段加以强化。强调动作，避免使用人称代词如“我”“我们”等。

（2）能力——对各方面能力加以归纳和汇总，扬长避短，以你无可争议的工作能力和个人魅力来征服未来的领导或雇主。用词应简单明确、观点鲜明、引人入胜。

（3）个人经历——应当包括你在大学中所有的经历，在保证真实性的前提下，尽量扩充丰富，但用词必须简练。并注重对成绩的阐述，注意细节，用数字、百分比和时间对描述加以量化。避免使用人称代词。

（4）技能——列出所有与目标职位有关的技能。你将有机会向领导或雇主展现你的学历和经历以外的天赋与才华。回顾以往取得的成绩，对自己从中获得的体会与经验加以总结、归纳。你的选择标准只有一个，即这一项能给你的求职带来帮助。你也可以附加一些成绩与经历的叙述，但必须牢记，经历本身不具说服力，关键是经历中体现出的能力。

（5）嘉奖——嘉奖是对你在学习和工作中表现出色的肯定。简历中的大部分内容是经历和成绩的主观记录，而荣誉和嘉奖将赋予它们实实在在的客观性。这是一个令领导或雇主注意到你已获肯定的机会。可用一些细节说明并加以强调，并突出此嘉奖与你所求职务的相关性。

3. 繁简尺度要把握

简历犹如个人素描一般，少一笔难尽翔实真实，多一笔会流于沉重。只有合理掌握繁简，才能助你步入面谈的殿堂。若毕业生参加人才济济的招聘会，简历要简单。试想，在这种闹哄哄的环境中，面试官已忙得头昏脑涨，他们只希望送上来的简历简单一点，重点突出一点，页面、字体漂亮一点，如果条件符合，就会马上收下简历回公司再研究。

如果简历是以邮寄的方式寄出，那就可以稍微复杂一点，因为面试官有时间细看你的简历。

4. 对症下药来设计

尽量避免把简历写得平淡无奇，换句话说，不要千篇一律。面对不同的公司，不同的岗位，永远只投递同一份简历，这样的简历是最不受招聘单位欢迎的。

简历必须讲究针对性，内容和形式要看应聘的单位性质、工作性质和面试官情况而定。要是去国有企业求职，最好把各种证书带上，因为传统的管理模式使得这类单位正规得近于“僵”化，他们非常看重这些证明；外企注重人的根本素质、进取意识、合作精神等，那些证书作用就不大了，明智之举是事先多花些时间准备回答面试官可能提出的问题。如果要谋一份“方案”方面的工作，那么送上已发表过的作品是理所应当的，但是如果对方想招聘销售人员，搬来“铅字”显然是画蛇添足。面试官看上去是一位容易接受新事物、充满活力的中青年人士，那么不妨把自己在人才测评部门测定的智商及情商测评报告奉上，让其对你有更充分的了解；但是此招切不可用在年长的例行公事的面试官身上。在一切讲求高效的今天，与其挖空心思堆砌材料，不如用最短的篇幅表达出自己最有特点的长处。

如果能针对不同的公司表现出不同的关注和兴趣，让别人感到你的坦诚，毋庸置疑，你的简历一定会自然而然地脱颖而出。

5. 语言结构讲技巧

“人要衣装，佛要金装”，不同的语言能带来不同的效果，精心撰写或重新修改简历绝不是弄“花哨”，造虚假。你的经历，你的求职目标都没有变，但下面的几种写法也许会让你“脱颖而出”：

（1）直达主题。如某公司需招聘一名财务经理，那么你就在简历的最前面开门见山直接要求：我能胜任贵公司的财务经理之岗位，理由有三……直抒胸臆，简单明了。即使是应聘一名财务，尽管可能应聘的人多，但只要你有信心，也可以采用这种方法并直接说你长于别人的几大优势。大多数领导或雇主喜欢这些思路清晰且胆大、直率的人。

（2）突出重要生涯。有些大学毕业生的简历寥寥数语，没有几行字，看上去就很“单薄”，太简单了。“没办法啊，我是大学毕业生，哪有那么多经历可写呀”。但实际上，许多高等院校都会给学生们安排实习和实践环节，大学毕业生可以将这部分内容作为个人经历的“重要资源”进行描写和阐述。此外，有些毕业生为应聘到理想的职业，喜欢夸大其词，把自己所有的学历、工作经历洋洋洒洒写上一大串，以为如此就表明自己“经验丰富”，其实不然，甚至适得其反，因为这样很容易给人留下“啰唆”“好表现”的印象，只要能够突出重点，无关紧要的内容略写或省略，这样才能给面试官留下深刻的印象。

（3）准备必要的附件。某些毕业生重要学历、工作经历、成绩荣誉在简历中简要点明后，觉得仍有必要提供详细说明或资料的，可作为附件放在后面，切不可在简历或求职信中全面展开。

四、就业推荐表

就业推荐表是高校为帮助毕业生就业，专门向用人单位出具的一份正式的书面函。推荐表能证明该生的毕业身份、专业、培养方式等，并向用人单位简要介绍该生在校的表现。

就业推荐表因各个高校的侧重点不同而有所不同。但大致包括基本信息、就业意向、自我评价、学校综合评定及推荐意见等几个方面。就业推荐表中涉及个人情况的栏目均由毕业生自己填写，综合评定及学校推荐意见部分由最了解毕业生情况的各院系辅导员填写。推荐意见一般分为院系意见和学校意见两级。院系意见要对毕业生在校几年来的思想、学习、生活、工作能力等各方面做简短评价，并表明是否同意推荐；学校意见由学校主管毕业生就业部门代表学校进行审核，表明情况是否属实，是否同意推荐。两个意见均需签字、盖章。

五、相关证明材料

成功的应聘离不开好的个人简历和好的求职信，而好的个人简历和求职信则需要各种相关证明材料来支撑。只有准备好各种相关证明材料，才能证实简历和推荐信中对毕业生资质、能力、知识等的描述所言不虚。总而言之，各种相关证明材料的作用就是要印证个人简历上的基本事实。

那么要准备哪些相关证明材料呢？一般来说，这些材料可以分成两类，一类是通用证明材料，即不管应聘什么职位都会需要。这些证明材料包括：英语和计算机证书；另一类是根据职位要求提供的证明材料，如会计证、律师证。

因此，证书并非越多越好，要与求职的岗位匹配。要根据自己职业生涯的规划尽早准备各类证书。如程序员最好考取微软认证、CISCO 等证书，这样将极大地有助于你跻身于 IT 行业，一个权威的 IT 业认证证书就是一块敲门砖。

第三节 大学生就业程序

就业程序不仅指就业管理部门的工作程序、用人单位的招聘程序，同时也包括毕业生求职择业过程中所应遵循的合理过程。了解就业程序，有助于毕业生顺利就业。

一、就业管理部门的职责与工作程序

大学生就业管理机构，大致由三个部分组成：国家教育部，主管全国大学毕业生就业工作；各省、自治区、直辖市和中央有关部委，分管本地区、本部门的大学毕业生就业工作；高等学校和用人单位，负责高校毕业生就业的具体工作和招聘接收毕业生工作。

（一）就业管理部门的工作职能

1. 省、自治区、直辖市高校毕业生就业办公室的工作职能

随着高等学校毕业生就业体制的不断改革和完善，各级地方政府的教育主管部门都成立了高校毕业生就业办公室，负责本地区毕业生就业的服务管理工作。其主要职能如下：

（1）制定实施意见和指导服务工作。根据国家有关毕业生就业工作方针、政策，制定切合本地区实际的毕业生就业工作实施意见；指导本地区的毕业生就业工作，并提供服务。

（2）日常管理和组织工作。负责当地毕业生生源信息、需求信息的收集、发布；组织管理毕业生招聘活动；负责当地高校毕业生就业方案的审核和上报；负责当地高校毕业生就业《报到证》的签发、就业改派和接收手续办理等；协调当地高校毕业生就业过程中的争议；组织开展对毕业生就业工作的研究。

2. 高校毕业生就业工作部门的工作职能

（1）学校毕业生就业工作领导小组职责。贯彻执行国家有关毕业生就业方针、政策和规

定；根据教育部毕业生就业工作精神，制定学校毕业生就业工作具体实施意见；定期召开专题会议，研究解决学校就业工作中的新问题、新矛盾、新困难；审批学校毕业生就业工作的计划；审核学校毕业生就业指导服务中心上报教育厅的有关材料。

（2）学校毕业生就业指导中心服务工作职责。根据国家就业政策以及学校有关规定，制订年度毕业生就业工作计划；组织开展毕业生就业咨询、指导及就业指导课实施工作，加强毕业生思想教育，使毕业生树立正确的人生观、价值观和择业观，为毕业生提供优质服务；积极向用人单位宣传学校，推荐毕业生，拓宽和稳定毕业生就业市场；加强与用人单位联系，收集需求信息、开展毕业生就业供需双向选择活动；负责毕业生的资格审查，及时向教育厅就业指导服务中心报送毕业生生源信息；负责毕业生就业情况的统计、审核、上报工作，建立毕业生就业信息库；负责毕业生《就业协议书》及《毕业生推荐表》的发放、审核和管理；按规定时间做好毕业生的《报到证》办理和档案托管迁转等工作；负责就业网站的建立、完善和更新。定期浏览其他各就业方面网站，收集与就业有关的各种信息资料；组织开展毕业就业社会供需调查分析工作及毕业生跟踪服务、质量调查、回访工作等。

（二）就业管理部门的工作程序

教育部对年度国民经济发展和国家重点建设工程情况开展调查研究，制定相应的政策，从而确定年度的就业工作；各高等学校和各用人单位负责本校毕业生就业的具体事宜和接收安置毕业生等事宜。他们的工作程序大致分六步：

（1）教育部根据国民经济发展和国家建设情况，召开教育部就业工作会议，制定就业政策，确定年度全国高校毕业生就业工作实施意见。各省、自治区、直辖市和中央有关部委根据教育部的要求制定出本地区、本部门所属高校毕业生就业工作的具体意见。各高校根据上级文件精神，制定出结合本校实际的毕业生就业工作具体实施办法，召开就业工作会议，布置就业工作。

（2）教育部在每年 10 月左右向各地区、各部门提供下一年度的毕业生生源情况，各用人单位向教育部提供需求信息。教育部负责向社会及时通报毕业生生源和需求情况。

（3）各地区、各部门和各高等学校的就业管理机构从每年 11 月下旬开始，采取多种形式，通过多种渠道（信函、新闻媒介、电子媒体等），提供双方供需信息，信息内容包括需求信息、毕业生生源信息（毕业生人数、专业、教育教学情况、培养方向）等，为毕业生和用人单位搭建服务平台。

（4）积极组织开展双向选择活动。学校在毕业生毕业学年的 11 月下旬开始给毕业生下发《就业协议书》和推荐表，社会有关部门与学校开始组织不同类型、多种形式的招聘活动，如果毕业生与用人单位双向选择确定，可签订由教育厅统一印制的高校毕业生《就业协议书》或劳动合同，各高校根据生效的毕业生《就业协议书》，在教育厅为毕业生办理就业《报到证》，编制本校毕业生就业建议方案，并于次年 6 月报上级主管部门，毕业生持就业《报到证》到用人单位报到。

（5）毕业生毕业离校时，各级就业管理机构对仍未签订《就业协议书》的毕业生办理将档案、户口迁转到生源地人才交流机构的迁转《报到证》及迁转接受登记手续，并为其继续提供就业服务，直至就业。

（6）各级就业主管部门对当年毕业生就业情况进行认真总结和研讨，教育部汇总全国高校毕业生就业情况上报国务院。

目前，各高校均设有负责大学毕业生就业日常工作的部门——学生就业办公室或学生就业指导办公室。绝大多数学校设立毕业生就业指导办公室，承担毕业生就业工作领导小组办公室主要职能。

大学生在择业期间，打交道最多的要数学校的就业工作机构。这里是信息的集散地，是学校与用人单位建立联系与沟通的桥梁和纽带。建议每一位大学生在择业阶段，多留心一下学校的学生就业工作部门在校园内设立的公告栏和就业信息网站，在那里你可以及时得到用人单位的需求信息、就业招聘活动以及新的就业政策规定等。同时，你在求职择业中所遇到的问题，也可以在那里得到解决，并能得到相关的就业咨询和服务。

二、用人单位的招聘流程

了解用人单位的招聘程序，并把自己的择业活动调整到与用人单位的招聘活动较为一致的步调，有利于择业活动的有效进行。一般而言，用人单位的招聘活动要经历如下程序：

（一）确定需求和招聘计划

用人单位根据自身的建设和发展情况，确定当年需要招聘毕业生的岗位、人数和条件等，同时将根据要求制订详尽的招聘计划。

（二）发布就业信息

用人单位在确定需求信息后会及时向外发布，并通过各种渠道传递给大学生。其主要渠道有：

（1）向政府教育主管部门所属高校毕业生就业指导中心登记；

（2）向高校毕业生就业工作部门登记；

（3）在自己的网站上发布信息，供学生上网浏览；

（4）通过电视、报纸、广播等媒体发布需求信息。

（三）举行单位说明会

为在大学生中进行广泛宣传，一些用人单位（主要是企业单位）还会到学校举办单位说明会，介绍单位的发展情况、人才需求情况及发展机遇、用人制度和企业文化等，并回答大学生们关心的各种问题。单位说明会是大学生全面了解招聘单位的好机会。

（四）收集生源信息

用人单位要招聘到优秀毕业生，需要广泛收集学生信息。收集学生信息的主要渠道有：

（1）从政府教育主管部门所属高校毕业生就业指导中心及学校就业处获取学生信息；

（2）参加供需洽谈会（招聘会或就业市场），收集学生信息；

（3）通过学生的自荐获取学生信息；

（4）有的学生通过报刊杂志等媒体所刊登的“求职广告”，也是用人单位获取学生信息的渠道之一；

（5）在网站上搜集毕业生信息。

（五）分析生源材料

对搜集到的学生信息进行分析处理，初选出符合自己条件的学生，以便进行下一轮筛选。一般而言，用人单位注重的学生材料包括：性别、专业、知识水平、综合能力及素质。

（六）组织笔试

为了考核学生是否具有在本单位工作所需要的基本知识、能力和素质，一些用人单位以笔试的形式选拔学生。笔试的时间、地点、出题范围用人单位会提前通知。

（七）组织面试

面试是许多单位考核学生综合素质的最后一关。有的用人单位还要组织几次面试，每次面试参加人员及考核的侧重点是不同的。

（八）签订协议

用人单位经过各项考核，决定录用毕业生，这时必须签订就业协议书。有些用人单位会同时与毕业生签订劳务合同，明确双方的责、权、利。

（九）上岗培训

每一个用人单位对新员工都有一套培训计划。培训内容因用人单位而异，但其目的都是相同的，即通过培训，让你明确单位的创业精神、规章制度和企业文化，让你掌握成为一名称职工作人员的知识和技能，以使你尽快适应新的工作和生活环境。

三、大学生择业流程

对大学生来说，走好择业的每一步，对成功实现自己的职业理想十分重要。详见“毕业生就业具体流程”图。

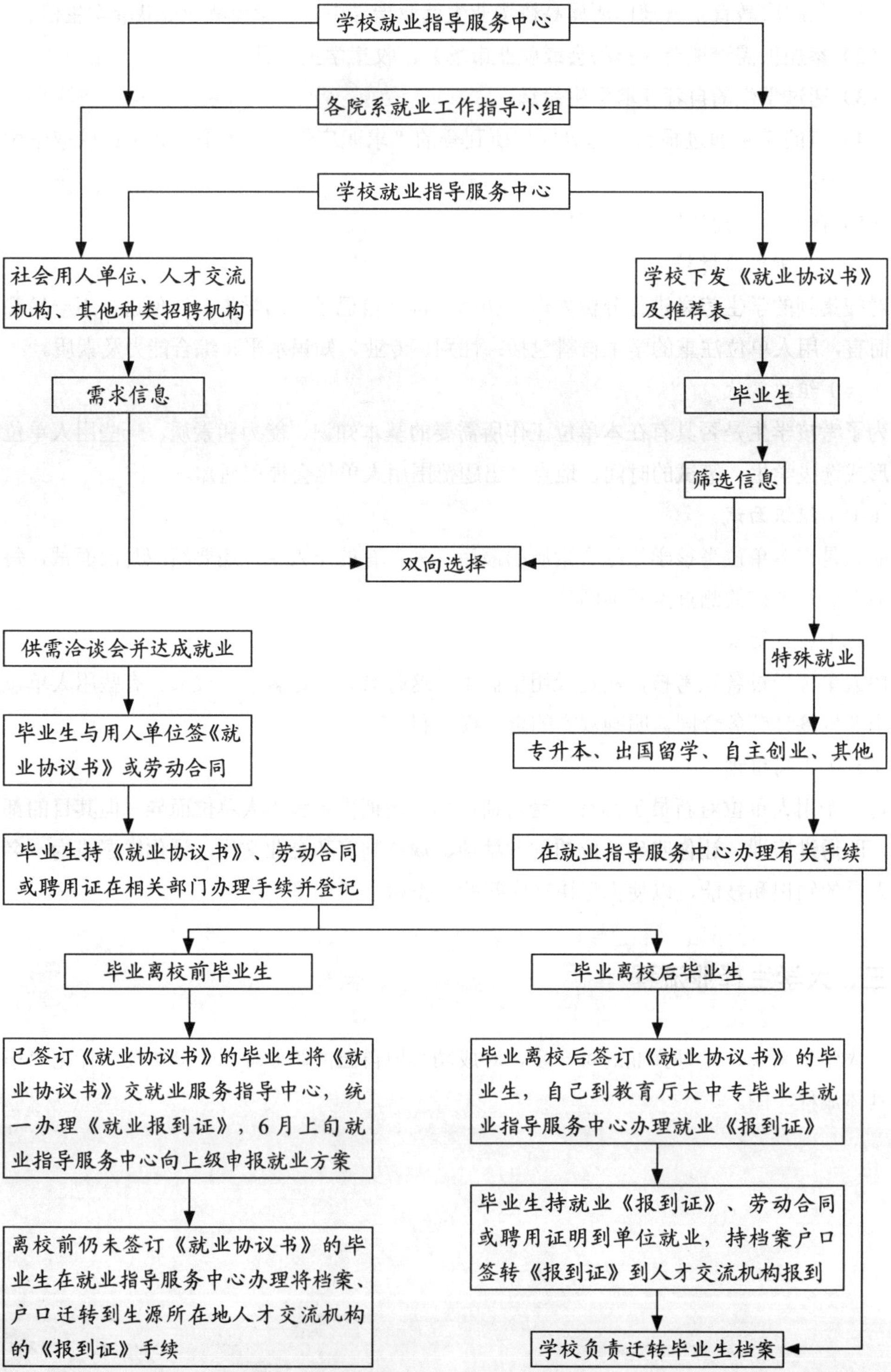

图 6-1 毕业生就业具体流程图

收集信息是就业活动的第一步。大学生在择业过程中，需要通过各种渠道收集的信息大致包括五个方面的内容：

（1）当前大学生就业市场的供需形势。当前大学生就业市场的供需形势通常包括：社会经济发展形势，社会各行业、各类企事业单位经营状况和对毕业生的需求等。尤其要重点了解本校、本专业的社会需求情况，用人单位对毕业生的基本要求等。

（2）政策和法规信息。例如，国家及学校有关毕业生就业政策及规定，《中华人民共和国劳动法》《中华人民共和国劳动合同法》《中华人民共和国反不正当竞争法》《中华人民共和国国家公务员暂行条例》等。

（3）就业安排活动信息。比如什么时候召开企业说明会，什么时候举办招聘会或供需洽谈会等。

（4）成功择业的经验、教训的信息。“择业过来人”的择业经验，教训，就业指导教师的体会和建议等，都会为毕业生的成功择业助一臂之力。

（5）具体用人单位的信息，例如自己所学专业哪些用人单位需要，需求数量是多少？用人单位经营状况、文化背景、发展前景、工作条件、福利待遇、对人才的重视程度及对毕业生的具体安排等。就业不仅取决于一个人的知识、能力、体力、社会和经济的因素，而且取决于就业信息。谁能获得更多更有效的就业信息，谁将能赢得择业的主动权。

搜集就业信息应该力求做到“早”“广”“实”“准”。通常来讲，就业信息的搜集主要包括以下几种途径：

（1）高校主管大学生就业的部门。就目前的就业机制看，高校是连接大学生就业工作所涉及的有关对象的核心环节，它们既与毕业生就业工作所涉及的各级主管部门之间保持着密切联系，同时也是用人单位选录毕业生所依赖的一个主要窗口。这一特定的位置，使它们对就业信息的占有量大于任何一个部门，同时其所掌握的准确度、权威性也没有任何一个部门可以与之相提并论。就政策而言，全国的、行业的、地方的，在它们这里都有完整的收集；就需求信息而言，它们接触到的所有信息都是用人单位针对学校的专业设置而来的，可信度最高；同时它们所接触的各部门、各单位正是毕业生就业工作所涉及的就业机构。因此，就它们所提供的就业信息，无论是质量还是数量都具有明显的优势，是毕业生获得就业信息的主要渠道。

（2）各级政府主管部门和就业指导机构。主管部门和就业指导机构的主要职责，就是制定所辖区的毕业生就业政策，交流毕业生和用人单位的供求信息，为毕业生就业提供各种咨询与服务，它们每年都要通过各种形式为毕业生提供各种真实的可靠的就业信息。

（3）亲朋好友及老师。高校的老师在每年的社会实践教学、科研协作以及校外兼职中，都与一些专业对口的单位关系密切，通过他们了解需求信息，联系社会实践、实习单位以及推荐到相关单位求职，对毕业生择业成功是很有帮助的。校友大多是在专业对口的单位工作，他们对所在单位引进人才还有一定的影响力，他们提供的就业信息往往更具有准确性，通过他们引荐往往可信度高，成功率高。再者，许多毕业生的家长或亲友在多年的工作与社会交往中，与社会各方面有着广泛联系，由于家长、亲友与毕业生的特殊关系，在帮助了解就业信息或推荐就业机会时更加积极主动，不遗余力。

（4）社会实践和毕业实习。毕业生在求职择业过程中，很大的障碍是供求双方缺乏了解。而毕业生的社会实践、实习可以说是其了解用人单位，并让用人单位了解自己的最好途径。毕业生在参与社会实践和毕业实习、毕业设计时，应该力求做到单位的选择和就业意向相挂钩。如果你的毕业设计乃至毕业论文正是实习单位要解决的技术攻关难题，极有可能成为你择业成功的机遇。

（5）各类“双选”、招聘活动。各地方、高校或用人单位举办的规模不等，形式多样的“双选”活动或招聘会，往往具有时间集中、信息量大、针对性强、双方了解更直接等优点，是毕业生了解信息，成功择业难得的机会。特别是以学校为主体举办的“双选”、招聘活动，专业更对口，用人单位更有选才的诚意，更应该格外予以重视。

（6）各种有关的新闻媒体。大学生就业是近年来社会关注的问题之一。毕业生可以通过各种新闻媒体如电视台、报纸、专刊等，了解有关的就业信息。

（一）自我分析

在收集信息的基础上，毕业生要联系自身实际，理智地进行自我分析。自我分析包括以下四点：

（1）自身综合素质、能力的自我测评。如学习成绩在本学院中的名次，自己的兴趣、特长、爱好是什么，有何出众的能力。

（2）分析自己的性格、气质。一个人的性格和气质对所从事的工作有一定的影响，如果能从事与自己的性格、气质相符合的工作就易出成绩。可以用一些测试表对自己的性格、气质进行一定的分析。

（3）自己具备的优、劣势。在择业过程中，具有哪些优势哪些劣势，应该如何扬长避短。

（4）问问自己究竟想做什么。即自己想在哪一方面有所发展，想成为什么样的人。换句话说，即自己的“满足感”是什么，价值标准是什么。

（二）确立目标

自我分析的结果是为了确立自己的择业目标。从大的范围来说，大学生首先需要确立的择业目标包括以下三个方面：

（1）择业的地域。首先要确立是在沿海城市就业还是在内地就业；是留在本地还是去外地就业。此时，既要考虑是否符合政策规定，同时还要考虑生活习惯以及今后的发展等因素。

（2）择业的行业范围。必须确定是在本专业内就业，还是跨出本专业到其他行业就业；是从事本专业范围内的技术工作、管理工作、社会工作，还是从事教学工作、科研工作等。此时应多想自己的综合素质、能力以及兴趣、特长等。

（3）择业的单位。必须确定是去大企业，还是去小公司或应聘公务员；是选择国有企业，还是选择三资企业或民营企业。在这些单位中，有哪些前来招聘，自己是否符合条件，自己最希望到哪一家企业工作。择业过程中，当然会遇到许多不可预测的变化。但是，事前给自己的择业确定一个比较明确的目标，可以使整个就业活动有的放矢、有条不紊。

（三）准备自荐材料

在确定了择业目标之后，大学生接下来即可准备自荐材料。自荐材料包括：学校推荐表、导师推荐信、个人简历、自荐信及有关的辅导证明材料。这几种材料虽然都能单独使用，但各自的侧重点不同。自荐信主要表明自己的态度，个人简历主要说明自己过去的经历，证明材料强调自己所取得的成绩，学校推荐表和导师推荐信体现学校和老师对自己的认可。缺了任何一个方面，自荐材料都不完整。

（四）参加招聘会（投寄材料）

在大学生就业活动中，招聘会或就业市场在用人单位与大学生之间架起了见面、沟通的桥梁。从某种意义上说，大学生参加招聘会或到就业市场，大多数仅完成了一项材料递交工作。为了提高效率，毕业生可以有选择地去几个招聘会或就业市场，没有必要为“广种薄收”而盲目地去“赶场子”。另外，毕业生可以将自己的自荐材料通过邮寄等方式寄给用人单位，用人单位可以依据此材料进行分析，决定是否通知你参加面试或笔试。

（五）参加笔试

不少用人单位在招聘过程中，采用笔试的方式考核应聘者的知识、能力与素质。笔试主要检验大学生运用所学知识和所掌握技能去处理实际问题的能力。当然，笔试不仅在卷面上考核你的知识和能力，同时也在考核你其他方面的素质。比如，书写是否工整，卷面是否整洁，答题是否细心等。因此，你应该珍惜并认真对待笔试。

（六）参加面试

面试是众多用人单位考核大学生综合素质的重要手段。通过面对面的沟通、交流，用人单位可以了解大学生的表达能力、思维能力、处事能力、仪容仪表，以及对一些问题的看法和其他一些不能通过笔试反映出来的综合素质。因此，大学生在面试之前要做好充分准备，适当进行形象设计。

（七）签订协议

用人单位通过自荐材料和供需见面、笔试、面试等招聘活动，选拔出自己合意的毕业生后，便向被录用的学生发放录取通知书。毕业生在接到录取通知书后，如果愿意到该单位工作，则双方签订就业协议书。就业协议书一旦签订，就不得随意更改。如果有一方提出毁约，须征得另外两方同意，并缴纳违约金。

（八）报到上班

与用人单位签订好协议，并得到学校、政府教育主管部门的审核同意后，接下来大学生要做的事便是以优异的成绩完成学业，等待发放就业报到证，做好毕业离校的各项准备工作。至此，毕业生的求职择业程序完成，毕业生可在领取报到证，办理离校手续后，按照报到证规定的时间期限和指定的地点去单位报到上班。

DIQIZHANG BISHI YU MIANSHI

07

第七章　笔试与面试

教学目标

- 了解笔试的含义及作用
- 掌握笔试的方法及技巧
- 了解面试的类型及内容
- 明确面试前需做的准备
- 掌握面试的应对技巧

笔试可以客观地考查应聘者的知识、技能及其他方面的相关素质，因而成为用人单位在招聘过程中选拔人才的重要手段，越来越受到用人单位的青睐。了解笔试的知识和技巧，可以帮助大学生从容地应对笔试，取得好的成绩。

面试是求职者全面展示自身素质、能力、品质的大好机会，面试发挥出色，可以弥补先前笔试或是其他条件如学历、专业上的一些不足。它是与招聘单位面对面的接触，也是双方进一步了解对方的机会。

第一节 笔试

笔试对于在各类考试中“身经百战”的大学生们来说并不陌生。但是，相比于中考、高考等教育活动中的选拔性考试，求职择业中的笔试有其自身特点。所以，了解求职择业中笔试的相关知识也是非常必要的。

一、笔试的含义

笔试，顾名思义，是采用笔答的形式进行测试。在招聘过程中，笔试是一种常用的考核办法，主要用于应聘人数较多，需要考核知识面或需要重点考核文字能力的情况。它是用人单位采用书面形式对应聘者所掌握的基础知识、专业知识、文化素质和心理健康等综合素质进行的考查和评估。

二、笔试的作用

笔试作为招聘活动的主要形式和依据，有其独特的作用。

（一）测试应聘者的综合能力

笔试是用人单位对应聘者的专业知识以及文字表达能力和书写态度等综合能力的一次有据可查的测试。在笔试中，用人单位可以根据自己对人才的知识、能力的要求，来设置相关的题目和评价标准，进行测试、考核、评价。

（二）衡量应聘者的职业能力

笔试可以防止任人唯亲等不正之风，也可以作为衡量应聘者能力的留档记录。在笔试的过程中，主观因素很难掺杂在里面，因此，笔试的成绩也相对客观。

（三）具有客观的评价标准

笔试的结果是根据一定标准答案评定出来的，这个标准答案是客观的评价标准，它弥补了面试中往往是根据个人爱好、感情来评分的缺陷。笔试成绩往往可靠、公平、真实且排名简易。对用人单位来说是检查和核实应聘者真才实学的办法。因此，笔试成绩是比较有说服力的。

（四）确定面试人员的依据

笔试的试卷是决定应聘者去留的最科学的法律文本。因此，笔试是用人单位测试应聘者的重要砝码。通常笔试主要限于一些对专业技术要求或对录用人员素质要求很高的单位，如公务员、跨国公司、知名企业等。因此，应聘者不可小视笔试，必须认真对待。有些单位往往先通过笔试来确定下一轮面试人员的名单。

三、笔试的种类

对于用人单位来说，笔试的目的是检验求职者是否具备职位所要求的基本任职条件。而由于职位所要求的任职条件并非一条，也就是说职位所要求的任职条件并不是某个单一素质。所以，必须从岗位需求出发，设计出不同类型的笔试或者是笔试组合。按照考核的方向，笔试可以分为五种：

（一）专业能力测试

这种考试主要是为了检验应聘者的专业知识水平和相关的实际能力。一般情况下，大多数用人单位在看了应聘者推荐表上的各门功课成绩之后，有时会在面试中提一两个专业知识再考核。如参加国家公务员考试，具有大学本科毕业以上文化程度者，考试科目为法律、政治、公文写作、英语及能力考试；招聘行政管理、秘书方面工作的单位对应聘者进行文字能力的测试，部分单位对某种计算机语言有较高的要求时，测试应用特定语言编程的能力。为检验毕业生实际工作能力或专业技术能力，通常还要进行专业技术能力考试。

（二）心理测试

心理测试是要求应聘者完成事先编好的标准化量表或问卷，再根据完成的数量和质量来判断应聘者的心理水平或个性差异。一些用人单位常常以此来测试应聘者的态度、兴趣、动机、智力、个性等心理素质。通过心理测试，用人单位可以大致了解应聘者基本的心理趋向，继而确定应聘者是否符合岗位的要求。

（三）智商测试

智商测试主要是一些跨国公司经常采用的笔试方法，这类公司对毕业生所学专业一般没有特殊的要求，但对毕业生的综合素质要求较高。在他们看来，专业能力可以通过公司的培训获得，因此，有没有专业训练背景无关紧要，但是否具有不断接受新知识的能力是至关重要的。

智商测试通常通过一些成型的测定工具来测试，依据成绩的高低判断其智商的高低。智商测试题主要测试毕业生对数字的敏感程度以及基本的计算能力，心理测试是用事先编制好的标准化量表或问卷要求被试者完成，根据完成的数量和质量来判定其心理水平或个性差异的方法。一些特殊的用人单位常常以此来测试求职者的态度、兴趣、动机、智力、个性等心理素质。

（四）命题作文

这种考试的目的在于考查应聘者的分析问题能力、逻辑思维能力和文字应用表达能力。比如要求应聘者在限定时间内写出一份会议通知，请示报告或某次工作总结报告，也可以给出一个观点，要求应聘者予以论证或批驳等。命题作文可以考查应聘者的相关看法、观点，也可以考查应聘者的写作能力。

（五）综合能力测试

综合能力测试兼有智商测试的要求，但程度更高。比如要求应聘者在规定时间内对一组数据，一组资料进行分析，找出合理的地方和存在的问题，并设计出解决问题的方案。同时对应聘者的阅读理解能力、发现问题的能力、分析和解决问题的能力、知识面等素质的全方位测试，甚至有时候问答都是用英语进行，相对来说难度更大一些。

四、笔试的准备

笔试从某种角度来说，能更深入地检验毕业生的综合素质，毕业生平时的知识积累程度，对知识是否真正理解和掌握等等，通过笔试能得到较好的体现。用人单位的出题方式远比学校灵活多样，更侧重于能力，而不是单纯的知识。因此，在笔试之前，毕业生应对它进行深入的了解，做到知己知彼，不打无准备之仗。

（一）加强重视，避免焦虑

许多毕业生在求职过程中对笔试缺乏足够的重视，认为求职的关键不在于此。事实上，很多用人单位在做最后的招聘决策时，都会将应聘者的笔试成绩纳入综合评估范畴。此外，由于笔试的成绩相对客观和标准，面试官在剩余的候选人中举棋不定难以取舍时，往往只能采用最为客观的评判标准即笔试成绩来进行选择了。所以毕业生应好好把握笔试机会。

当然，参加笔试时也不必过分紧张。笔试题虽然千变万化，但终归是万变不离其宗，毕业生只要准备充分，掌握其中的规律和特点，就能以不变应万变。

（二）知己知彼，有的放矢

不同的笔试类型，有不同的考试内容，毕业生在考前应做详细的了解，针对不同情况做出相应的准备。比如公务员考试就有明确的考试范围，并有指定的参考书，考生复习相对有针对性。而一些用人单位的笔试则相对灵活，范围也比较大，没有明确相关的参考书。毕业生可围绕用人单位划定的大致范围翻阅一些有关的图书资料。笔试成绩与毕业生平时的努力也有很大的关系，如果毕业生兴趣广泛，平时注意吸收各种信息，考试时就能驾轻就熟，得心应手。

（三）勤学多练，学以致用

1. 温故知新，活学活用

现在的笔试越来越强调用学过的知识来解决实际问题，具有很强的实用性。换言之，现在的笔试主要是考核应聘者对知识的运用能力。因此，参加笔试前，对专业知识进行复习是非常必要的。一般来说笔试都有大体的范围，毕业生可以围绕这个范围翻阅一些图书资料，回忆巩固所学的专业知识。在复习过程中必须始终突出一个“用”字，通过各种实践，把学得的知识运用到实际工作中去解决各种具体的问题。

2. 提纲挈领，系统掌握

在知识与能力这两者中，知识无疑是基础，没有扎实的基础知识，能力的培养和提高也就无从谈起。掌握知识的一个有效方法就是把零散的知识化为系统。但是笔试往往范围大，内容广，存在着一定的随意性和盲目性，因此，凡是与求职有关的一些知识，如文史知识、科技知识、经济知识、法律知识和一般的电脑知识等，毕业生均要系统地复习一遍。

3. 多读多练，提高阅读能力

提高阅读能力，对扩展知识面和回答笔试的各类问题很有益处。要提高阅读能力，首先得坚持进行阅读实践。知识的获得，主要依靠传授；能力的提高，则必须通过实践。复习时经常做些阅读训练，有助于阅读能力的提高。在做阅读训练时，一定要做到“眼到”和“心到”，特别是“心到”。即对每个问题都仔细揣摩，认真思考，分析比较，综合归纳，努力提高自己的阅读能力。

4. 敏锐思考，提高快速答题能力

为了适应笔试中的题量，毕业生还应该尽快培养自己快速阅读、快速思维和快速答题的能力。因为现代阅读观念不仅着眼于信息的获取，而且还特别重视速度。所以在准备笔试的时候一定要提高答题速度，以免因为答题太慢而影响成绩。

五、笔试的方法和技巧

笔试虽然考核的是大学毕业生平时知识的积累，但如果能够使用合理的答题技巧，也会在一定程度上提高毕业生的笔试成绩，增加获得面试机会的概率。笔试的应答技巧体现在以下几个方面：

（一）通览全卷，合理安排答题顺序

由于笔试的题型与内容通常都比较多，应聘者要想在限定时间内答好，就必须合理安排答题时间。所以，拿到试卷后，首先应通览一遍，了解题目的多少和难易的程度，以便掌握答题的速度，然后根据先易后难的原则排出答题的顺序，先攻相对简单的题，后攻难题。这样就不会因为攻难题而浪费太多时间，而没有时间做会答的题，遇到较大的综合题或论述题，则应先列出提纲，再逐条论述。

（二）认真审题，积极思考

在答题之前应聘者应认真审题，明确题目的类型、要考查的知识点和考查的目的等，按要求进行答题。因为笔试试题不同于平时学习过程中的考试，它考查的面比较广，而且随意性、灵活性较大。其中一些试题可能是我们从来没有遇到过的类型，甚至有些问题非常古怪，这时应聘者必须冷静分析，搞清楚题目类型，动用所有的联想和记忆细胞查找可能的线索，从而找到最佳答案。

此外，有些试题的设计从理论和应用方面检查应聘者的基础知识和技能，并以综合运用为主，检验应聘者的实际水平和学习灵活性。这部分试题具有一定的难度。答题时要积极思考，努力回忆学过的知识并进行联想，将已学过的有关内容相互联系起来进行分析比较，从而找到正确的答案。

（三）掌握题型，答题精细

为防止出现不必要的差错，应聘者要了解各种考题的特点，熟悉每种题型的答题方法。

常用的题型包括填空题、问答题、选择题、判断题、再生题、应用题、作文题等。

1. 填空题是一般试卷中不可或缺的基本题型，用以考查应聘者对知识的掌握情况。答题时必须要看清楚题目要求，是填词还是填句，填词语还是填符号，是填写一个词、短语或句子，还是填写几个。

2. 问答题要求应聘者对试题提出的问题做出回答，通常是要求用简单的语句回答简单的问题。答题时要抓住重点，简明扼要。落笔前应理清思路，按要求、顺序回答。

3. 选择题是从已给出的几个备选答案中，选择一个或多个正确、恰当的答案。要答好这种题型，应聘者可用经验法，即凭所掌握的知识做经验性填写；可用假设法，即假设某选择答案正确，代以验证，从而获得正确答案；可以排除法，即对题目中的选择项采取逐一排除的方法，最后确定正确答案；也可用计算法，即通过计算来确定正确答案。

4. 判断题要求对所给的命题做出明确的是或非的回答。一般判断题只有一个误点，最多两个，较多出现在基本知识中易混淆、易误解的常识性知识部分，应聘者须将精力集中在这部分试题上。

5. 再生题是指听写、默写、记录等一类用以检验应聘者对某些知识的掌握和应用能力的试题。答题时要明确这类题目的内容是所学课程的重点和精华，解答的基础在于平时对字、词、句、段、篇的理解和记忆。落笔前应迅速在脑海中默念一遍，写完后必须阅读一遍，检查是否有漏字或错字。

6. 应用题要求应聘者运用所学的知识来解决实际问题。应聘者应根据题目的要求选择适当的方法予以解决。解题时先找出关键词，理解题意后再认真仔细地答题。

7. 作文题要求在规定的时间和位置写好。审题要果断正确，迅速地抓住作文题目的关键词，确定写作中心。写作提纲就简略，只要能反映文章的基本思路和段落层次即可。行文时要正确计时，合理分配时间，对需要修改加工的词句，可留待最后解决。写好后注意检查，理顺句序，检查标点、符号的应用以及是否是错别字。

（四）自我调适，避免不良情绪的影响

笔试过程中，由于准备时间不充分，经验不足或者题型生疏等原因，应聘者可能会感到没有头绪，无从下手。遇到类似情况时，一定不要烦躁、慌张，因为这些情况对于大多数人来说都是可能存在的。我们可以对自己进行心理调节和自我暗示，比如告诉自己“我遇到的麻烦，大家也同样遇到了”等等。

（五）字迹清晰，卷面整洁

答卷要尽量做到字迹端正、卷面整洁。因为求职笔试不等于其他专业考试，用人单位往往会从卷面上联想到应聘者的思想、品质和作风。字迹潦草、卷面不整洁的人，用人单位先不看其答题的内容，单卷面就会觉得此人不可靠；而那些字迹端正、答题一丝不苟的人，则会给用人单位留下态度认真、作风细致的良好印象，使用人单位对他更加青睐，增加求职成功的概率。

（六）认真检查，查漏补缺

此外，应聘者要尽可能地预留一些检查的时间，这在参加任何类型的考试中都是非常关键且重要的。通过检查我们可以进一步保证答题的得分率。检查是要特别注意不要漏题、跑题，要纠正错别字、语法不通、词不达意等错误。另外，对于心理和智力测试的题目，在检查中如发现不妥，又难以确定对错，最好的方法是保留原有答案，不要改动，对于这类试题，人的第一感觉往往更可靠。

延伸阅读

某世界500强企业的笔试题目：

1. 数列6，10，18，32，“？”，问“？”是几？

2. 月球绕地球一圈，至少要多少时间？

3.7个人用7小时挖了7米的沟，以同样的速度在50小时挖50米的沟要多少人？

4. 鱼头长9，鱼尾等于鱼头加半个鱼身，鱼身等于鱼头加鱼尾，问鱼全长多少？

5. 一个小姐买了一块手表，回家发现手表比她家的表慢了两分钟，晚上看新闻的时候又发现她家的表比新闻里的时间慢了两分钟，则

A. 手表和新闻里的时间一样

B. 手表比新闻里的时间慢

C. 手表比新闻里的时间快

6. 王先生看到一则招聘启事，发现两个公司除了以下条件不同外，其他条件都相同

A. 半年年薪 50 万，每半年涨 5 万

B. 一年年薪 100 万，每一年涨 20 万

王先生想去一家待遇比较优厚的公司，他会去哪家？

7. 问哪个袋子里有金子？

A. 袋子上的标签是这样写的：B 袋子上的话是对的，金子在 A 袋子

B. 袋子上的标签是这样写的：A 袋子上的话是错的，金子在 A 袋子

8. 完成三篇作文，均为书信形式。

（1）一篇是中文的祝贺信，祝贺某男当了某公司的 ×××××。

（2）两篇英文的祝贺信，一篇是有事不能应邀，派别人去；另一篇是讨债的，7 天不给钱就走人。

第二节 面试

资料阅读 面试实录

李同学：各位领导、老师好！

面试官：请坐！介绍一下自己，好吗？

李同学：非常高兴你们到我们学校来招聘毕业生，我是李华，是本校计算机系的应届本科毕业生。我对软件开发很有兴趣，在这方面投入了不少精力，同时，作为班团主要干部也参与、组织了不少社会活动，应该说大学期间我在这两方面都有不少的收获。这是我的成绩单和简历，请您过目。

面试官：你了解我们公司吗？

李同学：贵公司是国内著名的电信公司，我从上大学起就十分向往毕业后到贵公司工作，我认为到贵公司工作能最大限度地展示我的才华，我不怕吃苦，就怕无事可做。

面试官：上大学时你为什么报考计算机专业？

李同学：说实话，当时报考计算机专业是家长和老师的主意，但我在学习了计算机方面的知识以后就深深爱上了我的专业。特别是随着信息时代的到来，我对自己的专业发展前景非常有信心。

面试官：你所学过的课程与我们的工作有何关系？

李同学：我想，计算机技术的广泛应用是电信业的特点和发展趋势。我们计算机专业的课程设置几乎涵盖了硬件和软件技术的主要方面，这为我们打下了坚实的理论基础，同时也使我们有较强的适应能力，前面我已经说过我对软件开发更有兴趣，我想这方面的知识与能力也许是将来的工作所需要的。

面试官：你喜欢你们学校吗？你们系的老师怎么样？

李同学：我非常喜爱我的母校，我也非常尊敬我的老师，因为我在母校学到了知识，我从老师身上学会了做人。

面试官：你还有哪些特长和爱好？

李同学：除了专业外，我还有一定的组织管理能力，喜欢美术和流行音乐，也喜欢背起行囊去游历名山大川。

面试官：你有哪些缺点？

李同学：我得承认我还缺乏实际工作经验，这方面的不足还需要在今后的工作实践中不断学习和弥补。再就是外语学得不够好，还需要继续努力学习。

面试官：你对加班、出差怎么看？

李同学：我近几年内不会考虑结婚，没有家庭的拖累，加班应该没有问题。至于出差更是我所乐意的。

面试官：你是否打算将来继续深造？

李同学：我想先工作几年积累一些经验，发现自身的一些不足，然后再进一步“充电”。

面试官：你有什么问题要问吗？

李同学：不知道贵公司什么时候能给我一个明确的结果？

面试官：一个星期内我们将公布此次招聘的毕业生名单。

李同学：谢谢你们，我可以走了吗？

面试官：再见！

案例点评

这个案例展现的是一个典型的面试过程，下面我们就面试中涉及的问题逐个加以分析。

（1）“介绍一下你自己好吗？”这是一个看起来比较随便的设问，面试官为了使你消除紧张心理，通常把它作为第一个问题提出。这个问题看似随便，但回答时千万不可从你出生平铺直叙到大学毕业。因为面试官并不想了解你的生平经历，对他们来说，最重要的是，通过你的回答来概括你的判断能力和表达能力。一般来说，回答这个问题应把重点放在你的优势和主要成绩上。

（2）“你了解我们单位吗？”提这个问题的人是想了解你对其单位的关注程度。有的可能是在暗示你，本单位福利待遇不高，工作比较辛苦，想试探你是否有心理准备。回答这个应坦率，避免胡乱猜测，闹出笑话。因为对用人单位来说，这不是最重要的。重要的是直接回答这个问题之后，应表明你对福利、条件并不看重，只要工作可干，并不挑肥拣瘦的态度。

（3）“你为什么选读此专业？”这一问题主要是考查你对专业的热爱程度，以及将来你从事该项工作的态度。有的人可能在入学就向往并热爱所学专业，而有的人是通过大学学习逐渐爱上这一行的。这两种情况都要据实回答，无须加工修饰。因为用人单位要知道你现在的态度，并不是你高考时的志愿。

（4）“你学过的课程与我们的工作有什么关系？”回答要简明扼要地把你学过的重点课程，特别是与用人单位需要的专业人才的关系讲清楚。在介绍自己专业成绩的同时，说明到单位后可以利用学过的哪些知识来为单位服务。这时要避免拔高、吹嘘。别忘了承认你存在实践经验不足，还需要在工作中进一步提高。

（5）“你喜欢你的学校吗？你的老师怎么样？”一般而言，对这个问题要持积极肯定的态度，一个不爱母校、不尊敬老师的求职者不会受到欢迎。

（6）“你有什么特长、爱好？”对这个问题要据实回答，不可无中生有，也不可过分谦虚。因为一个爱好广泛、多才多艺的毕业生会备受用人单位的青睐。

（7）“你为什么愿意到本单位工作？”回答这个问题时，应多从工作性质、工作环境如何有利于自己的专业发展，从干一番事业，为单位多做贡献的角度来叙述。同时，你的兴趣爱好与用人单位的性质相宜也可谈，如果你的特质与职业相匹配，将有助于你在这一工作岗位上充分发挥你的才能。但切忌讲“工资高”“福利好”等等，那样用人单位会感到你的择业动机不纯。

（8）“你有什么优缺点？”这是一个常常被提问却较难回答的问题。因为人们一般都很难对自己有一个客观中肯的评价，即使能够客观评价自己，回答时也难以把握。往往谈的优点多了，怕用人单位觉得你自傲，谈的缺点多了怕用人单位舍人而去。其实这些担心都是多余的。如实讲述优缺点，并不会减少被录用的机会。假如你有致命的弱点，即使你不讲，用人单位也会了解。对你来说，回答问题时的态度，比回答的内容更重要。这个问题可以从你为人处世、学习成绩、工作及社会活动能力等诸方面来回答。

（9）“你对周末、假期工作怎么看？”回答这个问题的主题应该是：我能够全力以赴地工作，现在还未恋爱或未打算结婚，以及家庭没有拖累、负担等都可作为陈述的理由。

（10）“你是不是打算继续学习？”有的用人单位希望你进一步深造，而另一些单位则希望你坚守工作岗位。无论如何，回答这一问题时，可以表明你愿意进一步深造的愿望。同时说明，如果工作需要，也愿意放弃进一步深造的机会。

（11）“你还有什么疑问？”这暗示着面试将要结束，面试者告诉你他已达到目的，正给你一个自由的机会来阐述或提出你没有提及的有意义的事情。这时，不要简单地说：“没有”，而应把握住机会，通过提问或表态的方式强化面试官对你的印象。需要指出的是：不要离题，更不能长篇大论，“点到为止”就行了。答完这个问题应主动称谢告辞。

一、面试的形式

面试的形式是多种多样的。除了常规的几种之外，用人单位为了招聘到优秀的人才往往还会另辟蹊径，对应聘者进行别开生面的面试。

（一）个人面试

个人面试又称单独面试，是面试中最常见的一种形式，指面试官与应聘者以单独面谈的形式进行的面试。在这种面试条件下，面试官处于积极主动的位置，应聘者一般是被动应答的姿态。面试官根据应聘者对问题的回答以及应聘者的仪表仪态、身体语言、在面试过程中的情绪反应等对应聘者的综合素质状况做出评价。面试官提出问题，应聘者根据面试官的提问做出回答，以展示自己的综合素质。

个人面试又分为两种情况，一是只有一位面试官负责整个面试的过程。这种面试大多在较小规模的用人单位录用较低职位人员时采用；二是由多位面试官参加整个面试过程，但每次均只与一位应聘者交谈。个人面试的优点是能够提供一个面对面的机会，让面试双方较深入地交流。

个人面试通过后，一般可以参加小组面试。经过小组面试和小组讨论，用人单位便可以从中筛选出能够参加最终面试的应聘者。最终面试会再次出现个人面试的情况。这时可能会有五六位或更多的面试官出现在应聘者面前，他们中的任何人都可能向你提出各种各样的问题让你来回答，面对这样的场面和气氛，应聘者事先必须做好心理准备。

当然，个人面试目的在于尽可能地挖掘出应聘者的真实内涵，通过交谈，进行深入了解。因此，应聘者要牢记自己的目的是要让对方接纳自己，这是应聘者回答问题的出发点和根源所在。

（二）集体面试

集体面试主要用于考查应聘者的人际沟通能力、洞察与把握环境的能力、组织领导能力等。在集体面试中，面试官通常会要求应聘者做小组讨论，相互协作解决某一问题，或者让应聘者轮流担任领导主持会议、发表演说等。

其中，无领导小组讨论是最常见的一种集体面试形式。几位面试官会与应聘者保持一定的距离，不参加提问或讨论，只通过观察、倾听为应聘者进行评分。应聘者可以自由讨论面试官给定的讨论题目，这一题目一般取自于拟任岗位的职务需要，或是现实生活中的热点问题，具有很强的岗位特殊性、情景逼真性、典型性及可操作性。

（三）一次性面试

一次性面试，是指用人单位对应聘者的面试集中于一次进行。在一次性面试中，面试官的阵容一般都比较“强大”，通常由用人单位人事部门负责人及业务部门负责人组成。在一次性面试的情况下，应聘者是否能顺利过关并被最终录用，全部取决于这一次面试中的表现。对于这类面试，应聘者需要集中所长，认真准备，全力以赴。

（四）分阶段面试

分阶段面试可以分为“按序面试”和“分步面试”两种形式。

1. 按序面试

按序面试一般分为初试、复试与综合评定三个步骤。初试一般由用人单位的人事部门主持，将明显不合格者予以淘汰。初试合格者进入复试。复试一般由用人部门主管主持，以考查应聘者的专业知识和业务技能为主，衡量应聘者对拟任岗位是否合适。复试结束后再由人事部门会同用人部门综合评定每位应聘者的成绩，最终确定合格人选。

2. 分步面试

分步面试一般是由用人单位的主管领导、处（科）长以及一般工作人员组成面试小组，按照小组成员的层次，由低到高的顺序，依次对应聘者进行面试。面试的内容依层次各有侧重，低层一般以考查专业及业务知识为主，中层以考查能力为主，高层则实施全面考查和最终把关。应聘者要对各层次的面试做到心中有数，力争在每个层次均给对方留下良好的印象。在面对低层次面试时，不可轻视、麻痹大意，在面对高层次面试时，也不必过度紧张。

（五）情景面试

情景面试是面试形式发展的新趋势。情景面试突破了常规面试，即面试官和应聘者一问一答的模式，引入了无领导小组讨论、公文处理、角色扮演、演讲、答辩、案例分析等人员甄选中的情景模拟方法。在这种面试形式下，面试的具体方法灵活多样，面试的模拟性、逼真性强。应聘者的才华能得到更充分、更全面的展现，面试官对应聘者的素质也能做出更全面、更深入、更准确的评价。在情景面试中，应聘者应落落大方，自然和谐地进入情景，去除不安和焦灼心理，争取发挥出最佳水平。

（六）其他形式

除了以上五种常规形式之外，面试还有许多其他的形式，这里主要介绍以下三种：

1. 餐桌面试

餐桌面试，是指应聘者会同用人单位各部门的主管一起用餐，席间大家与应聘者一边吃一边谈。餐桌面试一般用于测评高级或重要职员时使用。这种面试易于营造一种轻松的气氛，让应聘者减轻心理压力，从而更真实地反映出应聘者的素质；同时也可以在特定情境中，全面考查应聘者对社会文化、风土人情、餐桌礼仪、公关策略、临场应变能力等的真实情况。

2. 会议面试

会议面试即让应聘者参加会议，并就会议的议题展开讨论，确定方案，得出结论。这种面试通常会就某一具体案例进行分析处理，从中可以比较直观、具体、真实地体现应聘者的实际应用知识的水平和能力。会议面试主要考查应聘者分析问题、解决问题的能力，从中可以考查其知识水平、思维视野、分析判断、应用决策等素质。

3. 问卷面试

问卷面试是指运用问卷形式，将所要考查的问题列举出来，由面试官根据应聘者面试中的行为表现对其特征进行评定，并使其量化。问卷面试是面试中常用的一种方法，它的优点在于把定性考评与定量考评相结合，具有可操作性和准确性，避免了主观判断与评价的缺陷与不足。

延伸阅读

别开生面的面试形式：

1. 以小见大的面试

福特大学毕业后，到一家汽车公司应聘。同时应聘的三四个人都比他学历高，当前面几个人面试后，福特觉得自己没什么希望了。但抱着既来之，则安之的心态，他敲门进了董事长的办公室，进入办公室以后，他发现门口地上有一张纸，就弯腰捡了起来，由于这是一张废纸，福特便顺手扔进了废纸篓里。然后才走到董事长的办公桌前，说：“我是来应聘的福特。”董事长说：“很好，很好，福特先生，你已被我们录用了。”福特惊讶地说：“董事长，我觉得前面几人都比我好，你怎么把我录用了？”董事长说：“福特先生，前面三位的学历的确比你高，而且仪表堂堂，但是他们的眼睛只能看到大事，而看不见小事。你的眼睛能看见小事，我认为能看见小事的人，将来自然能看到大事。一个只能看见大事的人通常会忽略很多小事，是不会成功的。所以，我才录用了你。”后来，福特成为“美国福特公司”的创始人。

2. 早到的面试

有一家用人单位给应聘者发了通知，规定某月某日某时到公司应试。这天，面试官提前半小时来到应试现场，给早已到来的应聘者发了“初步录用”的通知。通知上写着：本公司只录用提前到达的人。那些按照规定时间来的应聘者最终一无所获。

在用人单位看来，早到可以反映出应聘者对此事的重视程度。日本某电气公司，通过对上班早或上班迟的人长期的实际考查和数据搜集，得出这样的结论：上班时姗姗来迟、睡意蒙眬、匆匆忙忙的人工作成绩较差；而早到的人则有充分的时间，在思想上也有足够的准备，这就可能把事做好。

3. 穿外套的面试

某知名企业在招聘广告上声明：应聘者必须穿着外套。许多应聘者为此感到莫名其妙，但当他们接到通知后，还是纷纷穿着外套参加面试了。

应聘者被带到一间专门的办公室。办公室内只有一张办公桌和一把椅子，而椅子上端坐着面试官，此外再没有别的东西了。面试官颇有礼貌地说了一句话："请把外套挂在衣帽架上，请坐！"说完又继续忙自己的事，他桌上有一大堆急待处理的文件。此时，应聘者中出现了下面几种情况：

第一种人，规规矩矩地站在一旁，毫无动静地、耐心地等待面试官把事情办完。

第二种人，很有礼貌地对面试官说："对不起，先生，你可能疏忽了，这儿并没有衣帽架和椅子。"

第三种人，先回答一声"好的！"然后四下找衣帽架和椅子，当发现没有这两样东西时，便手足无措地呆立在一旁，感觉浑身不自在，时不时弄点声音出来。

第四种人，直截了当地对面试官说："话是这么说，可是，这里并没有衣帽架，也没有椅子。"

第五种人，走出办公室，找来找去，终于找到一把椅子。

这家公司根据应聘者的不同表现，选择了以下四种类型的人：

第一、第三种人：这种人有适应性，不做惊人的言论，领导才能较差，只适合做计算、管理等机械性的工作。

第二种人：反应与一般人不一样，他虽然很认真地将对方要求的不合理处指出，但他也考虑到对方"上司"的立场，处理问题很有分寸，他属于开拓性的领导人才。

第四种人：适合做业务员和推销员，他有积极的推销才能，性格坚韧，勇于向目标挑战。

第五种人：这种人反应非常特殊，他的言行是走在时代的最前面，适合做公关策划工作。因为他善于动脑筋，改变现状。

二、面试的内容

面试的内容大致可以归纳为以下几种：

（一）仪表风度

仪表风度是指应聘者的体格外貌、穿着举止以及精神状态等。像国家公务员、教师、公关人员、企业经理人员等职位，对仪表风度的要求较高。一般应五官端正、衣着整洁、举止文明、精力充沛、身体健康。这一方面可给人以外在的好感，树立公司形象，另一方面这几类人员工作高度紧张而繁忙，只有精力充沛、身体健康才能承受大工作量的压力。另外，仪表端庄、举止文明的人，一般具有较高修养、注意自我约束、责任心较强。

进入面试场所后，面试官首先看到的便是应聘者的仪表，而这个最初的印象会给面试官留下深刻的印象，并进而影响甚至决定着在正式面试中面试官对你的评价。正如一位经验丰富的面试官所说的，一个人能否被录用往往在他或她步入考场的那一瞬间就决定了，仪表风度的重要性可见一斑。

（二）专业知识

面试过程中，面试官通常会适时地提问一些专业知识方面的问题，以了解应聘者掌握专业知识的深度和广度及其专业知识是否符合岗位需求。作为对笔试的补充，面试对应聘者专业知识的考查更具灵活性和深度，所提问题也更接近空缺岗位对专业知识的需求。

（三）工作经验

面试官一般会根据应聘者的个人简历或求职登记表的内容，做出相关的提问，查询应聘者的工作背景及具体情况，以补充、证实其所具有的实践经验。通过对应聘者工作经历与实践经验的了解，还可以考查其责任感、稳定性、主动性、思维能力、口头表达能力及处理突发问题的能力等。

（四）口头表达能力

口头表达能力是应聘者的基本能力之一。应聘者在陈述和回答问题时，其逻辑是否清晰，思维是否缜密，能不能用简短的语言、井井有条地叙述自己的学习和工作经历，清清楚楚地回答面试官提出的问题，能否把握问题的关键所在，回答时是否能够做到重点突出、详略得当，这均属于口头表达能力的考查范畴。考查的具体内容包括：表达的逻辑性、准确性、感染力、准确性、音质、音色、音量、音调等。

（五）综合分析能力

综合分析能力是面试官对应聘者职业能力考查的重点。综合分析能力是指通过分析与综合、归纳与概括、判断与推理，提示事物的内在联系、本质特征及变化规律的能力。综合是在头脑中将事物的各个部分或各种特征联合为整体，分析则是在头脑中将事物的整体分解为部分。综合和分析在思维活动中起着重要作用，是思维的智力操作的重要组成部分。面试过程中，应聘者是否能对面试官所提出的问题通过分析抓住本质，并且说理透彻、分析全面、条理清晰，会直接影响到求职的成败。

（六）反应与应变能力

面试时，面试官经常会抛出令人措手不及的考查应聘者应变能力的题目，在有压力的情况下，考查考生对突发事件、棘手问题的应对。旨在考查应聘者对面试官提出的问题理解是否准确贴切，反应是否机智敏捷，回答是否恰当，对于意外事情的处理是否妥当等。对此，应聘者须迅速做出正确的判断和处理，思维反应要敏捷，情绪要稳定，考虑问题要周到。

（七）人际交往能力

人际沟通能力，是指通过情感、态度、思想、观点的交流，建立良好协作关系的能力。随着知识经济的发展和现代服务业的兴起，用人单位对员工的人际交往与沟通协作能力等提出了更高的要求。因此，了解应聘者的人际交往和沟通能力这一重要的“情商”考核题目是面试中必不可少的。通常面试官会询问应聘者经常参与的社团活动有哪些，喜欢同哪种类型的人交往，有哪种社交倾向和与人相处的技巧等。

（八）自我控制能力

我们在日常工作中常常会遇到一些预料不到的事，会遇到各种挫折，甚至受到各种委屈。如果没有较好的自我控制能力，面对突发情况便容易手忙脚乱，无所适从，面对挫折便会垂头丧气，受到委屈便会怨天尤人，从而影响到工作的正常开展。因此，员工的自我控制能力是用人单位比较重视的。自我控制能力对于国家公务员及许多其他类型的工作人员（如企业的管理人员，服务行业的从业人员）显得尤为重要。

（九）工作态度

面试过程中，面试官往往会通过你的工作经历和你之前做过的一些业绩和事情来判断和分析你的工作态度。这样做的目的在于：一是了解应聘者对过去学习、工作的态度；二是了解其对应聘职位的态度。因为一个在过去学习或工作中态度散漫的人，在新的工作岗位也很难做到勤勤恳恳、认真负责。

（十）进取心

企业的成功依靠的具是有进取心和热情的员工。通过应聘者对进取心方面的问题的回答与表述，面试就可以衡量其对工作的热情程度以及对将来工作的投入程度，因为这些答案将反映出应聘者是否愿意为企业多做贡献，是否有足够的热情为企业做贡献。

上进心、进取心强烈的人，一般都有明确的奋斗目标，并为之积极努力，具体表现在努力把现有的工作做好，且不安于现状，不断进行创新。除去等级、职位或专长领域等因素外，用人单位在招聘新员工时，都希望他们能把自己的工作当成对企业最重要的环节，能够非常勤奋地工作。也就是说，他们希望找到对企业、对企业的产品和服务有无限热情的人。

（十一）求职动机

动机是一个人工作的原动力，只有为更好地发挥自己的才能、实现自己的价值而工作的人，才会在工作中努力奋斗，以工作为乐，才能做出好的成绩。一个人的兴趣、特长、个性特点、工作态度、知识结构与所从事的工作是否符合，往往会决定其在这一岗位上能取得的成就的大小。因此，面试官会详细了解应聘者为何希望来本单位工作，对哪类工作最感兴趣，在工作中追求什么等问题，从而判断公司所能提供的职位或工作条件等能否满足其工作要求和期望。

（十二）业余兴趣与爱好

兴趣爱好能够反映出一个人的性格，对于刚毕业的大学生来说，“兴趣爱好”更是在面试中起着不容忽视的作用。就用人单位而言，了解应聘者在业余时间喜欢从事哪些运动，喜欢阅读哪些书籍以及喜欢什么类型的电视节目，有什么样的嗜好等，可以更全面地了解应聘者与职位的匹配度。如果你的爱好正好与应聘职位存在一定的正向关联，那么求职成功的概率就会大大增加。

此外，面试时面试官还会向应聘者介绍本单位及拟聘职位的情况与要求，讨论有关薪资、福利等应聘者关心的问题，以及回答应聘者可能要问到的其他一些问题等。

三、面试前需做的准备

面试前能否进行有效而充分的准备，对面试成功与否有着重要影响。如果说简历是求职应聘的敲门砖，那么面试则是跨入企业大门的通行证。在就业竞争异常激烈的社会中，大学生应从哪些方面着手，为顺利就业做好有效准备呢？

（一）信息准备

参加面试前，毕业生应尽可能多的收集有关用人单位的详细资料，做到知己知彼，心中有数。

一位资深的人力资源主管曾说：“面试时，我们都会问求职者对我们公司了解多少，如果他能很详细地回答出公司的历史、现状、主要产品，我们会很高兴。”因此，如对用人单位的名称、地址、性质、规模、业务范围、经营业绩、发展前景以及招聘岗位所需的专业知识和技能等能有一个全面地了解，会在一定程度上增加求职成功的机会。以下列举一些面试前应提前了解的具体信息：

（1）用人单位的企业文化，历史及背景；

（2）用人单位的产品及服务范围；

（3）用人单位的行业特征及主要竞争对手；

（4）用人单位的组织结构及部分设置；

（5）用人单位是否有培训及提升的机会；

（6）用人单位的薪资待遇情况；

（7）用人单位招聘的主要职位及相关要求。

为了保证所获得信息的真实性与准确性，毕业生可以通过多种途径进行了解。如：利用学校及社会上的就业机构；向公司员工了解、询问；查看该单位的宣传材料及有关媒体对该单位的报道以及上网查询。

（二）资料准备

除了个人简历和自荐信之外，毕业生还应准备好自己的毕业证书、学位证书、专业资格任职证书、获奖证书、身份证复印件、推荐信等材料。参加面试之前，将这些资料有条不紊地放在文件夹里随身带着，以便面试官随时查看。

另外，准备一个井然有序的文件夹会使你看上去办事得体有方，值得信赖。文件夹里除了放置上述个人资料外，还可以装一些有关工作或有助于谈话的资料，它们很可能会在面试中产生惊人的效果。假如面试官提出你意想不到的问题，你可以拿出自己的笔记本并回答：“我前些时候也看到一篇和这个问题有关的文章，尤其感兴趣，因而作了笔记，您是否有兴趣翻一下。”这样，面试官便会对你另眼相看。

值得注意的是，毕业生需要根据应聘职位的需要选用合适的资料。张冠李戴，不经选择便递交上去，只能适得其反。

（三）心理准备

面试就是一场考试，在测试每个人的能力，也在测试每个人的心理素质和临场发挥。因此要想成功面试，首先要充满信心，保持良好的心态，快乐的心情，会大有好处。其次要抓住面试官的心理。面试官可能会先评价应聘者的衣着、外表、仪态及行为举止；也可能会对应聘者的专业知识、口才、谈话技巧做整体性的考核；还可能会从交谈中了解应聘者的性格及人际关系，并从谈话过程中了解其情绪状况、人格成熟度、工作理想、抱负及上进心。

因此应聘者需做好面试前的心理准备，既要热情诚意，又要保持不卑不亢的从容态度，从而给面试官留下一种良好的印象。

1. 肯定自己

正所谓“金无足赤，人无完人”。每个人都有自己的优点和缺点。所以面试时，毕业生不必自怨自艾，也不必妄自菲薄，多想想自己的优点和长处，要相信“天生我材必有用”。另外，还要正确认识自己的优势，相信自己在某些方面一定会比别人做得更好。不要总拿自己的劣势去跟竞争对手的优势比。

2. 树立自信

自信是成功的第一秘诀。不论你想从事什么职业，都要先坚信自己有能力胜任那份工作，并且会做得很好。你的一言一行都要表现出诚信的感觉，为了增加可信度，你可以把自己成功的例子呈现出来。因此，面试时一定要保持积极向上、乐观进取的精神状态。

3. 克服焦虑

面试是决定我们求职能否成功的关键环节，需要应聘者予以足够的重视。但我们必须要克服由此引起的紧张焦虑情绪。只有在面试时保持平常心态，消除焦虑，坦然面对才能发挥出自己的最佳水平。

（四）着装准备

人们常说“衣如其人”。衣着素养与人的学识、审美有着紧密的关系，衣着显现了人们的心灵和思想，服饰是一种非语言的视觉符号，它也同样反映出穿着者的个性、文化心态和生存的境遇。面试前毕业生要注意修饰自己的仪表，使穿着打扮与年龄、身份、个性相协调，与应聘的职业岗位相一致。

1. 着装的整体要求

首先，面试着装必须整洁。不整洁的打扮会使面试官对你的印象大打折扣，当然整洁并不一定要用过分的花费，只要干净、平整就好。其次，着装应当简朴大方。面试着装应尽可能减少各种装饰，如果工作的专业性较强或职务较高，在色彩的选择上也要慎重，太夺目的色彩和太花哨的纹样都会使你看起来不够郑重，甚至会导致面试官对你专业水平与个人能力的怀疑。

2. 男生的着装

（1）西装

①西装永远是男士最保险的面试装。它能让人显得成熟稳重，也能体现应聘者对这份工作的重视，合体的西服还能很好地掩饰其身体的缺陷。因此买一套大小合身、价格适中的西装无论如何都是值得的。

②如果实在没有西装，穿夹克或衬衫也可以，但要注意款式和颜色要端正大方，不要太花哨的、太时髦的、太前卫的。

③西服对定型要求很高，制作工艺很复杂，所以不要图便宜买假冒伪劣的。条件允许的情况下可以买一套质量较好的，因为除了面试，将来工作中也可以穿到。

④新衣服不要等着面试那天才穿，最好之前先穿个两三天，这样可以提前适应一下新衣服，面试的时候您将会更自信。

⑤西服应该是套装的，确保上衣和裤子颜色完全一致。

⑥西服颜色首选黑色、深蓝色、深灰色，避免穿过分奇异的颜色，如红色黄色等。

⑦西服最好选纯色，给人以稳重、可靠、威严的感觉；也可以带条纹的，能够体现出稳重而不失潇洒的气质，但条纹越细越不明显为好。

⑧西服的面料以羊毛最好，但价格也最贵，也可以选择含涤纶或化纤面料的，价格相对较便宜。

⑨西服是否合身的标准：肩宽刚好，不紧也不松；手臂放下时袖子在虎口上方一寸左右，盖住虎口则太长；手臂平抬时能露出衬衫袖子，不能露出则太长；立正时衣摆不能包住屁股，全包住则太长；胸部要稍留有余地，里面能再穿一件毛衣为宜，不能穿则太紧；两臂平抬时要感觉稍微有点紧，不紧则太宽。

⑩西服裤子的长度以前面盖住鞋面，后面盖住部分鞋后跟但未着地为宜。

⑪一般西服分三粒扣和两粒扣，三粒扣显得庄重，两粒扣显得潇洒，面试时以三粒扣为宜。

⑫三粒扣的西服，可以选择扣上面两粒 / 扣中间一粒 / 不扣，不能三粒全扣；两粒扣的西服可以选择扣上面一粒或不扣，不能两粒全扣。

⑬西服后摆分开双叉、开单叉和不开叉。体型胖者选择双开叉或不开叉为宜，体型瘦者可选择单开叉。一般认为双开叉较正式。开叉的西服买来时叉是用线连起来的，要把线剪开再穿。

⑭西装袖子上的商标一定要剪掉再穿。

⑮西装的下面两个口袋不要装任何东西，最好是不要把口袋线拆开，免得西服整体变形。

⑯西服要熨烫平整才穿，不穿时放直悬挂保存，以免褶皱。

⑰西服上衣切记不能水洗，只能干洗，干洗不用太频繁，两个月干洗一次足矣，中间可以不时熨烫；裤子可以水洗，可以三四天洗一次。

⑱西服不能天天穿，穿三四天要闲置一天，可大大延长穿着寿命。

（2）衬衫

①要穿正装衬衫，才能保持挺括，不要穿休闲衬衫，会显得稚气。

②衬衫颜色首选白色、浅蓝色、粉红色。

③衬衫可以是纯色，也可以带条纹或图案，但条纹不宜太宽，图案不宜太花哨。

④衬衫面料并不是含棉越多越好，全棉的容易起皱，建议选择 50% 左右棉、50% 左右涤纶的面料，既保证了舒适又保证了挺括。

⑤衬衫穿着不能超过两天，否则污渍会很难洗净。

⑥长期不穿时，要先洗净再悬挂保存，否则会生黄斑。

（3）领带

①穿西服时一定要打领带，穿正装衬衫时可打可不打，穿夹克时一定不要打。

②领带的颜色不限，推荐蓝色、红色、粉色、紫色、灰色、银色。

③领带可以是纯色，也可以带条纹或格子、点纹等图案，但不能太花哨，切忌卡通图案。

④领带的打法较复杂，可以打好一次后不拆掉领带结，下次直接套上即可。

⑤领带的长度以刚好盖住皮带头为宜，过长或过短都不好看。

（4）鞋子

①鞋子要穿正式的皮鞋，一般要求是系鞋带的。穿西服时不要穿休闲皮鞋，运动鞋。

②皮鞋颜色最好是黑色，也可以是酒红色或褐色。

③保持皮鞋干净，满是灰尘的皮鞋会让你的形象大打折扣。

④袜子的颜色尽量和皮鞋一致或相近，切记不要穿白色袜子。

⑤穿棉袜，不要穿尼龙袜。

（5）皮带

①系黑色的正式皮带，不要系休闲皮带。

②皮带上不要别着手机、钥匙，这些可以放到提包里。

（6）提包

①为更好地装下简历、钱包、手机等，可以配个手提包，普通的即可。

②和皮鞋一样，提包最好是黑色。

③提包面料最好是皮的，其次是帆布的，款式要端正，不要卡通的花哨的。

④提包的大小要和身材匹配，不要高个子提个小包，矮个子提个大包。

（7）其他饰品

①项链：穿西服衬衫时不要佩戴项链。

②眼镜：镜片要擦干净，不要满是油渍汗渍。

③发型：男士最好不要卷发，也不要染发。

（8）整体搭配

男士着装有个“三色原则”：全身衣服的颜色不能超过三种，包括西装、衬衫、领带、皮带、皮鞋、提包。其实严格来说不超过四种即可。所以皮带 / 皮鞋 / 提包的颜色要一致，最好是黑色。

3. 女生的着装

（1）着装要得体

①服装

相比之下，女生的着装比较灵活，在不失成熟、庄重的情况下，尽可穿出自己的风格，突出个人的气质，强调个人的魅力。

女生应准备一至两套较正规的套装，面试时，可以根据用人单位的性质选择适合的套装。无论什么年龄，剪裁得体的西装套裙、色彩相宜的衬衫都会给人留下稳重、自信、大方、干练的印象。服装颜色以淡雅或同色系的搭配为宜，穿着应有职业女性的气息。

②鞋袜

求职面试时，中高跟皮鞋是不错的选择，它会使你的步履从容，带给你一份职业女性的气质。相比之下，穿高跟鞋显得步态不稳，平跟鞋显得步态拖拉。夏日最好不要穿露出脚趾的凉鞋或光脚穿凉鞋，更不宜将脚指甲涂抹成红色或其他颜色。

穿裙装时袜子的选择也很重要，丝袜的颜色要以肉色为主，最好准备一条备用丝袜，如果出现抽丝的情况，可以立即替换掉。另外，丝袜缝一定要拉直拉正，以免给人留下邋遢的感觉。

③公文包

公文包或手提小包带一个即可，不要两个都带。在多数面试场合，携带公文包比手提小包体现出更多的权威；你可以把手提包的基本东西放进无带小提包，然后把它装进公文包内。

（2）发型宜简洁

简洁即简单和清洁。要给人精明、干练、奋发上进的印象，发型上应力求简单、自然，男生不要留长发，适当作些面部修饰，刮好胡子，还要注意保持头发的清洁，选择适合你的洗发水，做到经常洗发，并结合使用一些护发品，一定会使你告别油腻和头皮屑，整个人清爽、出众。能让人看到你精力充沛、容光焕发、神采奕奕的清新形象。

（3）妆容要淡雅

化妆是人们在政务、商务、事务及社交生活中，以化妆品及艺术描绘手法来装扮自己，以达到振奋精神和尊重他人的目的。女生的化妆应以轻柔、优雅的淡妆为主，切忌浓妆艳抹，或一味追逐时尚的自然美，擦银色眼影，涂银色口红，显得唇青脸白，前卫但拒人于千里之外。不过也不要总是让自己素着一张脸，脂粉不施，有时候，恰到好处的眼线和口红，既省时又省力，会起到意想不到的效果。

（4）饰品少而精

对女生来说，适当地搭配一些饰品无疑会使你的形象锦上添花，但搭配饰品也应讲究少而精，宜求简洁、高雅。有时一条丝巾，一枚胸花，就能恰到好处地体现你的气质和神韵。如果搭配造型过于夸张、叮当作响的饰品，会给人以庸俗、轻浮的印象。因此不宜佩戴过多、过于夸张或有碍工作的饰品，应使饰品真正起到画龙点睛的作用。

（5）时间准备

严格守时是面试的基本要求。在面试时迟到或者匆忙赶到都不好，迟到会显得你没有礼貌，缺乏诚意；匆忙赶到会显得你准备不足，办事不力。而且这两种情况都会使你情绪紧张从而影响面试效果，有害而无利。一定要按照约定的时间、地点和要求，准时守信，不能迟到。

参加面试一般提前 10 ～ 15 分钟到达效果最佳，既能表现诚意又能给面试官以信任感，同时也可利用这个时间，放松自己的心情，调整自己的心态，以免仓促上阵，手忙脚乱。为了防止迟到或太早到达，如果路程不是太远，在面试前一天最好去用人单位实地考察一下，掌握路途往返需要的时间。这样面试时便可节省一部分时间，减少不必要的焦虑，也有助于更好地安排行程，做到游刃有余，此外，还能提前熟悉环境。这些都可以增加面试时的信心。

四、面试的应对技巧

面试的成败一定程度上取决于面试官是否欣赏应聘者，而不仅仅在于其是否能够胜任应聘职位。是否胜任的问题是对未来的判断和预测，只能靠实际工作表现来决定；是否欣赏则是对眼前人的真实感觉。因此，所谓方法和技巧都应该围绕这个目标进行。

（一）礼仪技巧

越来越多的用人单位在招聘员工时，都加强了对其人品的考察和重视。因此，在面试时，面试官会随时注意应聘者的言谈举止。那些举止得体者往往更能获得面试官的青睐。

1. 恰当运用体态语言

体态语言是反映思想的一种重要形式，它的内容很丰富，包括面部表情、手势、姿势等。用人体的器官、部件说话，它甚至能反映出你不想让别人知道的东西。有些时候，我们不需要和一个人交谈也能够对他的情况进行一些简单的判断。专家认为，在应聘者给人的印象中，用词内容占 7%，肢体语言占 55%，其余的 38% 来自语音语调。因此，应聘者在面试时一定要注意细节。

2. 面试的基本礼仪

（1）沉着自然

进入应试场合时要沉着自然，不要紧张。因为实际上这时应试工作已经悄悄地展开，毕业生应关掉手机、呼机，以免在应试期间“乱鸣”。如门关着，应先敲门，得到允许后再进去。开关门动作要轻，以从容、自然为好。关门时须面对房门，不能背对房门。见面时，要向面试官主动打招呼，问好致意，称呼应亲切得体。在面试官没有请你坐下时，切勿急于落座。面试官请你坐下时，应道声“谢谢”。坐下后保持良好的体态，安心等待，不要“四处巡视”，左顾右盼。

（2）保持微笑

在国际交往中，如果语言障碍无法交流，微笑则是迅速达到交流的“润滑剂”。微笑即是在脸上露出愉快的表情，是善良、友好、赞美的表示。在绝大多数国际交往场合中，微笑都是礼仪的基础。亲切、温馨的微笑能与不同文化背景的人迅速缩小彼此间的心理距离，营造出交流与沟通的良好氛围。

（3）精神饱满

在应试过程中，要挺胸抬头，保持举止文雅大方。在回答面试官的问题时，双眼应看着对方，以表示充满自信和尊重对方。面试官有两个以上时，回答谁的问题就把目光注视谁，并应适时地环顾其他面试官，以示尊重。应答过程中，自然、亲切的微笑可增加亲近感，但笑得不能太僵硬、夸张，以免给人以过分造作的感觉。除此之外，坐姿要直，身体可略微前倾，以示对话题感兴趣和投入。举手投足之间都要以饱满的精神状态面对面试官。

（4）应答自如

对面试官的问题要逐一回答，对方给你介绍情况时，要认真聆听，必要时可做些记录。为了表示你已听懂或很感兴趣，可以在适当的时候点头或穿插提问、应答。回答问题时，口齿要清晰，声音要适度，语速要适中，答话要精练、完整，尽量不用方言、口头语和不规范的简称。一般情况下不要打断面试官的问话，不能抢问抢答，以免给人急躁、鲁莽、不礼貌的印象。对某句听不懂的问话，可要求面试官重复，当不能回答某一问题时，应如实告诉面试官，切勿含糊其词、胡吹乱侃。并要注意礼貌用语和尊敬用语，不能忽视得体的称呼，这些都是沟通人际关系的信号和桥梁。

3. 举止礼仪

行为举止礼仪，在正式的涉外活动中，站、坐、走的姿势和手势、微笑等都有严格的规定。

（1）站姿

古人云“立如松”，站的姿式应该是自然、轻松、优美的。不论站立时摆何种姿势，只有脚的姿势及角度在变，而身体一定要保持绝对的挺直。

标准的站立姿势要求挺胸收腹，两肩平齐，双臂自然下垂。双腿靠拢，脚尖张开约 60 度，或双脚与肩同宽。站累时，脚可后撤半步，但上体仍须保持垂直，身体重心在两腿正中，精神饱满，表情自然。

站立姿势要正，可以稍弯腰，切忌身体歪斜，两腿分开距离过大，或倚墙靠柱，手扶椅背等不雅与失礼姿态。站着与人交谈时，双手或下垂或叠放下腹部，右手放在左手上。不可双臂交叉，更不能两手叉腰，或将手插在裤袋里或下意识地做小动作，和摆弄打火机、香烟盒、玩弄衣带、发辫、咬手指甲等。但可随谈话内容适当做些手势。穿礼服或旗袍，绝对不要双脚并列，而让两脚之间前后距离 5 厘米，以一只脚为重心。女性站立的正确姿势：最好是一只脚略前，一只脚略后，两腿贴近，双手叠放在下腹部。

（2）坐姿

坐姿总的要求是舒适自然、大方端庄。入座时，动作要轻盈和缓，自然从容。落座要轻，不能猛地坐下，发出响声，起座要端庄稳重。

（3）走姿

行走的姿势极为重要，因为人行走总比站立的时候多，而且一般又都在公共场所进行的，人与人相互间自然地构成了审美对象。行走时，步态应该自然轻盈，目视前方，身体挺直，双肩自然下垂，两臂摆动协调，膝关节与脚尖正对前进方向。行走的步子大小适中，自然稳健，节奏与着地的重力一致。总之，走相是千姿百态，没有固定模式，或矫健或轻盈，或显得精神抖擞，或显得庄重优雅，只要与交际场合协调并表现出自己的个性的步伐，就应该是正确的。走路时应注意的事项：

应自然地摆动双臂，幅度不可太大，只能小摆。前后摆动的幅度约 45 度左右，切忌做左右的摆动；应保持身体的挺直，切忌左右摇摆或摇头晃肩；膝盖和脚踝都应轻松自如，以免浑身僵硬，同时切忌走“外八字”或“内八字”；多人一起行走时，不要排成横队，不勾肩搭背；遇急事可加快步伐，但不可慌张奔跑。

（二）答问技巧

在面试时，面试官常常会问到一些常见的问题，如果能够事先了解这些问题，并且懂得如何回答这些问题，那么就可以使自己在面试中潇洒自如。虽然不同的面试官所问的问题各不相同，但基本的回答技巧是相通的。

1. 回答问题的基本技巧

（1）明确提问内容，切忌答非所问

面试过程中，如果对面试官提出的问题一时摸不着边际，以至于不知从何答起或难以理解对方问题的确切含义时，可将问题复述一遍，并先就自己对这一问题的理解向对方进行请教，以确认内容。对不太明确的问题，一定问清楚，这样才会有的放矢，避免答非所问。

（2）把握回答重点，分析有理有据

一般情况下，回答问题要结论在前议论在后，即先将自己的中心意思表达清楚，再作叙述和论证。否则，长篇大论、逻辑混乱会让面试官觉得你不得要领。由于面试时间有限，若题外话太多，会将主题冲淡或漏掉。

（3）简述前因后果，避免空洞抽象

面试官所提的问题不外乎是想了解一些应聘者的具体情况，这时，应聘者切不可简单地以“是”或“否”作答。针对所提问题的不同，有的需要解释原因，有的需要说明程度。不讲原委过于抽象的回答，往往不会给面试官留下具体的印象。

（4）知之为知之，不知为不知

面试时，如果遇到自己不知、不懂、不会的问题，回避闪烁、默不作声、牵强附会、不懂装懂的做法是不可取的。相反，诚恳坦率地承认自己的不足之处反倒会赢得面试官的信任和好感。

（5）提炼个人见解，避免人云亦云

作为面试官，每天都要面对若干名应聘者，相同的问题要提出若干遍，类似的回答也要听若干遍。因此，很容易产生乏味、枯燥之感。只有具体独到的个人见解和有个人特色的回答才会引起对方的兴趣和注意。

2. 面试可能涉及的问题

交谈一般从应聘者的自我介绍开始，自我介绍是展示自我的重要机会。因此，毕业生一定要坚定信心，努力稳定情绪，准确把握自己的特长和优势，并用简短却能给人留下强烈印象的语言流畅地表达出来。

（1）请简单介绍一下你自己

这个问题是用人单位在给应聘者创造一个自我推荐、自我介绍的机会。面试官的用意在于：一是让应聘者从最熟悉的自己谈起，可相对放松；二是全面了解应聘者的情况，尤其是个人素质；三是考查应聘者的语言表达能力和逻辑思维能力，看能否在几分钟内简明扼要地介绍自己的主要情况。

因此，毕业生要做好充分的准备，争取给面试官留下良好的印象，并为后面的面试做好铺垫。

①简明扼要，条理清晰

自我介绍主要包括姓名、毕业院校、所学专业、学习成绩、担任职务、获奖情况、工作经验、兴趣爱好、求职意向等。回答前要认真考虑，实事求是地概括出自己的主要经历、主要特点和应聘想法。要注意避免如流水账一般谈生平经历，一定要谈对用人单位有用的东西，要让对方知道，你能给公司带来什么样的好处。在这里你应充分展示自己的才能和过去已取得的成就，而这种展示应与应聘岗位有一定的关联性。

②诚实谦逊，避免炫耀

做自我介绍时，对自己的业绩不宜过分渲染，用渲染业绩的方式求职会让面试官觉得你自以为是、华而不实。同时，不宜在自我介绍环节将所有“闪光点”全盘托出，如果把一些成绩留在后面说，会给面试官以为人谦逊、含而不露的良好印象。

③察言观色，适时调整

面试官出于了解、考查应聘者的目的，自然会注意应聘者所作自我介绍的内容、语气等，也会对应聘者的自我介绍做出相应的反应。对此，应聘者要留意观察，并适时地对自我介绍的方式、内容和语气进行调整。要学会发现面试官对哪些内容较感兴趣，在后面的回答中可以有所侧重。

（2）你为什么要应聘这份工作

此类问题主要是用人单位想了解、考查应聘者的动机与愿望。回答时应从用人单位的发展前景和有利于为单位多做贡献、能够发挥自己的聪明才智等方面回答。让面试官认为你喜欢这份工作是因为你具有他们所要求的技能，而不是那份工作能给你带来的收益。如果能达到这种效果，面试官自然会另眼相看。

（3）请谈谈你的工作经验

大学生普遍是从学校到学校，除了一些简短的社会实践外，还谈不上有什么经验。没有经验的大学生在回答面试问题时注意多强调自己的工作能力和专业知识，强调这些知识和能力能够适应所应聘的工作岗位。如可以这样回答：“我今年毕业，对这项工作还没有什么经验。但是根据在学校时所学的知识，以及我在假期社会实践的体验，我自信有能力做好这项工作。”对一些有社会工作经验的人，则应多谈与这项工作有关的工作经历，如从事过的工作种类、使用过的仪器设备、对专业的认识等，强调这些经验对所应聘的工作有积极作用。

（4）你有哪些特长爱好或具备哪些资格证书

一个人的兴趣、爱好、特长，能显示他的多方面才能和素养。用人单位比较喜欢有业余爱好的人，这样的人除了比别人多一种技能外，更重要的是，他们往往有进取心，有发散性的思维等。因此，对这个问题的回答要直接真实，不可过分谦虚，可适当地介绍自己在文娱、体育、书法、美术等方面的业余爱好和成绩，如某项特长与应聘工作有关，可以谈得详细一些，因为这项爱好可能对应聘工作有所帮助；如自己确实没什么突出的爱好特长，一般也不应回答什么业余爱好也没有，可谈谈自己比较喜欢什么，比较爱好什么，以免给人以呆板的印象。

另外，各项技能的资格证书如大学英语四、六级证书，计算机等级证书等，都是为用人单位所喜欢见到的。因为任何一个单位总希望自己的员工是一个多方面优秀、复合型的人才。

（5）请介绍一下你的优缺点

面试官一般想通过这类问题了解应聘人能否对自己做出正确的评估。因为不能正确估计自己的人，往往也不会正确评估自己的工作。

①“金无足赤，人无完人。”参加面试前，你应对自己的优缺点有所认识，必要时也可以听听家人或朋友的评价。

②最忌讳的是无所谓态度。比如：“我也没有什么优点，也谈不上什么缺点，我这个人嘛，一般就是了”，“谁还没个缺点？我有是有，可一时也讲不清楚，管它呢”。这样的回答，容易给人不真诚、玩世不恭的感觉，让人觉得此人难以委以重任。

③优点可以大大方方地讲出来，但不能无中生有，若能列举出简短的效果更佳；缺点只要不是致命或是应聘岗位无法容忍的，都可以用一种自我反省的语气说，态度越是诚恳、真挚，越会赢得对方的好感。

（6）你择业考虑的主要问题是什么

回答时注意应该多谈自己所应聘的那份职业对自己的事业有利的一面，谈单位的氛围能够发挥自己的专业特长，符合自己的志向和兴趣。凡是与物质利益有关的条件，如工资、福利、环境等等最好少谈，即使面试官问到这个问题，也一定要把握好分寸，适可而止，不要让面试官觉得你脑子里只想着钱。一般可回答自己认识到待遇问题是次要的，而且要相信用人单位会按国家政策和单位的制度办事。一般来说，随着对单位的贡献逐渐增多，报酬和待遇也会慢慢提高。

（7）你能为公司做些什么贡献

回答时可以先说说你的能力、知识、经验和为人处世原则，如果他们要求具体详谈，你可以从所学专业知识、身体素质、对工作认真的态度、吃苦钻研能力、对事业的追求等方面做进一步的介绍。

（8）这份工作压力很大，你能承受得了吗

在面试官提出这个问题时，不要急于表示什么压力也不怕，先请面试官进一步说清这种压力指的是什么。因为，也许这种压力真的很沉重，也许你不希望承受这种压力。如果是这两种情况中的一种，那么可不必直接说出，可以委婉地告诉对方，你在压力之下会表现得更突出，压力对你不会构成问题，你有多种方法承受压力。如果能有你经历过的承受压力的实例那就更好。例如，有一位应聘某公司的大学生，当面试官问到这个问题的时候，他回答说："我觉得没有压力就无法提高"。

（9）你期望的薪酬是多少

用人单位在有了初步意向后，有时会对应聘者提出薪酬问题，回答这样的问题需要注意以下几点：

①面试前可了解一下本行业工作大致的薪酬范围与需求状况，以便有个"参照点"。如果说低了，你可能会失去一个获得较高薪酬的机会，还会让单位以为你没有什么真本事；如果说得过高了，人家会以为你"狮子大开口"。在回答时可以用一些模糊的字眼，比如"我听别人说这个职位的薪资水平大概在××范围之间"，这样无论答对答错，都是源自"道听途说"，而非本人的想法，类似的模糊字眼还有"恐怕""大概""可能是"等，总之不能一口咬定或用具体的数字。

②如果你真的不知道大概的薪酬范围，也不能说"你看着给就是了"。你可以巧妙地回答："我愿意接受贵单位的薪酬标准，不知按规定这个岗位的薪水是多少？"、"我可以回去打听一下吗？薪酬的问题好商量。"

③别忘了询问对方的奖金，或是有没有公积金、医疗保险、失业保险、养老保险，这就是人们常说的"总收入"，因为有的单位确实工资不高但福利很好。

除了以上问题外，面试官可能还会故意设计出一些比较尖锐的问题来考查应聘者的反应。如，"你并非毕业于名牌院校""你经历太单纯，而我们需要的是社会经验丰富的人""你的专业与所申请的职位不对口""你的学历对我来讲太高了""你性格太内向，这恐怕不适合我们的职位"等。对这些问题的回答一定要从容镇定，机智灵活，巧妙避开问题的负面因素，突出自己的优势。

（三）发问技巧

当面试官提及你是否有问题时，一定要把握机会发问，以表现自己对这份工作的强烈兴趣。

你可以适当问一些问题，并且应该把提问的重点放在面试官的需求以及你如何能满足这些需求上。通过提问的方式进行自我推销是十分有效的，所提问题必须是紧扣工作任务、紧扣职责的。

1. 避免提以下缺乏自信的问题

（1）你们一共招聘几个人；

（2）是否招收应届毕业生；

（3）你们的待遇如何。

2. 可以询问诸如以下的问题

（1）应聘职位所涉及的责任以及所面临的挑战；

（2）在这一职位上应该取得怎样的成果；

（3）该职位与所属部门的关系；

（4）该职位具有代表性的工作任务是什么。

当然也要注意不要问一些通过简单了解能够获得的有关公司的信息，这会让人对你面试的目的是否明确表示怀疑。

（四）谈话技巧

毕业生在参加面试时要注意自己的谈话风格。既不能过分油滑也不要过分拘谨，要以轻松自如的态度来应对，同时注意观察面试官的反应，及时调整自己的谈话方式和内容。保持口齿清晰，语言流畅，内容要有条理，避免重复。

1. 谈话应顺其自然。不要误解话题，不要过于固执，不要独占话题，不要插话，不要说奉承话，不要浪费口舌。

2. 留意对方反应。交谈中很重要的一点是把握谈话的气氛和时机。这就需要随时注意观察对方的反应。如果对方的眼神或表情显示对你所涉及的某个话题已失去兴趣，应该尽快找一两句话将话题收住。

3. 有良好的语言习惯。良好的语言习惯不仅是指表达流利、用词得当、言之有物，同样重要的还有说话方式。这一点在面试交流中尤为重要。一般来说，应该做到以下几个方面：

（1）发音清晰。有些人个别音素发音不准，如果影响讲话整体质量的，应少用或不用含有这个音素的字或词。

（2）语调得体。得体的语调应该起伏而不夸张，自然而不做作。

（3）声音自然。音调不高不低，不仅听来真切自然，而且有利于缓解紧张情绪。

（4）音量适中。音量以保持能听清为宜。

（5）语速适宜。要根据内容的重要程度、难易程度及对方注意力情况调节语速和节奏。

此外还要警惕容易破坏语言意境的现象：过分使用语气词、口头语，这不仅有碍于听者的连贯理解，还容易引人生厌。

（五）交谈心态

对于初次参加面试的应届毕业生而言，如何摆正自己的心态很大程度上关系着应聘的成败。

1. 展示真实的自己

面试时切忌伪装和掩饰，一定要展现自己的真实实力和真正的性格。有些毕业生在面试时故意把自己塑造一番，比如明明很内向，不善言谈，面试时却拼命表现得很外向、健谈。这样的结果既不自然，也不利于自身的发展。即使通过了面试，人力资源部往往会根据面试情况安排适合的职位，这对个人的职业生涯也是有害的。

2. 保持平等的心态

面试时如果以平等的心态对待面试官，就能够避免紧张情绪。特别是在回答案例分析问题时，一定要抱着我是在和面试官一起讨论这个问题的心态，而不是觉得他在考自己，这样就可能做出很多精彩的论述。

3. 坦然面对得失

面试官一般都认为做人优于做事。所以，面试时求职者一定要诚实地回答问题。一位企业的人事主管说，曾经面试过一个女孩，面试时她说自己有男友，进入公司后又说没有男友。问她原因时，她说曾经在一些书里看到，如果说有男朋友就会给人稳重、有责任感的印象。实际上这样做非常不好，面试时的欺骗行为是不利于以后发展的。

此外，毕业生与面试官交谈时应该把握以下“四个度”的原则：

（1）体现高度

体现高度即在交谈中展示自己的水平。一方面是政治思想水平和强烈的敬业精神；另一方面是专业水平。对问题回答不能满足于“知其然”，还要答出“所以然”。同时要把自信和感染力融入到语句之中，展示自己的勇气、知识、智慧、风度、气质等。

（2）增强信度

增强信度即在交谈中展示自己的真诚。首先，态度要诚恳，交谈不要心不在焉；其次，表达要准，少用“可能”“也许”“大概”等模棱两可的词语；再者，内容要实，尤其对于自己的优缺点要一分为二，实事求是。

（3）表现风度

表现风度即在交谈中展示自己的气质。一方面要体现自身的外在美，另一方面要体现内在气质。言语是一个人内在气质、涵养的外在体现，要注意用语言魅力展示自己。适当的时候可以插进幽默的语言，使谈话增加轻松愉快的气氛，同时展示自己的优雅气质和从容风度。

（4）保持热度

保持热度即在交谈中展示自己的热情。注意做到主动问候，精神饱满，细心聆听。俗话说“会说的不如会听的”，面试时要注意倾听面试官的讲话，表现出对其讲话内容怀有浓厚的兴趣，并适时做出理性的反应。同时还要时不时地点头，表示自己能够完全听明白；要时不时面带微笑，表明自己正在注意倾听。

（六）结束技巧

当面试官示意面试结束时，最好与之结束面试，任何拖延时间的意图与举动都是不明智的。

面试结束时，应聘者应保持微笑，自然站起，为占用面试官的宝贵时间和得到面试机会而向对方表示感谢；还可以赞扬面试官在面试过程中使你获益的某个特殊观点；然后与面试官礼貌道别。

离开前，记得要对秘书或引导、接待的工作表示感谢。这除了表示对他们工作的尊重外，也能显示自身良好的个人素养，如果最终被录用，他们都将成为你的领导或同事，良好的礼貌能为将来的工作提供一个良好的开端。

（七）面试后的注意事项

对于初次择业的大学毕业生来说，面试是获得择业成功的关键环节。那么面试后应该做哪些工作呢？

1. 发电子邮件或写信

在面试后的一两天内，应聘者必须给某个具体负责人发一封电子邮件或写信。在信中应该感谢对方为你所花费的精力和时间以及提供的各种信息、简单地谈到你对公司的兴趣以及可以帮助他们解决的一些问题。

2. 电话询问

如果两周之后没有接到任何回音，你可以给面试官打电话询问："是否已经做出决定了？"这个电话可以表示出你的兴趣和热情，也可以从他口气中听出你是否有希望成为公司的一员，如果电话觉察有希望中选，但尚未最后确定，那么过一两个星期再打电话。但要注意的是，也不要过早打听面试结果。面试后一般要等 3 ～ 5 天或更长的时间，应聘者在这段时间内一定要耐心等候消息，切不可到处打听，更不要托人刺探，急于求成往往会适得其反。

3. 虚心请教

如果面试自我感觉很成功，但结果还是落选了。对此，不要大惊小怪。面试时，大多数的面试官都尽量隐藏他们的真实意图，不会轻易让你看出来。万一他们通知你落选了，你也应该虚心向他们请教你有哪些欠缺，以便今后改进。通常需要多次面试机会才能得到一份理想的工作，不要把成功的希望寄托在一个公司或一次面试机会上。

4. 反复联系

每次打电话后，应聘者还应该给公司发电子邮件或寄信，哪怕他们已经暗示你可能落选了，这样做的目的，一是有必要重新强调一下自己的优点；二是发现了一些新的理由，成绩或经验，有必要让公司知道，因为得到一次面试机会不容易，不要轻易放弃希望。

5. 面试后做好两手准备

参加面试往往是自己被招聘单位挑选的时候，要么被录取，要么被淘汰，对此都要有所准备。面试后的一段时间里最好不要到外地旅游或出差，当必须外出时最好向招聘单位事先说明，以示你的诚意。

DIBAZHANG XINLI TIAOSHI YU ZHIYE SHIYING

08

第八章 心理调适与职业适应

教学目标

- 了解大学生求职常见的心理问题
- 了解学生角色与职业角色的不同
- 学会向职业角色转换
- 利用所学知识提高职业适应能力

大学生初涉职场会产生很多心理困惑，影响角色的顺利转换。要缩短自己的适应期，使自己尽快地完成角色转换，大学生需要从调整期望值、虚心求学、认识新环境、建立和谐的人际关系以及培养良好的意志品质等方面入手。“良好的开端是成功的一半”，能否走好踏入社会的第一步，对大学生来说十分重要。不少单位在招聘员工时，希望应聘者具有一定的工作经验。其实，大学生在学校所学的专业知识和经验离社会的实际要求肯定有很大的差距，用人单位真正看重的并不是简单的成绩单，也不是表面的工作经历，而是职业意识和职业素养。专业知识和经验不是阻碍大学生角色转化的最大难题，职业态度、职业意识、职业道德、职业行为、职业技能等职业素养才是大学生的“软肋”，这些方面的欠缺在求职和职业适应阶段都会表现出来。

案例导入 付出才有回报

A对B说：我要离开这个公司。我恨这个公司！

B建议道：我举双手赞成你报复！破公司一定要给它点颜色看看。不过你现在离开，还不是最好的时机。

A问：为什么？

B说：如果你现在走，公司的损失并不大。你应该趁着在公司的机会，拼命去为自己拉一些客户，成为公司独当一面的人物，然后带着这些客户突然离开公司，公司才会受到重大损失，非常被动。

A觉得B说得非常在理，于是努力工作，事遂所愿，半年多的努力工作后，他有了许多的忠实客户。

再见面时B问A：现在是时机了，要跳赶快行动哦！

A淡然笑道：老总跟我长谈过，准备升我做总经理助理，我暂时没有离开的打算了。

案例点评

A的经验告诉我们，走上职业岗位，首先应该找到的是作为职业工作者的责任与激情。而初入职场，正确的心理定位和专业的工作态度是成就出色的前提。

当然，在走上工作岗位之前，毕业生已在学校度过了十多年，因此，要完成从学生到职业人的转变，需要一个过程，积极的态度与良好的习惯仅仅是一个开始。这种角色转变越快越彻底，做好工作、谋求发展的机会也就越多。

第一节 心理准备

即将步入社会的大学生，不论技术还是经验都相对不足，竞争实力较差，在求职择业的过程中，许多应届大学生十分迷茫，对未来充满了担忧与恐慌，造成极大的心理压力。

一、大学生常见的心理问题

（一）焦虑心理

有的同学面对用人单位的录用程序：笔试、口试、面试、心理测试感到心惊胆战。有的同学对自己向往的单位因参加竞争的人数众多、录用条件严格，失去了被录用的信心。还有的女生害怕因性别原因造成求职困难，有的因学习成绩不高而烦恼，有的因自己能力低而紧张。

没有社会经验的大学生在面对选择职业这一重大人生课题时，产生焦虑情绪是很正常的。一般来说，适度的焦虑可以产生压力，这种压力是对自己惰性的修正，可以增强人的进取心。但是心理上过度的焦虑、沮丧、不安，自己又不能在一定时间内化解这些情绪，就会产生心理障碍或心理疾病，会严重影响学生本人主观能动性的发挥，埋没潜能和才华，给就业带来不必要的困难，影响择业进程，甚至造成择业失败。

克服焦虑心理，关键是要更新观念，打破中国传统的事事求稳、求顺的思想，树立市场竞争的观念。市场经济是竞争经济，生活在市场经济中，竞争是会伴随一生的。大学生的求职过程就是竞争过程，有竞争必定有风险和失败。确立竞争意识，不怕风险和挫折，必定能克服或缓解焦虑心理。当然，还应克服求职心切、急于求成的思想，客观地分析自己，合理地设计求职目标，尽量减少挫折。增强求职勇气，也会减轻焦虑情绪。

（二）依赖心理

不是积极主动，千方百计地“推销自己”，而是一味地等着家里的亲戚、朋友给自己找路子，或者自恃有某些优越条件，坐等学校帮忙落实单位。这样便与当前竞争激烈的社会不合拍，往往最终结果不理想。

依赖心理在求职择业中又具体表现为两种倾向：一种是依赖大多数的从众心理，自己缺乏独立的见解，不是从自己的实际情况做出切合实际的选择，而是人云亦云，追随大众的脚步；另一种是依赖政策，依赖他人的倾向，不是主动选择，积极竞争，而是寄希望于学校，期待学校给自己落实单位，这种心态也是与竞争激烈的社会格格不入的。

克服消极依赖心理就是要使学生认识到这个社会是一个竞争激烈的社会，是一个需要每一个成员积极参与的社会。要充分认识到自己是求职的主体，要发挥自己的主动性，树立强烈的主体意识。这就要求大学生在校期间注意培养自己的参与意识，多参加一些学校组织的活动或是主动参加某些社会活动，积累实践经验并逐步增强主体意识。

（三）自卑心理

在择业问题上，自卑感强的同学最主要的问题是对自己的能力缺乏了解，缺乏信心，这是大学生很容易产生的消极心理。面对改革的浪潮，看到人才市场的激烈竞争，涉世未深的大学生产生自卑心理是很正常的，也是比较普遍的。自卑感产生的原因有很多，有生理的、环境的、家庭的、社会的等等，但主要是由心理因素造成的。例如，在择业过程中，自己总是举棋不定。

自卑心理是大学生进行职业选择时必须克服的心理障碍。市场经济需要开拓精神和自信心，这正是自卑心理所缺乏的。自信心是求职中必不可少的心理素质，求职时畏首畏尾会给人留下无能的印象，使求职不易成功。克服自卑心理，需要学生正确评价自己。要纠正过低的自我评价，多找自己的长处，即使微不足道也不要忽略。人都有所长，利用自己的优势以长补短，寻求成功的经验，增强自信，可以有效克服自卑感。

有的同学大学四年顺利地走过来了，也具备了一定的实力和优势，面对激烈的竞争，却觉得自己这也不行，那也不如别人，自卑心理使得自己缺乏竞争勇气，缺乏自信心，走进就业市场就心里没底，参加招聘面试，心里忐忑不安。一旦中途受到挫折，更缺乏心理上的承受能力，总觉得自己确实不行。在激烈的择业竞争中，这种心理障碍是走向成功的大敌。

对自身缺乏完整、准确的认识，是此类心理滋生的根源。有些毕业生过分注意自己的缺陷或不足，如身高不理想、相貌不佳、人际交往不擅长等，或是对自己所学专业抱有悲观看法。相应地，对自我能力评价过低，不能充分认识自身长处。结果，在职业定位时缺乏自信，即使自己完全能够胜任，也不敢去应聘那些高挑战性、高报酬的职位。相对而言，这类人缺少积极参与择业的勇气和信心，不愿主动与他人一较高下。当大部分毕业生忙于在各种人才市场奔走时，他们却在一旁自怨自艾。

（四）嫉妒心理

嫉妒心理在大学生求职过程中是常见的心理现象，是对他人的成就、特长或优势地位既羡慕又嫉妒的情绪。有的同学看到别人某些方面求职条件好，或找到比较理想的工作时，就会产生羡慕，转而痛苦、又不甘心的心态，甚至为了不让别人超过自己，而采取背后拆台等不良手段。择业中嫉妒心会使人把朋友当对手，使朋友关系恶化，人际关系紧张，嫉妒者本人也会增加内心痛苦和烦恼，甚至影响求职的顺利进行。要克服嫉妒心理，主要靠加强自我修养，提高道德水平。其中，最重要的是做到两点：一是真诚待人；二是学会互助互爱。如果体察到自己有嫉妒心，就要通过自我意识的控制、调节，及时排除这种不良意识。

（五）怯懦心理

由于大学生接触社会不多，很多毕业生在面试的时候会出现怯场的心理问题。在求职现场，面对招聘者的提问，紧张得面红耳赤、语无伦次，本已准备好的说辞也忘得一干二净，不能很好地推销自己。这样的求职者缺乏自信心，自然难以受到用人单位的赏识。其实，任何人都是“害羞”的，只不过程度不同或是“害羞度”的表现不同而已。所以首先要正视“害羞”，适当的“害羞”对于用人单位来讲是可以接受的，在面试过程中可以用微笑，适时地端起水杯喝水等方式来掩饰及缓解内心的紧张。另外可以在参加面试之前自己先做一个模拟，同时更多地了解用人单位的情况，正所谓“知己知彼，百战不殆”。

（六）骄傲心理

对主观条件的估量不够准确，不能正确评价自己的素质和条件，一心追求大城市、大公司、高工资。由于毕业生没有完全正确地认识自己，自我评价过高，所以求职中不肯屈就，对稍有不对胃口的用人单位就抱拒绝态度，结果是错过机会难以就业。还有的毕业生没有调整好自己的择业心态，只是想找待遇及工作条件好的单位，或者是最热门的单位及最前沿的行业，而不顾自己的专业或自己的某些缺陷是否适合这一行业。

克服这种心理，就是要正确客观地评价和认识自己的优点和缺点，然后根据自己所学的专业谨慎地进行分析，看看什么样的行业或单位既可以让自己学以致用，又可以很好地发挥自身特长，发展自己的兴趣和爱好，充分展现自己的个性，而不是盲目地寻找社会上的热门行业和前沿行业。

二、大学生择业心理调适

大学毕业生求职择业，不仅应具有良好的思想品德素质、科学文化素质和身体素质，也应具有良好的心理素质。良好的心理素质不仅可以使大学生在择业期间保持良好的心态，适时调整自己的行为，促进顺利就业，而且可以使大学生在择业后顺利适应职业及环境，大学生应通过了解择业心态，掌握其基本的特征与规律，分析与提示择业心态的成因，进行客观正确的心理调适，对照自己，提高自身心理素养，为成功就业做好准备。

（一）客观理性地认识自己

大学生是一个承载社会、家长以及自身高期望值的特殊群体，自我定位比较高，成才期望强，社会对其要求较高，使得大学生面临很大的心理压力，这种压力随着大学结束的临近而日益彰显，如果处理不当，就会使大学生在择业过程中无所适从。《孙子兵法》道："知己知彼，百战不殆"，这不仅仅是古代的战术，更是现代大学生求职择业之道。

1. 正确认识并评价自我

面对择业中的各种矛盾和问题，毕业生要正确认识和评价自我，明确自己今后的职业发展方向，从职业发展的角度分析最适合自己的岗位的特征和地域范围。通过就业指导课程、讲座、社会实习实践等各种方式，了解就业形势，使自己对整个经济状况、就业行情有清晰的了解，减少择业的盲目性。

2. 大学生应主动弥补自身不足

大学生在自我反思之后，认识到自己的不足之处，要尽快弥补自身的不足。比如到专业教师成立的就业咨询办公室咨询，有条件的学校可以去就业心理咨询室，就自己的疑惑向老师寻求解答。或者访问学校的就业网站上开设的就业板块，对大学生求职中普遍遇到的问题加以处理和解决。这样通过主动弥补心理和知识上的不足，逐步完善自我认识。

（二）学生积极参与社会实习实践

随着我国高等教育大众化进程的不断加快，大学生就业的内涵已经发生了很大的变化，大学生的就业呈现出主体性、社会化等特征。大学生与社会的脱节会造成他们不清楚自身与社会需要的高素质人才之间还有哪些差距，在校园内不能有针对性地锻炼培养自己。

毕业生就业的结构性矛盾日益凸显，一方面是用人单位招人难，另一方面是毕业生有业不就，这种结构性矛盾的产生，源于毕业生的主体选择与社会实际需求之间的脱节。由此可见，毕业生就业过程就是毕业生处理个人与社会之间关系的社会化过程，是迈向社会的第一步。因此，毕业生能否顺利就业，取决于毕业生的就业观念能否随着社会的不断发展变化，主动做出适应性调整。

高校应通过就业课程等多种途径，引导学生深入了解岗位的重要性和工作的目的、意义，在选择职业岗位时将个人的兴趣、爱好、专长与社会实际需要有机统一起来，努力寻求社会需要与个人追求的交汇点。高校应积极与企业联手，帮助学生找到合适的社会实践平台，积极推动大学生社会实践活动的开展，为他们接触社会、了解社会创造条件、提供舞台，使他们对国情、民情、社情有清晰的了解，从而发挥他们的主观能动性，缩小他们自主认知与社会需求之间的差距，在实践中提高自身的心理素质。

（三）学生根据客观形势改变就业观念

1. 在就业指导课程中加入新鲜元素，增强大学生的就业心理承受能力

良好的心理品质和健全的人格特征是成功就业的基础和保障，在大学生就业心理素质教育中尤其应注意以下人格特征的培养：乐观自信、积极进取、善于合作、勇于创新、意志坚强、谦虚礼貌、自立自强、耐挫性高、自控力强、善于调节自己的情绪等。

大学生应从低年级开始加强相关能力的培养，树立符合社会实际情况的就业意识，广开渠

道，全面提升自身的就业能力，如通过模拟招聘大赛、简历大赛、职业生涯规划大赛、职业发展月等提升大学生的相关能力。同时，要积极发挥主观能动性，成立相应的大学生职业发展社团，大学生就业社团，大学生创业社团等相关社团组织，鼓励他们自主开展各种就业相关的心理健康教育活动。

大学生作为各种就业压力的实际承受者，在求职过程中如何面对失败，如何稳妥处理失败对心理造成的阴影成为高校就业教育的当务之急。首先，要培养乐观自信积极向上的心理状态。大学生对就业的暂时失败拥有良好的心理预期，可使自己不至于对自身各方面能力过分否定，从而更冷静更客观地看待自身优势与劣势，从容应对就业压力，抛却心理的恐慌和烦躁。其次，要培养良好的意志和坚强的性格。意志是大学生成才的重要心理条件，大学生要培养自己坚强的意志和决策的果断性，避免在关键时刻优柔寡断、丧失良机。性格是人格中最重要的心理特征之一，大学生应该充分认识到良好的性格对于正确思维、理性处事有巨大作用。所以，大学生要善于听取意见，积极参加集体活动，在实践中防止和克服怯懦、自卑、孤僻、狭隘、忧郁、狂躁等心理。另外要加强对大学生的素质教育实践，养成良好的就业心理素质。

冲破传统的就业观念，从基层锻炼自己，放宽就业条件，同时能缓解一定的就业心理压力。一些大学生去应聘扬州一家名为“帝豪”的大浴场，找到一份这样的工作，大部分人持支持态度。既然工作没有贵贱之分，那么当搓背工何止仅搓去污垢，也能“搓”去“低人一等”的世俗偏见，何况在十分严峻的就业形势下能找到一份工作，自食其力，无可非议。

打好工作基础，迈好人生起步，有利于实现人生价值。无论是专科生还是本科生，只要能选择正确的人生方向，并利用自身得天独厚的优势，脚踏实地开拓进取，就会有所创造、有所作为，实现自我人生价值。大学生擦皮鞋擦出了连锁店，养猪养出了“猪状元”，养鸡养出了亿元户，这类例子已不在少数。再说，年轻人吃点苦，受点累，积累一些工作经验，增加一点人生阅历，对于未来的更好发展，也并非什么坏事。

2. 把心理健康教育引入就业教育，帮助大学生更好转变观念

大学生心理状态越来越复杂，不再像以前一样单纯的只是学习、工作，出现心理状态多元化，对生活的思考越来越深入，对人生价值的思考越来越关注。所以，大学生应该自学心理学，这样才能更好地与自己的内心沟通，才能真正解决心理问题，缓减心理压力，让自己在积极向上的氛围中，正确设立自己的人生目标，做好恰当的职业生涯规划，为以后的发展奠定坚实的基础。

3. 步步为营，引导大学生做好职业生涯规划

大学生职业生涯规划是指将个人发展和社会发展相联系，对影响职业生涯的因素进行分析、总结，并确定实施方案。职业生涯科学地将人生划分为不同的阶段，明确每个阶段的特征和任务，做好规划，对更好地从事自己的职业，实现人生目标，有着极为重要的意义。

一个成功的职业生涯规划不仅需要大学生通过自我反省、社会比较、心理测评等方式对自己的性格特点、兴趣特长等有清楚的了解，还需要对社会现实及发展趋势有清晰的认识，这可

以帮助大学生重新审视自己，结合社会实际，给自己一个合理的定位。针对普遍表现出来的心理问题，大学毕业生可利用报纸、网络、广播等形式学习一般知识，以缓解自己的负面情绪，提升综合素质。针对个别因就业压力过大引起的严重心理问题，要及时进行个体心理咨询，由专业心理工作人员进行系统的指导。同时，大学生还应该在心理健康机构提供的心理学的帮助下，正确地认识自我、评价自我、发展自我，提高自己的职业成熟度和心理抗挫能力。

4. 另辟蹊径，高校建宣泄室缓解大学生就业压力

为真正系统地解决大学生心理问题，许多高校正在陆续投资建立全面的心理咨询室、情绪宣泄室、呐喊室、拳击室等。严峻的就业形势、情感等问题给学生带来一定的心理压力，如不及时疏导，将会成为心理问题。因而，大学生必须不断加强心理健康教育的学习，提高自身的心理素质，才能成为合格、优秀的大学生。

第二节 积极转换角色

大学生告别校园，步入社会走上工作岗位，开始自己的职业生涯，这是人生历程的重大转折，是一个质的变化，被称为毕业生的“第二次诞生”。如何把握这一转折，顺利地完成由学生角色到职业角色的转换，尽快适应社会，适应新的工作，迈好走向成功的第一步，是摆在每一个大学毕业生面前的现实问题。

一、学生角色与职业角色的不同

（一）学生角色

大学生多处在 18 ～ 24 岁这一年龄阶段，是人生中增长知识、发展智力、求学成才的关键阶段。大学生的中心任务是努力学习以专业知识为主的多方面知识，培养以专业能力为主的各种能力。

因此，这是一个接受教育、储备知识、培养能力的重要阶段。另外，由于大学生以学习为主，经济上主要依靠家庭，所以，可以这样界定学生角色：在社会教育环境的保证下和家庭经济的资助下，学习知识，培养能力，全面提高自身素质，努力使自己成长为社会合格的人才。

（二）职业角色

职业角色的个性表现得非常具体，但是千差万别的职业角色却有其共性：职业角色扮演者具有自己的社会职位和一定职权；相应的职业规范；一定的基础知识和业务能力；履行一定的义务；经济独立。因此，可以这样定义职业角色：在某一职位上，以特定的身份，依靠自身知识和能力并按照一定的规范具体地展开工作，在行使职权、履行义务，为社会做出贡献的同时取得相应的报酬。

（三）学生角色与职业角色的不同

学生角色与职业角色的不同主要表现在以下三个方面：

1. 社会责任不同

社会角色的角色义务也就是角色的社会责任。学生角色的主要责任是努力汲取知识，使自己在德、智、体、美、劳等方面全面发展，提高自己的综合素质，掌握服务社会的本领。整个角色过程是一个接受教育、储备知识、锻炼能力的过程。而职业角色的责任是以特定的身份去履行自己的职责，依靠自己的本领或技能完成某个事项，创造价值，为社会服务。两种责任的履行所产生的后果也不同。学生角色责任履行的如何，主要关系到本人知识掌握的多少和能力培养的程度，对社会和周围的人不会产生太大的影响。而职业角色责任履行的如何，则影响较大，人们在评判职业角色时总是和单位密切联系在一起，总是将其作为身负重任的工作人员来看待的。因此他的一言一行直接影响到一个单位或一个行业的社会声誉。

2. 社会规范不同

社会赋予角色的规范，就是社会提供的行为模式。学生规范是从培养、教育的角度出发，促使其以后能成长为合格的人才。因此它更多的是要求学生如何去遵守学校的规章制度，如何学习，如何待人接物，如何做人等等。社会赋予职业角色的规范、提供的行为模式则复杂得多，并因职业的不同而不同。这些模式既具体又严格，违背了就要承担一定的责任，甚至法律责任。比如国家工作人员，必须严于律己，克己奉公，渎职、收受贿赂就要受到纪律甚至法律的惩处。

3. 社会权利不同

社会赋予角色的权利，就是角色依法应享受的权益，或叫应取得的精神或物质报酬。学生角色的权利主要是依法享有受教育的权利，并取得经济生活的保证或资助。职业角色则是依法行使职权，开展工作，并在履行义务的同时取得报酬。

总之，学生角色与职业角色的不同在于：一个是接受系统教育，掌握本领，接受经济供给与资助，逐步完善自己；一个是用已掌握的本领，独立作业，通过具体的工作为社会付出，以自己的行为承担责任。

大学毕业生走上工作岗位之后，不仅要认识学生角色与职业角色的差异，更重要的是应该遵守职业角色规范，正确行使职业角色的权利，忠实履行职业角色的义务，使自己的言行与职业角色的内在要求相适应。

二、学生角色向职业角色的转换

根据社会心理学的角色理论，大学毕业生从学生角色到职业角色的转换，必然伴随着角色冲突、角色学习和角色协调等一系列过程。因此，大学生在开始自己的职业生涯之前，应该学习一些相关的知识，对自我尤其是对社会，对即将从事的职业进行深入细致的了解和调查分析，找出自身的不足，提高心理承受力，加强角色认知，做好上岗前的各项准备，顺利地实现角色转换。

（一）心理学上的角色转换

1. 社会角色

就像演员在舞台上扮演不同的角色一样，人处在不同的社会地位，从事不同的社会职业（或中心任务），都要有相应的个人行为模式，即扮演不同的社会角色。因此，社会角色就是个人在社会关系体系中处于特定的地位并符合社会要求的一套个人行为模式。

2. 角色转换

通常一个人会经常变换自己的角色，比如说下班回家，就要从职业角色变换为家庭成员角色。这种经常性的由上级到下级、由领导到子女、由学生到老师、由主人到客人等杂乱无章的变换即为角色转换。从事职业（或中心任务）的变化、职务的升迁、家庭成员的增减等，都会产生新旧角色的转换。新旧角色转换的过程中必然伴随着新旧角色的冲突。

角色冲突是普遍存在的。不过，可以通过角色协调使得角色冲突尽可能地降至最低限度。协调新旧角色冲突的有效方法是角色学习，即通过观念培训，以提高角色扮演能力，使角色得以成功转换。

（二）学生角色向职业角色转换的两个过程

大学毕业生在从学生角色转换到职业角色的过程中必然伴随着角色冲突。只有尽早做好准备，形成职业角色观念，提高职业角色技能，增强角色扮演能力，才能使自己的职业生涯有一个良好的开端。因此，充分把握好毕业生前后两个阶段至关重要。

1. 毕业前夕的角色转换

目前，我国大学毕业生在每年 7 月离校，奔赴工作岗位，但是就业工作一般从前一年的 11 月份就开始了，前后共有半年多的时间。可以说，这一时期是毕业生转换角色的重要阶段，主要表现在以下几个方面：

（1）毕业前夕是择业的黄金季节

毕业生通过与用人单位“双向选择”的过程，可以加强对用人单位的了解，合理地确定自己的职业定位，进而通过签订就业协议书来确定自己的角色。

毕业生在与用人单位接触的过程中，能够比较全面地了解到用人单位的基本情况，切身体会到社会对自己的认可程度，并依据自身感受调整职业期望值，实事求是地定位自己的职业。这是从学生角色向职业角色转换的第一步，这为大学生的职业角色确定了一个基调，对角色的转换将产生深远的影响。

（2）提前奠定良好的心理基础作为知识技能基础

一般来说，在校期间的学习环境、学习条件、时间和精力对于知识的学习和技能的训练都是较为理想的。因此，从就业协议书签订到毕业离校这段时间，是有针对性地学习知识、培养能力进而转换角色的最佳时期。在这段时间内，除了按照学校正常教学计划完成课程的学习、实习实践和毕业论文外，还应该进行如下学习和训练：

第一，学习与未来工作岗位有密切联系的专业知识和专业技能。大学的课程设置总体上偏重于基础知识的学习和基本技能的培养，而不一定涉及特定岗位上所需要的专业知识和技能。同时，通过学习和训练，还可以加深对未来职业岗位的认同，培养职业兴趣。

第二，进行非智力因素技能训练。大学毕业生智力方面的相差并不太大，而非智力方面的技能却是影响毕业生择业、就业和创业的重要因素。毕业生要敢于表现自己，克服在公众面前“害羞”和“胆怯”等人格心理方面的不良现象，这是给人留下良好印象的前提和关键；还要善于表现自己，主要是书面表达能力和口头表达能力。在与人交往的过程中要诚恳而不谦卑，自尊而不倨傲，不急不躁，以富感染力的幽默语言来展示自己的意图和形象。

第三，进行必要的心理准备特别是“受挫准备”。大学毕业生大都很有才华，但并非都能在自己的工作岗位上获得成功。过硬的职业技能对职业成功固然重要，充分的心理准备更是不可缺少的，特别是要有“受挫”的心理准备。一般来说，事业不会是一帆风顺的，如果心理准备不足，就会产生过激情绪，导致能力低下，在愤世嫉俗的言行中使得自己的才华泯灭。因此，在校期间要提前调整心态，充分做好心理上的“受挫准备”。在事业顺利时候不沾沾自喜；以平常心对待工作上的平淡、无为和不被重用；在屡试屡挫的境地中屡挫屡试，不懈追求；在似乎“一文不名”的地位上奋发向上，一鸣惊人。这是事业成功者的必备素质。

2. 见习期内的角色转换

大学生参加工作后的一年或半年为见习期，之后转为正式人员，有人形象地称之为“磨合期”。初到工作岗位，生活和学习环境与大学相比，都有很大的区别。高校大多位于大中城市，学习和生活条件比较优越，空闲时间和自由支配时间比较多，节奏也比较缓和，压力较小；而众多的职业岗位不一定在城市里，有的在偏僻的山沟里，有的在茫茫的戈壁滩上，有的环境相当艰苦。

由于工作繁忙，经常需要加班加点，属于自己的时间越来越少。从大学学习环境到职业环境的变化，往往会加剧角色冲突，为此，大学毕业生应该加强见习期内的角色学习，使角色转换顺利实现。一般来说，大学生要在较短的时间内获得同事的认同和领导的肯定，应当从以下四个方面提高和锻炼自己：

（1）要善于展现自己的知识

大学毕业生因为具有新知识而受到同事的青睐和尊敬，但为此也使一些人与同事之间产生一定的距离。因此，大学生在同事面前一定要表现得谦虚、随和，在尊重同事丰富经验的同时，适时适度地展现自己的知识。例如，可以利用工作机会，特别是当同事在工作中遇到麻烦时，以谦虚诚恳的态度从理论上提出自己的见解，共同商讨，共同解决问题。也可以利用业余娱乐机会，发挥自己的知识优势，在交流中让同事了解你的为人和性格，表明自己的世界观、人生观和价值观，缩短与同事间的距离，成为大家的朋友。要切忌以文凭自傲，那样只能使得同事对你产生反感，使得自己越来越脱离群众，变得孤立无援。

（2）要树立工作的责任意识

大学生对未来都有美好的愿望，都想在事业上大干一场，建功立业。但是多数人在走上工作岗位之初，一般不会被委以重任，而是先从最简单的辅助性工作做起，这也符合人才成长的基本规律。但是，有不少毕业生凭着对工作的新鲜感和学识上的优越感，认为自己被大才小用了，对一些工作不愿意干，甚至开始闹情绪。其实，这是缺乏责任意识的表现。干任何一项工作，都要有足够的热情，更要有丰富的经验和随机应变的能力。这种经验和能力的获得并非一朝一夕之功，它需要在平时的工作中来积累和训练。显然，凭借热情和情绪只能是对工作的不负责任。因此，不管工作的大小，分工的高低，大学生都要以满腔的热情、高度的事业心和责任感认真对待，圆满完成。

（3）要培养实事求是的工作作风

大学毕业生具有较强的自尊心和自立意识，能在工作上独当一面，取得成就。尽管很多人对待工作的态度是认真谨慎的，但在很多时候，工作中还是难免出现失误。工作失误并不可怕，可怕的是不能正确地认识失误，不能实事求是地去承认错误。如果工作中出现失误，就要认真地分析原因，总结经验教训，找准失误点；同时要敢于向领导和同事承认，开展批评与自我批评，并勇于承担责任，以获得领导和同事的理解；另外，要虚心学习、请教、总结经验教训，防止类似失误再次发生。

（4）要重视岗前培训这样重要的环节

因为岗前培训对于刚刚走上工作岗位的大学生的角色转换是非常重要和必要的。它不仅仅是让新员工了解单位的基本情况，熟悉规章制度和工作程序，更重要的是通过岗前培训来树立集体主义观念，培养人际协调能力和奉献精神。从某种意义上讲，岗前培训可以直接反映出新员工素质的高低，因此单位都非常重视，并依此择优录用，分配岗位。毕业生一定要以认真的态度把握好这样一次充实自己、表现自己和提升自己的良机。事实证明，很多毕业生就是因为在岗前培训期间显露才华，表现出色而被委以重任的。

三、角色转换原则

角色转换是一个艰苦而长期的过程，需要坚持不懈地努力。同时，在角色转换的过程中需要注意以下几点原则：

（一）热爱本职工作，培养职业兴趣

热爱本职工作，安心工作岗位是从学生角色向职业角色转换的基础。刚刚走上工作岗位的大学生，应当尽快地从学生学习生活的模式中解脱出来，全身心地投入到工作岗位中去。如果“身在曹营心在汉”，经过几个月甚至一年的适应还静不下心来，那么，不仅对角色转换不利，而且会影响职业兴趣的培养和工作成绩的取得。甘于吃苦是角色转换的重要条件。只有甘于吃苦，才能实事求是地分析和对待角色转换中遇到的种种困难，并自觉地加以克服。

（二）虚心学习知识，提高工作能力

虚心学习知识，提高工作能力是角色转换的重要手段。由于专业课程设置的相对狭窄和大学生活的短暂，一个人在校期间学习到的东西毕竟是有限，尤其是随着科学的发展和技术的进步，新的知识和技能不断出现，很多知识和能力需要在工作实践中去学习、锻炼和提高。大学毕业生在学校期间虽然学到了不少知识和技能，但面对全新的职业，还需要像小学生那样从头学起，虚心向有经验的技术人员、领导、师傅和同事学习，学习他们观察问题、分析问题和解决问题的方法，不断丰富自己的专业知识，提高自己的专业技能，最终达到自我完善。

（三）勤于观察思考，善于发现问题

勤于观察思考，善于发现问题是角色转换的有力保障。大学毕业生进入职业角色，只有善于观察问题，才能发现问题；只有运用自身掌握的知识去努力解决问题，才能掌握大量的第一手资料；只有分析研究职业对象的内部规律，才能培养自己的独立见解，逐步具备独立开展工作的能力，更好地承担角色责任。

（四）勇挑工作重担，乐于无私奉献

勇挑重担，乐于无私奉献是完成角色转换的重要标志。大学毕业生走上工作岗位以后，应当从一开始就严格要求自己，树立主人翁的意识，增强社会责任感，培养无私奉献的精神，任劳任怨，不计较个人的得失，努力承担岗位责任，主动适应工作环境，促使自己更好、更快地完成角色转换。

四、角色转换过程中容易出现的问题

大学生在从学生角色向职业角色转换的过程中，往往会面临着新旧角色的冲突。有些人由于受到社会因素、家庭因素尤其是自身认知能力、人格心理发展、意志品质以及情绪等因素的影响，不能正确认识角色转换的实质，或者在角色转换过程中不能持之以恒，于是在从学生角色到职业角色的转换过程中出现以下问题：

（一）学生角色的依恋

一些毕业生在角色转换过程中容易出现依恋学生角色，出现怀旧心理。经过十多年的读书生涯，对学生角色的体验可以说是非常深刻了，学生生活使得每一位学生在学习、生活和思维方式上都养成了一种相对固定的习惯。因此，在职业生涯开始之初，许多人常常会自觉或者不自觉地把自己置身于学生角色中，以学生角色的社会义务和社会规范来要求自己、对待工作，以学生角色的习惯方式来待人接物，来观察和分析事物。

（二）对职业角色的畏惧

面对新环境，一些大学生在刚走进新的工作环境时，不知道工作应该从何处着手，如何应对，在工作中缩手缩脚，怕承担责任，怕出事故，怕闹笑话，怕造成不良的影响。于是工作上就放不开手脚，前怕狼后怕虎，缺乏年轻人的朝气和锐气。

（三）主观思想上的自傲

有一些毕业生对人才的理解不够全面和准确，认为自己接受了比较传统的正规的高等教育，拿到了学历，学到了知识，已经是比较高层次的人才了，因而往往看不起基层工作和基层工作人员，甚至认为一个堂堂的大学毕业生干一些琐碎的不起眼的工作是大才小用，有失身份。于是就轻视实践，眼高手低。

（四）客观作风上的自傲

一些人在角色转换的过程中受社会的影响，表现出不踏实的浮躁作风和不稳定的情绪情感。一阵子想干这项工作，一阵子又想干那项工作，不能深入工作内部了解工作性质、工作职责以及技巧。近年来，毕业生要求调整单位的人数增多，就是因为一些学生就职很长时间后还不能稳定情绪，进入职业角色，反而认为单位有问题，没有适合自己的职位。事实上，如果不能静下心来踏踏实实地学习，适应工作，不管什么样的单位都不适合。

五、大学毕业生主动转换角色的意义

许多读过大学的人都有这样的感受：大学像一座城，城外的人想进去，城里的人想出来。考进来不容易，进来了却又觉得不过如此，特别是临近毕业时，内心迫切希望早日踏入社会。但当他们步入社会之后，却又感到眼花缭乱，现实又使他们重新认识校园生活，昔日的校园生活是那样地清静怡然。这种心理上的反映就是学生角色与职业角色冲突的折射。大学生对职业生活表现的种种不适或适应期过长，均是角色转换上的问题。人的一生，面临着各种不同的社会角色转换。高校毕业生由学生角色到职业角色的转换，在其一生经历中占有十分重要的位置，角色转换的成功与否直接影响着事业的成功与失败。在这关键的时刻，应当以积极、正确的态度认识新的角色，促使角色转换整个过程的顺利进行。

（一）有利于大学毕业生尽快适应职业生活

走上工作岗位是大学毕业生人生征途上的一个重大转折，在这个人生转折的关键时期，谁能主动地、尽快地从学生角色进入职业角色，实现角色转换，谁就能够迅速适应职业生活，尽快融入新的社会环境之中。

（二）可以为今后的成才和发展打下良好的基础

从学生角色到职业角色的转换，实质上是从吸纳储备知识向创造性地运用知识的转变。能否主动地、较快地、顺利地实现角色的转换，反映出大学毕业生的素质和能力的高低。以积极的态度，尽快地、主动地适应职业工作的需要，投身于职业实践中，努力完善自己，将会为自己今后的成才和发展打下坚实的基础。

（三）有利于人才在竞争中脱颖而出

大学生走出校门就面临着竞争，首先是择业的竞争，然后是职场的竞争。竞争是市场经济的一个基本特征，市场竞争是无情的，适者生存、优胜劣汰是不以人的意志为转移的。21 世纪经济领域的竞争，实质上是科技的竞争、人才的竞争，而人才的竞争归根到底是素质的竞争。在市场经济条件下，初为从业者的毕业生必然面临来自各方面的挑战和竞争，只有尽快进入职业角色，尽快熟悉业务，才能在激烈的人才竞争中脱颖而出。

第三节 提高职业适应能力

职业适应能力是指毕业生从学生角色到职业角色的过渡过程中，主动调节自己的行为以适应环境变化、满足新的角色期望，使自己逐渐达到所从事职业的职业要求并顺利完成职业活动，并且能够利用环境、创造条件使自己达到较高的职业发展目标的综合能力。这种综合能力主要包括职业规划能力、合理的知识和智能结构、自主学习能力、职业道德水平、人际交往能力、承受挫折的能力等。

职业能力探索

职业能力测试

用“是”或“否”回答下列问题，以此检验和提升自己的职业能力。

1. 恪尽职责的能力

（1）在学业上或者生活上，为了达到目的，习惯于面对困难和解决困难。

（2）尽可能避免个人的偏见和冲突以免影响学习。

（3）如果做错，承认错误以及从中吸取教训。

（4）面对问题并且努力去解决它，而不让它继续困扰着你。

（5）有私人问题时，仍然能够集中精力学习。

（6）有紧急事件发生时，不惊不慌，平心静气地解决它。

2. 计划的能力

（1）在学习和生活上，从事长远规划设计。

（2）对于学习，至少在一个星期以前就筹划完善，知道什么时候怎样做。

（3）熟悉计划的技巧。

（4）当你被指定学习某一专业课程时，在开始学习之前，详尽地规划你的学习方法。

（5）常常在规定时间内完成学习任务。

3. 控制的能力

（1）你现在的学习是否符合你所计划的日程表和计划？

（2）你知道如何更好地执行学习计划吗？

（3）你是否定期检查学习成效？

（4）你有提醒自己在一定时间内完成学习的计划吗？

4. 口头表达能力

（1）你花很多时间用于说话和聆听吗？

（2）当你陈述问题时，别人能正确地知道你的意思吗？

（3）当你表达很重要的事情时，你能够清楚地表达你的目标吗？

（4）你能够让别人听懂如何从事交付给他的任务吗？

（5）从已得到的“反馈”中，你已经知道听者确实知道你所说的内容吗？

（6）当你跟别人说话时，你能够集中全部精力吗？

5. 文字表达能力

（1）你现在的学习或者工作需要写备忘录吗？

（2）对于比较复杂的问题，你曾经写过超过10页的文章吗？

（3）在学习以外，你经常写作吗？

（4）当你写作时，你对文章的语法、逻辑性、清晰程度、说服力、可读性有信心吗？

（5）如果你是一位技术专家，你现在能写一篇让外行人也读得懂的报告吗？

6. 创造能力

（1）现在，你所从事的学习和工作需要创造性的能力吗？

（2）当你听到其他的创新时，你是否能够举一反三尝运用到自己的学习中？

（3）在学校生活上，你是否常常在想用更好的办法来做事？

（4）面对困难而又一时找不到具体的办法时，你经常能够提出创造性的见解吗？

7. 主动能力

（1）在目前的学习上，学习的方法大部分是你自己选择的吗？

（2）你是否随时主动学习，是不是被要求或者被指挥才做？

（3）学习碰到困难时，在求助老师和同学之前，你是否尝试自己解决？

（4）你是否热心地参加集体活动？

（5）你是“今日事今日毕”的人吗？

8. 适应能力

（1）当你碰到与你的意见或者计划相反的意见时，你愿意倾听别人的看法吗？

（2）你对可能影响你的学习的新趋势保持警觉吗？

（3）你会承认错误而改变对其他观念、方法、人的看法吗？

（4）你会试着去了解“渐进求变”的优点而尽力去求其实现吗？

（5）你处理问题时，是否能够不受先入为主的观念的影响？

（6）受批评时，你认为那是学习、改进的机会吗？

在后面这些问题中，尽量让自己回答“是”，这样能够不断地检验和提升自己的职业能力。

一、培养良好的职业心态

职业心态是指在职业当中，应该根据职业的需求表露出来的心理感情，即指职业活动的各种对自己职业及其职业能否成功的心理反应。

良好的职业心态如积极主动、坚持不懈、果敢顽强、乐观豁达、感恩奉献、主人翁精神等，会滋养我们的职业人生，会让我们积累小自信，成就大雄心；积累小成绩，成就大事业。而不良的职业心态，如消极应付、打工心态、斤斤计较、心浮气躁、极端地自我中心等，会让我们自暴自弃，萎靡不振，玩世不恭，不断地被边缘化，以至于始终“怀才不遇”，频繁跳槽或者被淘汰。

以下总结了六种良好的职业心态，以期能够帮助初涉职场的大学生完成从学生到职业人的转换。

（一）积极心态

有人说：“每个人身上都有一种看不见的法宝。它的一面写着‘积极心态’，另一面写着‘消极心态’，积极心态可以使我们达到人生的顶峰，而消极心态会使我们一生贫苦与不幸”。

一样的工作，两个有着不同职业心态的人去做，就是两种不同的境界和结果。比如，同样是施工员，消极心态的人就会认为：不就是个施工员吗？是全企业最脏、最累的活儿，工资不多，麻烦事儿却不少。在这种心态的支配下，他把工作当成了无奈的重复劳动，无趣、无聊、无热情，自然就是得过且过，应付差事儿，他只是在枯燥的重复中一天天地消磨时光而已。而积极职业心态的人则不同，他认为任何工作都能做出精彩来，施工员也能做出一番事业。他把工作当成愉快地学习与成长的过程，在简单、重复的工作中不断地提升自己的技能，慢慢地练就了自己的绝招儿。处理故障，总结故障，消灭故障，预防故障，他成了企业中的优秀员工。

积极的心态能够调动一个人的心灵力量，而且可以不断挖掘潜在的心灵力量，使其工作水平的发挥达到一种良好的状态。相反，消极的心态往往阻挡心灵力量的发挥，更不用说挖掘内在的心灵力量了。它容易使一个人陷入悲观失望、得过且过、烦恼痛苦以及忧虑无奈的泥潭。其实，同样的工作环境，如果心态不同，其对工作环境的态度也是不一样的，积极的心态面对再不好的工作环境，也是气定神闲的，一点没有那种烦躁、抑郁、悲观和自卑的情绪。

（二）阳光心态

所谓阳光心态，就是一种积极的、向上的、宽容的、开朗的健康心理状态。积极的心态是从正面看问题，乐观地对待人生，乐观地接受挑战和应付麻烦。当我们面对压力时，如果能够有意地控制负面情绪，多从正面情绪的视角看到工作中遇到的各种问题，就会逐渐减少某些不良行为，而具备阳光心态本身就是提高个人竞争力的一种方法。

资料阅读　心态决定成败

从前，有两个秀才一起进京赶考，在路上看到了一口棺材。一个秀才说：“可真够倒霉的，赶考的路上竟然会碰到棺材，看来这次考试我是没希望了！”另一个秀才说：“棺材，棺材，是升官发财之意。看来我的运气来了，这次我一定能高中状元！”

他们的心态不同，所以当他们答题的时候，努力程度也就不一样。结果正如他们预测的那样，第一个秀才名落孙山，第二个秀才则金榜题名，高中状元。

之后，他们都对自己认识的人说：“那口棺材可真是灵验啊！”

（三）感恩心态

感恩心态是一种对恩惠心存感激的表示，是一种朴实的生活态度。感恩是力量之源、爱心之根、勇气之本。

1. 感恩让我们做得更好

感恩是一种对社会、对他人的尊重。学会感恩，就会懂得尊重他人，重新看待身边的每个人，尊重每一份平凡的劳动。在现代社会这个分工越来越细的巨大链条上，每一个人都有自己的职责、自己的价值，每个人有意无意间都在为别人付出。当我们感谢他人的嘉言善行时，第一个反应常常是今后自己应该怎样做，怎样为别人做得更好。

2. 感恩让我们处之泰然

人生在世，不可能一帆风顺，种种失败、无奈都需要我们勇敢地面对、旷达地处理。这时，是一味地埋怨生活，从此变得消沉、萎靡不振？还是对生活满怀感恩，跌倒了再爬起来？

你感恩生活，生活将赐予你灿烂的阳光；你不感恩，只知一味地怨天尤人，最终可能一无所有。感恩，会使我们在失败时看到差距，在不幸时得到慰藉。就像换一种角度去看待人生的失意，对生活时时怀一份感恩的心情，则能使自己永远保持健康的心态、进取的信念。

感恩不纯粹是一种心理安慰，也不是对现实的逃避，更不是阿Q的精神胜利法。感恩，是一种歌唱生活的方式，它来自对生活的爱与希望。有了感恩的心情，我们即使遭受挫折，感觉到我们受到某些不公正的待遇，碰到一些无法逾越的障碍，也不会怨恨失望，更不会自暴自弃。同时我们只有有了一颗感恩的心，才能放开自己的胸怀去宽容待人。

当别人批评我们时，如果我们有一颗宽容的心，就能够心平气和地审视自己。于是你就会发现，别人的批评其实是一片好心。但如果我们以敌视的眼光看待别人，对周围的人戒备森严，心胸狭窄，处处提防，最终会因孤独而陷入忧郁和痛苦之中。

3. 感恩让我们获得更多

心存感恩，知足惜福，人与人、人与社会才会变得和谐和亲切，我们自身也会因此变得愉快而又健康。心存感恩的人，才能收获更多的人生幸福和生活快乐，才能摒弃没有意义的怨天尤人。心存感恩的人，才会朝气蓬勃，豁达睿智，好运常在，远离烦恼。顺风顺水的人，想着逆境奋斗的人；无忧无愁的人，想着拮据艰窘的人。

只有充满博爱心、仁慈心、善良心、同情心，才能达到“人人爱我，我爱人人”的美好境界。人常说：“施恩于人共分享”，“送人玫瑰，手留余香”。人生在世，要学会分享给予，养成互爱互助行为。给予越多，人生就越丰富，奉献越多，生命才更有意义。一个懂得感恩并知恩图报的人，才是天底下最富有的人。

（四）空杯心态

所谓空杯心态，最直接的含义就是一个装满水的杯子很难接纳新东西。就是要将心里的“杯子”倒空，将自己所重视、在乎的很多东西以及曾经辉煌的过去从心态上彻底了结清空。只有将心倒空了，才会有外在的松手，才能拥有更大的成功。这是每一个想在职场发展的人所必须拥有的最重要的心态。

每一天都是一个新原点，每一次工作都应从零开始，每个任务都应以一种崭新的心态去学习新东西并完成。永远不要把过去当回事，永远要从现在开始进行全面的超越！当“归零”成为一种常态，一种延续，一种时刻要做的事情时，也就完成了职业生涯的全面超越。拥有空杯心态的人，能够认识到，曾经的鲜花和掌声不能决定你的现在，更不决定你的未来，才能明白如果将自己放小，那么世界就会变大。

大学生在真正踏入社会后，常常会觉得自己有许多不足之处。这时，应以谦逊的态度去向前辈们请教，便会发现他们身上有很多值得学习的地方。面对问题，不耻下问，虚心请教，才能积累工作经验。孔子曾说：“三人行，必有我师焉。”就是劝告我们要有一个虚怀若谷的空杯心态，不断地反思自己，调整自己，勤于学习，敏而好问。善于吸收成功人士的长处，弥补自己的不足。

（五）老板心态

所谓老板心态指的是一种使命感、责任心、事业心，指的是一种大处着眼、小处着手的工作精神，指的是对效率、效果、质量、成本、品牌等方面持续的关注与尽心尽力的工作态度。

1. 主动为公司着想

有着“打工心态”的人只为工资打工，只为老板打工，而一个具有老板心态的人会把公司当成自己的事业来看待。所以，我们在职场不能简单地遵循“一手交钱，一手交货”和“拿多少钱，做多少事”的游戏规则（如果你只想做一个单纯的打工者就例外了），而是应该不断提高自己的附加价值，不断超越老板的期望，做一个物超所值的优秀员工。

2. 明白工作的意义

站在老板的角度上看问题，你就要明白你工作的意义，你处在公司工作链的什么位置，应该发挥什么样的作用。你要明白，你正在为你的未来做准备，这样，机会来临之际，就是你成功之时。

3. 培养敬业的习惯

我们要尊重自己的工作，工作时要投入自己的全部精力，甚至把它当成自己的私事。即使你明天要请假，也要赶在今天之前把明天的工作做好，这样就不会耽误公司工作的进程。如果一个人能全心全意地对待工作，那么一定有一种神奇的力量在支撑着他的内心，这就是我们现在所说的职业道德——敬业，它是老板心态的必备内容之一，也是所有想成就一番大事业的人不可或缺的重要条件。

（六）双赢心态

合作原则是成功的原则之一。由于资源分配的不平均，你要成功就必须与人合作，利用别人的资源，利用别人的智慧，同时奉献自己的资源，奉献自己的智慧。在合作中通常会出现以下几种利益模式：

（1）利人利己——双赢；

（2）损人利己——赢 / 输；

（3）损己利人——输 / 赢；

（4）损人不利己——输 / 输；

（5）独善其身——输？赢？

双赢心态就是利己利人的心态，就是为自己着想的同时而不忘他人的权益，使双方都能受益。为双赢而谋求两全其美之策这种出发点是令人满意的，双赢心态是良性循环，会带来长久的意想不到的利益。利人利己者把生活看作是一个合作的舞台，而不是一个角斗场，他有高度的合作性，但并不是不辨是非的好好先生。李嘉诚做生意的一个根本心态就是双赢，他一针见血地说："商人谈判谈的不是语言，而是利益，你首先要想到对方的利益，你要说服他跟自己合作双方都有钱赚。"双赢心态是达到合作的必有心态，也是走向成功的必由之路。

二、培养良好的沟通能力

人际交往是人们在生活实践中通过互相交往与相互作用形成的人与人的直接心理联系。大学生人际交往与沟通能力是大学生人际交往的特殊产物，是其大学生活中一个不可忽视的方面。同学之间、师生之间、师友之间、个人与集体等错综复杂的社会交往，构成了大学生人际交往的网络系统。

沟通能力探索

沟通能力测试

1. 在说明自己的重要观点时，别人却不想听你说，你会（　　）

A. 马上气愤地走开。

B. 于是你也就不说完了，但你可能会很生气。

C. 等等看还有没有说的机会。

D. 仔细分析对方和自己的原因，找机会换一个方式去说。

2. 去参加老同学的婚礼回来，你很高兴，而你的朋友对婚礼的情况很感兴趣，这时你会告诉她（他）（　　）

A. 详细述说从你进门到离开时所看到和感觉到的及相关细节。

B. 说些自己认为重要的。

C. 朋友问什么就答什么。

D. 感觉很累了，没什么好说的。

3. 你正在主持一个重要的会议，而你的一个下属却在玩弄他的手机并有声音干扰会议现场，这时你会（　　）

A. 幽默地劝告下属不要玩手机。

B. 严厉地叫下属不要玩手机。

C. 装着没看见，任其发展。

D. 给那位下属难堪，让其下不了台。

4. 你正在跟老板汇报工作时，你的助理急匆匆跑过来说有你一个重要客户的长途电话，这时你会（　　）

A. 说你在开会，稍后再回电话过去。

B. 向老板请示后，去接电话。

C. 说你不在，叫助理问对方有什么事。

D. 不向老板请示，直接跑去接电话。

5. 去与一个重要的客人见面，你会（　　）

A. 像平时一样随便穿着。

B. 只要穿得不要太糟就可以了。

C. 换一件自己认为很合适的衣服。

D. 精心打扮一下。

6. 你的一位下属已经连续两天下午请了事假，第三天上午快下班的时候，他又拿着请假条过来说下午要请事假，这时你会（　　）

A. 详细询问对方因何要请假，视原因而定。

B. 告诉他今天下午有一个重要的会议，不能请假。

C. 你很生气，什么都没说就批准了他的请假。

D. 你很生气，不理会他，不批假。

7. 你刚应聘到一家公司就任部门经理，上班不久，你了解到本来公司中就有几个同事想就任你的职位，老板不同意，才招了你。对这几位同事你会（　　）

A. 主动认识他们，了解他们的长处，争取成为朋友。

B. 不理会这个问题，努力做好自己的工作。

C. 暗中打听他们，了解他们是否具有与你进行竞争的实力。

D. 暗中打听他们，并找机会为难他们。

8. 与不同身份的人讲话，你会（　　）

A. 对身份低的人，你总是漫不经心地说。

B. 对身份高的人说话，你总是有点紧张。

C. 在不同的场合，你会用不同的态度与之讲话。

D. 不管是什么场合，你都是用一样的态度之与讲话。

9. 你在听别人讲话时，你总是会（　　）

A. 对别人的讲话表示兴趣，记住所讲的要点。

B. 请对方说出问题的重点。

C. 对方老是讲些没必要的话时，你会立即打断他。

D. 对方不知所云时，你就很烦躁，就去想或做别的事。

10. 在与人沟通前，你认为比较重要的是，应该了解对方的（　　）

A. 经济状况、社会地位。

B. 个人修养、能力水平。

C. 个人习惯、家庭背景。

D. 价值观念、心理特征。

评分方法：

题号为1、5、8、10者，选A得1分、B得2分、C得3分、D得4分；其余题号选A得4分、B得3分、C得2分、D得1分；将10道测验题的得分加起来，就是你的总分。

测试结果

10～20分：

因为你经常不能很好地表达自己的思想和情感，所以你也经常不被别人所了解；许多事情本来是可以很好解决的，正是你采取了不适合的方式，所以有时把事情弄得越来越糟；但是，只要你学会控制好自己的情绪、改掉一些不良的习惯，你随时可能获得他人理解和支持。

21～30分：

你懂得一定的社交礼仪，尊重他人；你能通过控制自己的情绪来表达自己，并能实现一定的沟通效果；但是，你缺乏高超的沟通技巧和积极的主动性，许多事件只要你继续努力一点，你就可大功告成的。

31～40分：

你很稳重，是控制自己情绪的高手，所以，他人一般不会轻易知道你的底细；你能不动声色地表达自己，有很高的沟通技巧和人际交往能力；只要你能明确意识到自己性格的不足，并努力优化之，定能取得更好的成绩。

（一）沟通能力的重要性

1. 和谐的人际氛围是大学生顺利完成学业的基础

社会不是抽象的，而是由具体的人及其相互之间的交往编织起来的。对于大学生来说，与周围的同学、教师交往融洽相处，就为自己减少烦恼，身心愉快，集中精力学习，顺利完成学业创造了一个良好的学习和生活氛围。

2. 良好的沟通能力有利于培育大学生健康的心理

一个心理健康的人是一个乐于交往的人，既愿意表达自己的喜怒哀乐，又能坦然接受别人的言谈举止，容易与周围的同学保持一种和谐的交往关系。而离群索居、喜欢孤独、远离朋友、不愿交往的人往往不是一个心理健康的人。从这个意义上讲，交往是人类维持心理健康的重要保证。

人有相互交往的需要，一个人有了群体归属感才会有安全感，才会消除孤独感，形成愉悦的情绪体验。大学生正处于自我与社会性发展的重要时期，这种群体感的获得显得尤为重要。而群体感的获得需要通过良好的人际交往和沟通，达到相互了解、理解和认同。因此，大学生健康的心理需要良好的人际交往和沟通。

3. 良好的沟通能力是大学生事业成功的必备素质

一个人要在事业上获得成功的要素很多，其中良好的人际交往是不可忽视的前提条件。因为人际交往是大学生增长才学、开启心智，适应社会、准确定位，认识自我、完善自身，协调关系、攻克难关的有效途径，而这些又是大学生走向成功不可缺少的因素。

4. 良好的沟通能力有助于大学生生活幸福

只有善于与他人交往，对他人才能有所了解，有了解才能有沟通，才能处理好各种关系。在不久的将来，大学生都会拥有自己的小家庭，家庭生活是否幸福美满，从某种意义上说，也取决于大学生的人际交往和沟通能力。

（二）大学生在人际交往和沟通中存在的问题

在大学阶段的学习生活中，由于主观和客观的原因，其中一部分人往往会出现人际交往和沟通不畅的情况，影响其身心健康和学习进步。

1. 大学生人际交往与沟通中存在问题的类型

（1）自我中心型

在与别人交往时，“我”字优先，只顾及自己的需要和利益，强调自己的感受，而不考虑别人。在与他人相处时，不顾场合，不考虑别人的情绪，自己高兴时，就高谈阔论，眉飞色舞，手舞足蹈；不高兴时，就郁郁寡欢，谁都不理，或是乱发脾气，根本不尊重他人，漠视他人的处境和利益。

（2）自我封闭型

这种类型有两种情况，一种是不愿让别人了解自己，总喜欢把自己的真实思想、情感和需要掩盖起来，往往持一种孤傲处世的态度，只注重自己的内心体验，在心理上人为地建立屏障，故意把自我封闭起来；另一种情况是虽然愿意与他人交往，但由于性格原因却无法让别人了解自己。这样的人一般性格内向孤僻，形成了一种自我封闭的状态。他们喜欢一个人独来独往，不喜欢与他人接触，做什么都一个人，很难融合到大集体中，产生一种极不和谐的情况。

（3）社会功利型

任何人在交往过程中都有这样那样的目的、想法，都有使自己通过交往得到提高、进步的愿望，这些都是好的。但如果过多过重地考虑交往中的个人愿望，利益是否能够实现和达成，实现的可能性有多大等，就很容易被拜金主义、功利主义等错误思想腐蚀拉拢，使个人交往带上及其浓厚的功利色彩。尤其是现在有部分大学生把市场经济通行的“等价交换原则”用于人际交往，靠吃吃喝喝建立感情，靠拉拉扯扯、吹吹拍拍实现个人目的；或“唯利是图”；大利多交，小利少交，无利不交，冷落不能给自己“实惠”的人，滥交乱捧能给自己“实惠”的人。个别大学生把个人利益看得很重，最好荣誉、成绩都属于自己，别人都不如自己。

（4）猜疑妒忌型

猜疑心理在交往中的一般表现是，以一种假想目标为出发点进行封闭性思考，对人缺乏信任，胡乱猜忌，说风就是雨，很容易暗示。猜疑是人际关系和谐的蛀虫。另外，心理学认为，任何人都有不同程度的嫉妒心，这是常事，一定的嫉妒心，可以激发人奋发向上的积极性。而一旦这种嫉妒心超出一定的限度就会走向反面，影响人与人之间正常的关系。在我们平时的交往中嫉妒心主要表现为对他人的成绩、进步不予承认甚至贬低；自己取得了成绩，获得了荣誉就沾沾自喜，但同时又焦虑不安，对他人过分提防，害怕他人赶上；有的甚至因此怨恨他人的所作所为。

如若自己不能够很好地调整心态，发展到极端就会产生同归于尽的心理，自己得不到的东西，别人也别想得到。自己不成功，他人也休想成功。能够在大学里生活的，都是通过高考这拥挤的羊肠小道的幸运者，一帆风顺，优越感，自然而然滋生。但进入大学校园情况就不一样了，中学的优秀者云集在一起，有的大学生不能够保持优秀，学业上优越地位的失落，很容易产生忌妒心理。轻者出现内向、躲避，重者出现精神妄想、犯罪等。

2. 大学生人际交往与沟通存在问题的原因

大学生人际交往与沟通存在问题的原因主要包括以下几个方面：

（1）自私自利心态

家长们“望子成龙”的期盼，对自家孩子的呵护，成为培育大学生“一切为我”的温床。当大学生独立地过集体生活，与同学相处时，一些同学自小养成的“以自我为中心”的自私心理就暴露无遗。

（2）素质教育的匮乏

我国目前的教育仍处于应试教育阶段，应试教育带来的负面效应就是一些家长、学生、老师更多关心的是学生的考试分数，却忽视了无法用分数衡量的内在素质的培养，这其中就包括人际交往与沟通能力这些作为社会人必须具备的素质。

（3）市场经济的影响

市场经济的发展，一方面推动了我国经济社会的发展与进步，另一方面也助长了一些功利思想的膨胀，这种思想意识也影响了大学生的处世理念和行为方式。

（三）大学生如何提高人际交往和沟通能力

良好的人际交往和沟通能力不是与生俱来的，它需要在社会交往实践中学习、锻炼和提高。如同其他事务一样，“没有规矩不成方圆”，大学生在交往过程中，也有它内在的规律性，即依据一定的交往原则。只有遵循了正确的交往原则才能建立起和谐的人际关系，也才能在交往中掌握和创造更好的人际交往的艺术。

1. 正直原则

正直原则主要是指正确、健康的人际交往能力，营造互帮互学、团结友爱、和睦相处的人际关系氛围。决不能搞拉帮结派，酒肉朋友，无原则、不健康的人际交往。

2. 平等原则

平等原则主要是指交往的双方人格上的平等，包括尊重他人和保持他人自我尊严两个方面。彼此尊重是友谊的基础，是两心相通的桥梁。交往必须平等，平等才能深交，这是人际交往成功的前提。社会主义人际关系的根本特征就是平等，这是社会进步的表现。贯彻平等原则，就是在交往中尊重别人的合法权益，尊重别人的感情。古人云：“欲人之爱己也，必先爱人；爱人者，人恒爱之；敬人者，人恒敬之。”尊重不是单方面的，而是取决于双方，既要自尊，又要彼此尊重。

3. 诚信原则

诚信原则指在人际交往中，以诚相待、信守诺言。在与人交往时，一方面要真诚待人，既不当面奉承人，也不在背后诽谤人，要做到肝胆相照，襟怀坦荡。另一方面，言必行，行必果，承诺的事情要尽量做到，这样才能赢得别人的拥戴，彼此建立深厚的友谊。马克思曾经把真诚、理智的友谊赞誉为“人生的无价之宝”。古人也说，“精诚所至，金石为开”，“心诚则灵”。真诚是换取友谊的钥匙。日本著名作家池田大作写道：“只有抛掉虚伪，以诚相见的人际关系，才是最有力、最美好、最崇高的。”

4. 宽容原则

宽容原则，即在与人相处时，应当严于律己，宽容待人，接受对方的差异。俗话说，“金无足赤，人无完人”。交往中，对别人要有宽容之心，如“眼睛里容不得一粒沙子”般斤斤计较，苛刻待人，或者得理不让人，最终将会成为孤家寡人。

另外，要有宽容之心，还须以诚换诚，以情换情，以心换心，善于从对方的角度去理解对方。这才能在交往中获得大家的尊重。

5. 换位原则

换位原则，即在交往中要善于从对方的角度认知对方的思想观念和处事方式，设身处地地体会对方的情感和发现对方处理问题的独特个性方式等，从而真正理解对方，找到最恰当的沟通和解决问题的方法。

6. 互补互助原则

互补互助原则是大学生人际关系处理的一种心理需要，也是人际交往的一项基本原则。因为大学生在经济生活上还没有独立，依然处在以学为主的学生时代，因此互补性原则主要体现在精神领域。具体包括大学生气质、性格、个性特征等内容。通常情况下，不同气质、性格和能力的人能够相处配合得较好，所以“尺有所短，寸有所长”，在交往过程中要勇于吸收他人的长处，以弥补自己的不足。

三、培养自我管理能力

自我管理是指在一定社会关系中的人，为实现个人目标有效地调动自身的能动性，规划和控制自我认识、自我评价、自我开发、自我教育和自我行为控制的完整的活动过程。

自我管理是一种自觉的社会活动，表现在能按照社会发展的要求来安排自己的学习、生活实践。对大学生来说，个人学习生活目标是自我管理的核心，社会发展目标和高校教材目标是个人学习目标赖以确定并实施自我管理的基础和依据。

（一）大学生自我管理的构成要素

1. 自我意识

所谓自我意识是意识形成的一种，是追求自我价值的表现，也是对自我价值的认识，它包括了对自我品质、才能、智慧和性格特征等全部思想和情感的认识。大学生的抽象思维能力在不断发展的过程中，独立的倾向也越来越强烈，因而他们对自身的兴趣更浓厚。他们开始观察自己（或主观，或客观），从一种依赖状态走向独立，他们进入了探索和确立真正自我的阶段。大学生自我意识的觉醒是他们成长过程中的一项重要内容，体现在大学生思想意识的各个方面，他们会力争使自我在更广泛的社会范围内得到承认，起码应得到小范围的承认。

2. 自我体验

根据一般心理学的理解，所谓自我体验是指人对自身心理内容的一种内省式的把握，是人在将自己作为独立生命个体进行自我审视时所产生的某种深沉情绪。大学生在自我管理的过程中，体验到的可能是成功、自信、认可、关怀、赞美甚至是崇拜，但是也有可能是失败、自卑、否定、漠视、批评甚至是挖苦，因为大学生体验的往往是他们不曾经历的，体验过后的冲击是强烈的，所以在进行自我管理的过程中，大学生一定要保持积极乐观的心态，承认任何可能的失败和打击。

（二）大学生自我管理的内容

1. 目标管理

目标的管理包括下面两方面：

（1）设立目标，让生活有明确的方向

不想当将军的士兵不是好士兵，作为一名大学生，首先要志向远大，目标明确。设立目标，要把握三个要点。

首先，你的目标一定要结合你的优点，围绕你的长处来构思。设立的目标，要能强化你的长处，专注于你的长处，把潜在的优势转化为现实的优势。

其次，目标必须具体，不能含糊其词，任何人都不可能去实现一个模糊的目标。比如，你打算考工程造价师资格证，并且打算找一份什么样的职业等，一定要把资格证的名称、职业的类别确定下来。

再次，目标要适中，既不能眼高手低，也不能自卑自贱。虽古人云：“取法乎上，得乎其中；取法乎中，仅得其下。”但我们设立的目标如果太超过自己的知识、能力水平了，那么目标就会成为空中楼阁。

（2）要分解目标，让你随时充满紧迫感

目标可区分为长期目标、中期目标、短期目标三类。长期目标要瞄准“未来”，大学生要把眼光放到毕业后的人生当中；中期目标是当设定了长期目标后，将它分为两半的目标。若设定一下 10 年期的长期目标，就把中期目标定为 5 年，5 年与 10 年比较，其实现的可能性更大。接着将 5 年再分成两半，直到得到了 1 年期的短期目标时，再按月分下去；短期目标是应该最为关注的目标，一般不要超过 90 天，这样能取得更好的效果。通过这样分解，你就可以把有限的精力放到当前的目标中去，全力以赴。

2. 时间管理

大学是职场的前奏曲，合理地利用和安排时间是实现职业目标的关键因素之一，大学生应该对自由的时间进行合理的安排和规划，以提高时间的利用效率。正确的时间管理方法有：①要有明确的方向；②要明确时间管理的目的；③要有明确的个人计划；④计划的修改；⑤确定优先次序；⑥抽出固定的时间做事；⑦根据价值观确定目标；⑧避免重复劳动；⑨多学习，多借鉴。（详细内容参见第四章第二节——时间管理）

四、培养情绪管理能力

大学生处于由学校到社会的转折期，他们在心理发展方面还未完全成熟。他们在面对学业、感情、交友、就业等问题时往往比较敏感，情绪波动较大，常常会出现沮丧、失落、焦虑、空虚、自卑、易怒等负面情绪，且很容易陷入情绪困扰，造成心情不愉快、人际关系紧张，甚至做出一些冲动失控的举动。这些负面情绪影响到大学生的身心健康，甚至造成不可挽回的后果，影响他们的未来。

（一）大学生的情绪及其特点

喜怒哀乐是人之常情，是伴随认知过程产生的。由于是与人的需要是否得到满足密切相关的心理活动，因此，若需要得到满足，那么则会有兴奋、愉快、满意等主观体验，这些被称为正面情绪；反之，需要得不到满足，则会出现沮丧、愤怒、悲伤等主观体验，这些被称为负面情绪。

大学生一直在学校这个相对比较单纯的世界里生活，他们的交往对象比较固定，交往范围较窄，生活经验比较少。因此，一方面大学生的情绪体验强烈，情绪表达会很直接，他们不会有太多的掩饰，情绪表达一般会真实地反映他们的心理活动，情绪具有冲动性、直接性的特点。

同时，与之前相比，大学生需要更多地去考虑自己的感情、学业、人际关系以及问题等，在这一过程中自我意识逐渐成熟，也逐渐地学着调适自己的情绪，情绪及其表达开始逐渐趋于成熟。

（二）大学生常见的情绪困扰

以上情绪特点容易产生一些常见的情绪困扰。情绪困扰是一种心理状态，是个体受到外界事物、事件等客观环境的影响或个体内部发生矛盾、冲突等无法及时有效解决而产生的一种负面的、消极的情绪体验。大学生常见的情绪困扰表现为以下几个方面：

1. 焦虑

焦虑是指对将发生的某种情景或事件感到担忧和不安，而又无法采取有效的措施加以预防和解决时产生的情绪体验。如：考试焦虑、适应焦虑、健康焦虑、选择焦虑等，使人处于一种无所适从的状态，总是担心将要发生的事情，容易导致坐立不安、忧虑、担心、恐惧或过度警觉等不良反应。

2. 自卑

自卑是由于某种心理或生理上的缺陷或其他原因而引起的自我轻视的情绪体验，主要表现为对自己的学识、能力等自身因素评价过低。由于生活环境、学习环境的改变，部分大学生由高中时期的“佼佼者”变成大学校园中的“普通一员”。这种地位的改变是造成部分大学生自卑的重要原因，还有一些大学生由于家庭条件差或自身某些不足而自卑。

3. 抑郁

抑郁是大学生对自己某一方面的需要得不到满足而引起的一种持续稳定的心理状态。当个体感到无法面对外界压力时，常常会产生这种消极情绪。部分大学生由于不喜欢所学的专业，感到前途渺茫，或是由于人际关系处理不当等问题而导致情绪低落，甚至萎靡不振、自暴自弃，体验不到生活、学习的乐趣。

4. 人际关系障碍

人际关系障碍集中体现在人际交往中常常表现出紧张、不自然，讲话缺乏逻辑性，有时甚至不知所措，缺乏自信心，或是对他人的言行敏感、多疑、不信任等。

5. 易怒

研究表明，青春期的大学生内分泌系统处于空前活跃时期，大脑神经过程的抑制和兴奋发展不平衡，控制力较差，容易冲动。部分大学生因为一件小事或一句话便暴跳如雷或出口伤人。大学生情绪困扰的直接后果是行为与社会适应不良，进而导致心理疾病。

综上所述，大学生学会情绪管理对情绪稳定、适应能力和心理健康水平有一定的促进作用。通过加强情绪管理，对自身心理状态加以有效调节，保持良好、健康、积极的情绪状态，将有助于提高大学生对外界环境的适应能力和心理健康水平。

（三）情绪的管理方法

情绪管理的方法主要体现在以下五个方面：

（1）认识自身情绪的能力。认识自身情绪的能力就是能认识自己的感觉、情绪、情感、动机、性格、欲望和基本的价值取向等，并以此作为行动的依据。

（2）妥善管理自身情绪的能力。妥善管理自身情绪的能力是指对自己的快乐、愤怒、恐惧、爱、惊讶、厌恶、悲伤、焦虑等体验能够自我认识、自我协调，主动摆脱焦虑和不安情绪。

（3）自我激励。自我激励是指面对自己想实现的目标，随时进行自我鞭策、自我说服，始终保持高度热忱、专注和自制，使自己有高度的办事效率。

（4）认识他人的情绪。认识他人的情绪指对他人的情绪、性情、动机、欲望等能做出适度的反应。

（5）人际关系的管理。人际关系的管理是管理他人情绪的艺术。一个人的人缘、人际和谐程度都和这项能力有关。如何调整自己的情绪，如何设身处地为他人着想，感受他人的感受，这些都是建立良好人际关系的基础，更是我们管理好自己情绪的方法。

明智地管理自己的情绪，就会减少许多没有必要的烦恼，在面临生活、学习、交往中的诸多不顺利的时候保持至少相对平稳的心态。

情绪探索

非合理情绪测试

请你思考一下，你对自己、他人以及周围环境和事物的看法是什么？你同意以下的看法吗？请在你同意或不同意的选项上打“√”。同意选 A，不同意选 B。

1. 一个人应该被周围的每一个人所爱与称赞。A □　B □

2. 一个人必须非常能干、完美与成功，如此他才有价值。A □　B □

3. 有一些人是不好的、邪恶的、卑鄙的，他们应该被责备、被处罚。A □　B □

4. 期待的不能得到，或计划不能实现，是一次可怕的灾祸。A □　B □

5. 任何问题都有正确完善的解答，我们必须找到它。不然，结果相当可怕。A □　B □

6. 历史是现实的主宰，过去的经验与事件影响现在，过去的影响无法消除。A □　B □

7. 人应该信赖他人，尤其是信赖强者。A □　B □

8. 人应该为别人的问题与困扰而感到难过。A □　B □

9. 逃避困难及责任，比面对它们容易。A □　B □

10. 不幸或不快乐是由外界引起的，我们无法控制。A □　　B □
11. 人应该时刻警惕是否有危险、可怕的事情将发生。A □　　B □

计分方法与说明：
选 A 得 1 分，选 B 得 0 分，将 11 道题的得分相加算出你的总分。

测试结果

以上 11 种对人对事的看法都是非理性的观念，在许多人的脑海里已经生根，印象可能非常深。你的得分越高，说明你的非理性观念越多。在现实生活中，持有这种想法的你就越容易发生情绪困扰，觉得心情不舒畅。你的得分越低，就越不容易受这种非理性想法的困扰，情绪问题也相对较少。

DIJIUZHANG QIUZHI XIANJING YU JIUYE QUANYI WEIHU

09

第九章 求职陷阱与就业权益维护

教学目标

- 了解就业过程中的基本权益与常见的侵权行为
- 掌握权益保护的方法与途径
- 学会利用所学维护个人的合法权益

案例导入 求职心切险被骗——一位大学毕业生的自述

我是一所高校新闻专业的应届毕业生，为了能从事与电影有关的工作，只身来到北京追梦。在收到北京一家传媒公司打来的面试电话后便欣然前往。

这是一个只有30多平方米的屋子，里外共有两间，外间有七八个人在电脑旁忙活着，没有独立的工作间，显得很随意。而且大白天的这家公司居然拉着窗帘，墙壁上还贴着“禁止拍照”。进门后，其中一个人拿来一张表，让我填写基本信息，上面有一栏是“推荐人”。我自己应聘还需要推荐人？这让我想到了传销。不一会儿，一个自称总监的人简单问了我的基本情况，当即就决定录用我。我心里一震：这就可以了？他可是连一个专业问题都没有问我啊！如此轻易得来的工作让我忐忑不安。

“因为你还没有毕业，暂时不能签三方协议，只能先和你签一份3个月的劳动协议，签协议之前得先向公司交2700元钱，这是餐费。如果干满3个月，这些钱会退还给你的。”对方还跟我说，签完协议马上就会有剧组的车来接我去干活。见我一时无法拿出这么多钱，对方又说可以先交一个月的钱。“实在不行可以和同学借嘛，900元也不算多，一个电话的事。”对方的这些话让我心里有种说不出的别扭，便以借钱为名离开了那里。

出门以后，我立马从网上查了这家公司的相关资料，却发现只有一些广告，根本没有什么能证明其真实性的信息。我又打电话给同在北京从事电影行业的学长进行咨询。“你很可能遇到骗子公司了，这些公司收了钱以后很可能就把求职者随便放到一个所谓的影视基地里，然后就不再管了。一般人碰到这种情况肯定就想办法从基地回来，根本不可能在那待3个月。到时候公司就会以你未坚持3个月为由，拒绝退钱。”学长的话让我倒吸了一口凉气，真险啊，幸亏没有上当。

第一节 警惕求职陷阱

一、“试用期陷阱”剖析

试用期是指用人单位和劳动者双方为进一步加深相互了解而约定的一定期限的考察期。用人单位可在试用期内考察毕业生的基本素质和品行，看其是否能胜任岗位要求与劳动职责，毕业生可利用试用期进一步了解用人单位的状况，看其工作条件和福利待遇是否与招聘时的承诺相一致，再看自己是否适合目前的工作并愿意长期从事此项工作。

但是在就业过程中，许多毕业生往往对试用期的认识一知半解，一些用人单位也利用毕业生这种认知上的不足，在试用期内肆意侵犯毕业生的合法权益。在用工领域中，由于有“试用期内可支付较低工资”这条约定俗成的所谓“行规”存在，因此，很多用人单位热衷于通过设置“试用期陷阱”这种非常手段来达到降低劳动成本的最终目的，实际上这是一种剥削、欺诈劳动者的违法行为。目前，由试用期引起的就业纠纷所占比例越来越高，应当引起毕业生的高度警惕。一般来说，毕业生在就业过程中应提防以下试用期“陷阱”。

（一）试用期过长或与签订的劳动合同期限不符

依据《劳动法》及相关劳动法规的规定，试用期最长不得超过六个月，而且所约定的试用期必须与所签订的劳动合同期限相符，具体为：劳动合同期限不满六个月的，不得设立试用期；劳动合同期限满六个月不满一年的，试用期最长不超过一个月；劳动合同期限满一年不满三年的，试用期最长不得超过三个月；劳动合同期限是三年以上的，试用期最长不得超过六个月。一些用人单位为节省用人成本，经常规定过长的试用期，有的甚至达到一年。也有一些单位规定的试用期虽然不满六个月，但是与签订的劳动合同期限不相符合，如两年的劳动合同规定五个月的试用期，这些都是侵犯毕业生合法权益的。还需要值得注意的一点就是，劳动合同期限超过六个月的，并不是一定要约定试用期，也可以不约定。

（二）要求毕业生在试用期内承担违约责任

许多毕业生因工作不满意而在试用期内向单位提出辞职时，单位往往要求其承担违约责任，理由是毕业生此时提出辞职，已是在劳动合同生效之后，已属违约行为。但是劳动法设立试用期的目的就在于给予双方以相互考察、互相了解的期限，这个期限的特殊性就在于虽然劳动合同已经生效，但是任何一方因不满意对方而解除劳动合同时，都不需要承担违约责任。所以毕业生在试用期内"可以随时通知用人单位解除劳动合同"，而且不需要理由，也不需承担违约责任。

（三）在试用期内无正当理由辞退毕业生

由于毕业生可以在试用期内无条件解除劳动合同，很多用人单位就认为自己也可以拥有同样的权利，产生的一个结果就是用人单位在试用期即将结束时随心所欲地将毕业生辞退。甚至绝大多数毕业生也认为这是理所当然的事情，在碰到这种情况时，只能自叹"命运不济"，结果是自己的合法权益受到了损害还蒙在鼓里。其实用人单位在试用期内辞退毕业生是有条件的，即毕业生只有在试用期间被证明不符合单位的录用条件的，用人单位才可以解除劳动合同。如果单位不能很好地证明，甚至根本没有任何合理的理由，就不能将毕业生辞退。也就是说，一旦毕业生在试用期内被辞退，他可以请求仲裁庭或者人民法院裁定自己在试用期内的表现是不是符合单位的录用条件，并进而裁定用人单位的行为是不是违法行为，当然证明毕业生是否符合单位的录用条件的举证责任由用人单位承担。

（四）以见习期代替试用期

由于许多毕业生搞不清试用期和见习期的区别，有些单位就故意用见习期代替试用期，以此变相延长试用期的期限（见习期的时间达一年以上）。其实，试用期和见习期是两个完全不同的概念。见习期是国家根据有关规定对新录用的大专、技校毕业生执行的至少一年的见习考察期限；试用期是劳动合同的约定条款，是指用人单位和毕业生在建立劳动关系后为相互了解、选择而约定的考察期限。见习期和试用期主要有四个方面的不同：

（1）期限不同，见习期的期限一般为一年以上，而试用期的期限不得超过六个月。

（2）使用对象不同，见习期专门适用于大中专毕业生，是对刚刚毕业的大中专毕业生在转为国家干部编制之前制定的考核期。试用期则是针对用人单位和毕业生在签订劳动合同约定的一种考核期限，是随着劳动法的实施而产生的。

（3）约束力不同，见习期只对毕业生有约束力，若用人单位认为毕业生在见习期内不合格，可以延长见习期或将其辞退，而毕业生则没有相对应的权利。试用期则对双方都具有约束力，试用期内，若用人单位能证明毕业生不符合其录用条件的，可随时将其辞退，反过来若毕业生对用人单位不满意也可随时辞职，双方上述做法都不用承担相应违约责任。

（4）法律效力不同，见习期是强制性的，毕业生必须经过见习期才能转正为人事编制的国家干部。而试用期不具有强制性，毕业生和用人单位可以在劳动合同中约定其长短或者有无。

因此，毕业生在签订就业协议时，必须搞清楚自己所适用的到底是见习期还是试用期，谨防上当。

（五）约定两个试用期

有时候用人单位会在双方约定的试用期快要结束的时候，找个冠冕堂皇的理由（如时间太短、考察不全面等），要求与毕业生重新约定一个试用期，以进一步考察。这时候两个中的任何一个试用期都不会高于法定试用期的最高期限，但前后两个相加以后往往会超过六个月或者与相应的劳动合同期限不符。其实，在试用期满后，只可能出现两种情况，要么是毕业生在试用期内被证明不符合单位录用条件而被辞退，要么依据劳动合同享受新的待遇和权利，而不可能接连出现两个试用期。

（六）续签劳动合同重复约定试用期

现在很多企业单位在与毕业生签订劳动合同时，考虑到人才流动的因素，往往期限比较短，一般情况下都为一年，按规定只能约定 1 ～ 3 个月的试用期。当第一份劳动合同期限届满，单位准备与毕业生续签劳动合同时，可能会再一次提出约定试用期的要求。而毕业生往往考虑到该单位各方面的待遇和条件都很好，对单位提出的新设试用期的要求也觉得无所谓，结果产生重复约定试用期的情况。用人单位的这种做法其实是违法的，对于用人单位在续签劳动合同时提出的约定试用期的要求，大学毕业生可以理直气壮地拒绝。

（七）将试用期从劳动合同期限中剥离

用人单位与毕业生同时签订两份合同：试用期合同和劳动合同，并许诺等试用期满，劳动合同自动生效。这样做的目的就是将试用期从劳动合同中脱离出来，以试用期结束之日作为劳动合同的生效之日，而当试用期即将结束时，用人单位又找出理由将毕业生辞退，并借口劳动合同未生效而不承担任何责任。

事实上，劳动部〔1996〕354 号《关于实行劳动合同制度若干问题的通知》明确规定试用期是劳动合同期限的组成部分，试用期生效之日就是劳动合同生效之日，也就是说实际上试用期是劳动合同期限的一段特殊时期。毕业生只有在与用人单位签订劳动合同的同时，在劳动合同期限内约定试用期，并且必须作为劳动合同期限的一部分。单位的上述做法明显是违法的。

（八）仅仅订立一份试用期合同

在如今毕业生就业市场供大于求的形势下，某些用人单位利用毕业生求职心切的职业心态，仅仅与毕业生签订一份试用期合同，而不签订劳动合同。其最大的好处就在于用人单位可以随时以毕业生不符合其工作要求为由将毕业生辞退，却无须承担任何违约责任。但是《上海市劳动合同条例》中，就对此进行了明确规定："劳动合同当事人仅约定试用期的，试用期不成立，该期限即为劳动合同期限。"也就是说，不存在所谓的试用期合同，如果单位仅与毕业生签订此类合同，则试用期合同就是劳动合同，试用期就是劳动合同期限。这样也意味着用人单位和毕业生已默认了劳动关系的成立，形成了事实劳动关系，双方应享有相应的权利和承担相应的义务。用人单位如果在该期限内将毕业生辞退，毕业生可以用人单位违反劳动合同为由要求其承担相应责任。

（九）试用期工资低于当地的最低工资

有些用人单位以原劳动部《对〈工资支付暂行规定〉有关问题的补充》中“试用期职工工资由用人单位自主确定”的条款为幌子，将毕业生试用期工资定于当地最低工资标准之下，并宣布最低工资不适用试用期，许多毕业生为了得到该份工作只能屈从。但是他们不知道用人单位的自主性是有限制的，用人单位并不能违背《关于贯彻执行〈中华人民共和国劳动法〉若干问题的意见》的规定：“毕业生与用人单位形成或建立劳动关系后，在试用期的法定工作时间内提供了正常工作，所在单位应当支付其不低于最低工资标准的工资。”因此若毕业生在试用期工资低于当地最低工资，可要求用人单位适当增加。

（十）试用期内单位不缴纳社会保险费

某些用人单位以试用期考察其或者试用期不包括在劳动合同期限中为借口，在试用期内不给毕业生缴纳社会保险费（如养老保险金、失业保险金、医疗保险金、住房公积金等）。据劳动法中总则即社会保险和福利分则的相关规定，劳动者依法“享受社会保险和福利的权利”，“用人单位和劳动者必须依法参加社会保险，缴纳社会保险费”。因此用人单位必须依法为劳动者缴纳社会保险费。并且以上所述试用期应包括在劳动合同期限内，也就是劳动者在试用期内所有的权利义务与试用期满后所有的权利义务应该是一致的。因此，即使在试用期内，用人单位也必须依法为劳动者缴纳社会保险费。

毕业生遇到上述各种情况时，切忌忍气吞声，要勇敢地运用法律武器来保护自己的合法权益。也希望毕业生在大学期间掌握一定的法律基础知识，特别需要了解有关劳动法方面的法律规范，为自己顺利走上工作岗位保驾护航。一般来说，毕业生在就业过程中遇到各类就业纠纷时，首先可以自己或者通过学校与用人单位进行调解，要求其停止违法行为并依法进行更正。如与用人单位调解不成的，可以向单位所在地的劳动争议仲裁委员会提起劳动争议仲裁，由其裁定用人单位的做法是否符合劳动法律规范的规定。毕业生如对仲裁机构做出的仲裁裁决不服，可以向人民法院提起诉讼。

二、用人单位侵权的一般表现

为了满足本单位的利益需要，不少用人单位在招聘过程中，总是利用自己在就业市场中的强势地位，对毕业生提出过于苛刻的条件和要求，甚至使用各种手段侵犯毕业生的就业权益。近年来比较典型的侵权现象主要有以下几种：

（一）就业歧视

在实际就业过程中，就业歧视现象比较多见，严重侵害了劳动者的平等就业权益。对于毕业生群体来说，比较常见的就业歧视主要有：

1. 性别歧视

这是女大学生最常遭遇的一种就业歧视。有的用人单位在一些原本更适合女生从事的财务、秘书等岗位也提出“只限男性”的招聘条件；还有的用人单位提高同一岗位对女生学历、技能等方面的要求，变相对女大学生设置就业障碍。

2. 生理歧视

许多单位在没有任何正当理由的前提下，对毕业生的身高、相貌甚至身体部位等提出过分要求。像天津的张姓女青年因为长相不佳，求职千次均以失败告终；湖南公务员招考体检标准（试行）要求“双乳对称”而招致广泛非议等等。

3. 健康歧视

有的用人单位在既无法律规定又无相关行业规定的条件下，将符合其他招聘条件、身体有微疾或体检呈某病毒携带者（不会传染和影响工作）的毕业生拒之门外。如上海市有一家外企竟以血型不好为由淘汰了数名应聘者。

4. 经验歧视

大学生在参加一些应届毕业生专场招聘会时也会发现，很多单位在招聘条件中一味强调对工作经验的要求，显而易见这类用人单位并无招聘应届毕业生的诚意，同时也是借此以逃避《劳动法》为其规定的对劳动者进行培训的义务。

5. 学历歧视

随着接受高等教育人数的增多，许多用人单位走入人才高消费的误区，片面追求高学历，违反了人职匹配的人才选聘原则。有些原本专科生就可以胜任的工作，用人单位也要求应聘者必须具有本科甚至硕士文凭。

6. 户籍歧视

这是一种地方保护主义的行为。有的地方政府制订了一系列排斥和歧视外来人口的毕业生就业政策，以保护本地人才不受冲击。近期教育部强力推进的“无障碍就业”，目的就是逐步取消一些地区设置专业、学历等限制毕业生流动和就业的规定。

虽然我国《劳动法》规定了平等就业的原则，但目前关于就业平等权的法律尚缺乏可操作性，因此，关于制订《反就业歧视法》的呼声也愈来愈高。保障就业平等，当务之急在于应聘者自身维权意识的觉醒。毕业生在求职过程中，不要因为就业压力而盲目接受歧视性的用人标准，自动放弃追求平等的机会；否则，就业歧视现象还会在受害者的“纵容”下继续蔓延，继续扩散。

（二）弄虚作假

许多用人单位为了招到综合素质较好的毕业生，在招聘时有意夸大或隐瞒本单位的某些实情，拔高原本很普通的工作岗位含金量；有些企业在面试时，向毕业生提出诸多问题，当毕业生提出问题希望了解企业的时候，企业往往会回避、隐瞒、误导学生甚至迁怒于学生。这些都是侵犯应聘者知情权的表现。

（三）收取押金

近年来，用人单位向毕业生收取抵押金的现象又死灰复燃：有的以便于管理、防止学生跳槽为由直接收取抵押金或扣留身份证件；有的在招聘时以服装费、培训费等名义变相收取风险抵押金；更有些不法单位打着招聘的幌子，骗取应聘者的抵押金后逃之夭夭。

（四）侵犯隐私

在面试时，有一些用人单位向学生，尤其是女学生提出一些令人难堪的问题，如“有没有谈恋爱”“是否跟异性同居过”“如果客户提出性要求你会怎么办”等等。面对这样的问题，如果与工作没有任何联系，纯粹是个人隐私，毕业生有权拒绝回答。如果单位是出于安排合适岗位的考虑或考查应聘者的应变能力，毕业生可以根据自己的判断作答，但用人单位不能将毕业生的隐私扩散，如果构成侵权，毕业生有权提起诉讼。

毕业生在求职时，会在相关网站或招聘材料上按照要求留下自己的信息资料，比如年龄、身高、学历、电话、身份证号码等，这些个人生活信息资料属于个人隐私的一部分，未经本人同意是不允许公开、泄露和出售的。但由于各种原因，如工作人员的疏忽、网络软件的缺陷，以及某些不法商家有意设置圈套等，有可能会导致这些个人信息资料被他人获得用来谋求商业利益或对当事人进行骚扰。因此，毕业生求职时，不要随随便便将个人信息资料留给毫无了解的招聘单位，要选择安全防范能力较强和可靠性高的网站储存个人重要信息，同时注意“保密设置”内容的选项，提高自己的隐私保护意识。

三、毕业生权益屡被侵犯的主要成因

大学生是国家建设的后备人才，也是用人单位求生存、求发展、求创新的未来重要力量。稚嫩的毕业生走出校门、踏入社会的时候，本该受到社会各界力量的扶持与帮助，但是在残酷激烈的就业竞争现实中，毕业生的就业权益却屡屡受到这样或那样的侵犯。究其成因，主要有以下几个方面：

（一）用人单位地位超然

近年来，毕业生人数激增与社会提供就业岗位增幅滞缓之间的矛盾使就业市场明显呈现供过于求的买方市场的特点，用人单位对毕业生的选择余地越来越大。因此，在招聘过程中，用人单位总会以严格甚至苛刻的目光审视与挑拣毕业生，忽视了对毕业生合法权益的尊重和维护；更有甚者，一些不法单位专门利用大学生涉世未深的弱点和急于上岗的心理，敲诈、欺骗、廉价使用毕业生，侵犯劳动者权益正是他们为达到目的而惯用的伎俩。

（二）毕业生维权意识薄弱

毕业生在目前的就业市场中不可避免地成为“弱势群体”，整体处于相对被动的地位。在就业竞争愈演愈烈的压力下，许多毕业生为了急于得到一份工作而忽视了对自身合法权益的保护，即使权益受损也敢怒不敢言，甚至对就业过程中的不公平现象予以默认和接受，间接地纵容了不法单位对毕业生就业权益的肆意侵犯和践踏。同时，毕业生在法律知识方面的欠缺，也使用人单位“有机可乘”。

（三）管理乏力，法规不完善

目前，毕业生就业市场的管理还比较混乱，地方性的人才市场管理法规也缺乏可操作性。学校有权严格管理毕业生，却无力约束用人单位。虽然《劳动法》规定了保护劳动者权益的原则，但对某些权益（如就业平等权）没有相应的配套法律法规予以支持，立法的滞后导致毕业生的正当权益难以得到及时和充分的保障。同时，由于没有专门为毕业生维权服务的法律援助机构，诉讼程序复杂和成本过高往往使毕业生们不得不放弃维权行动。

第二节 毕业生就业权益的保护

首次就业，一般是指高校毕业生结束在校学生身份首次进入职业领域，成为社会职业人的过程，并通过规范的就业派遣，实现个人档案、户口关系迁移，或人事代理、签订劳动合同等具体手续体现。

毕业生在到用人单位正式报到、与用人单位签订劳动合同之前，要经过求职应聘、面试考核、签订就业协议和试用期考察等环节。如果毕业生能清楚了解自己在就业过程中的合法权益，并在每个环节上注重对这些合法权益的保护，首次就业之路就会更加顺利。

一、毕业生的基本就业权利

除享有受宪法保护的广泛的基本权利与自由外，毕业生在就业过程中还享有多方面的权利，如接受就业指导权、获取信息权、被推荐权等等。其中，有些权利与毕业生求职就业密切相关且容易受到侵犯，需要毕业生特别予以关注。

（一）自主择业权

《劳动法》第三条规定，劳动者享有选择职业的权利。因此，作为求职方的毕业生（委培生、定向生除外），在就业市场上享有自主选择职业的绝对权利，可以按照自己的兴趣、爱好和能力去选择自己将要从事的职业。家长、学校和用人单位，可以为初出校门、缺乏工作经验的毕业生提供择业意向方面的建议、参考、推荐和引导，但不能强迫或限制他们选择职业。

（二）平等就业权

毕业生享有平等就业的权利。我国《劳动法》规定“劳动者享有平等就业和选择职业的权利”，“劳动者就业不因民族、种族、性别、宗教信仰不同而受歧视”。但在实际就业过程中，毕业生平等就业的权利常常受到侵犯。“就业歧视”现象屡屡发生，它破坏了市场的公平竞争环境，造成了人力资源的巨大浪费。这一问题的根本解决，还有待于相关法律条例的制订和完善，就目前来说更重要的是毕业生本身求职维权意识的加强。

（三）知情权

毕业生有全面、真实获悉用人单位信息的权利。在求职过程中，毕业生有权向用人单位了解具体的使用意图、工作环境、福利待遇等情况，从而作出符合自身条件的选择；用人单位有义务向毕业生和学校如实介绍本单位的真实情况，并提供相关的资料。任何发布虚假招聘信息、对毕业生隐瞒实际情况的做法都是对毕业生就业权利的漠视和侵犯。

二、就业协议的维权知识

当毕业生与用人单位经过双向选择达成初步意愿之后，双方则开始进入就业的实质性操作阶段——订立就业协议。就业协议是关于毕业生就业的一种意向性约定，也是毕业生由“校园人”转变为“社会人”的第一份“合同”。

就业协议的形式也可分为书面形式和口头形式。但是，在发生就业纠纷时，口头协议的取证比较困难，因此，毕业生还是应尽可能地与用人单位签订书面协议，明确双方的权利和义务。就业协议书是就业协议中最常见的书面形式。从法律意义上理解，就业协议书可视作一种“准劳动合同”，因此签订就业协议书是一种法律行为，应当按照法律的有关规定进行操作。就业协议书也是毕业生首次就业权益维护的基础，是我们需要重点关注的内容。

（一）就业协议书的概念

就业协议书是明确毕业生、用人单位和学校三者之间权利和义务的书面表现形式。协议条款应该是协议主体之间权利与义务的明确无误的表述，是当事人真实意思的表示，对当事人各方皆具约束力。

就业协议书一般由国家和各省（市、区）教育主管部门统一制表，一式三份，由毕业生、用人单位和学校各执一份。每位毕业生只发一份就业协议书，各高校以签订生效的就业协议书为依据编制就业派遣方案。

教育部高校学生司制作的《全国普通高等学校毕业生就业协议书》属三方协议，毕业生、用人单位和学校三方签约盖章后，就业协议书才生效。为了更科学地体现就业协议书主体的合理性，体现毕业生、用人单位各自的权利、责任和义务，目前许多地方教育主管部门（如广东、上海）印制的新版就业协议书中，高校仅作为政府教育行政部门委托的协议鉴证方，不再是协议书的一方当事人，只要毕业生和用人单位签字盖章，协议书便生效。

（二）就业协议书的订立原则

1. 主体资格合法原则

主体资格合法，是一个法律行为有效的首要条件。对毕业生而言，作为就业协议中劳动者一方的当事人，必须是取得毕业资格的普通高等学校应届毕业生。如果学生在派遣时未取得毕业资格，用人单位可以不予接收而无须承担法律责任；对用人单位而言，作为协议的另一方当事人，必须是依法成立、具有属事行为能力、能独立承担民事责任的法人或其他组织，具有从事各项经营或管理活动的能力，有自主用人权，否则毕业生可解除协议而无须承担违约责任。

2. 平等协商原则

毕业生与用人单位在签订就业协议时的法律地位是平等的，协议必须是双方真实意思的表示。一方不得将自己的意志强加给另一方，不得采用隐瞒、欺骗、胁迫等手段签订协议。双方如有其他约定，可在协议附加条款中加以补充。

3. 诚实信用原则

签订就业协议书是一种严肃的法律行为，毕业生和用人单位在签约前应就协议事项进行充分协商并选择，就业协议书一旦签订，双方应本着诚信的原则，全面履行协议书中的各项约定。

（三）就业协议书的签订程序

任何实体权利的实现都要有一定的法定程序作保障，违反法定约束，也是违约责任的一种重要形式。不少毕业生在签订就业协议书时心猿意马，为了不被“套牢”，只要企业不刻意提出对违约金的要求，学生们也故作糊涂。这种情况下一旦学生毁约，用人单位往往会漫天要价索取赔偿，并不会因为就业协议书中没有违约金额的约定而息事宁人；反过来，如果毕业生遭遇用人单位毁约，自己的合法权益也同样难以得到保障。

另外，由于目前就业违约方以毕业生居多，加上有的用人单位本身有意逃避违约责任，因此一些就业协议书中只单方约定了毕业生的违约责任和高额违约金，这也是不公平的，用人单位违约同样要承担责任和支付违约金。

1. 空白条款

就业协议书允许空白条款的存在，只要其经过协议双方的认可和默许，且并不影响整个就业协议的效力。不过，空白条款会为日后顺利就业带来颇多隐患，因为常见的空白条款大多涉及试用期限、月薪金额、违约金额等，都是与毕业生自身利益息息相关的内容。

有的用人单位顾及单位机密或原本就不想承兑诺言，会特意在就业协议书上避实就虚。许多毕业生因为听信了用人单位的花言巧语而在协议书上留下多处空白，结果报到时才发现岗位和薪金都与单位原来的承诺相去甚远，在现找新单位已经来不及的情况下，只得无奈屈从。因此，如果已签订的就业协议书中存在空白条款，毕业生要及时对空白条款的内容签订补充协议或采取补救措施，以免发生纠纷时无据可依。

2. 补充协议

就业协议书允许附加补充协议。例如，《广东省普通高等学校毕业生、毕业研究生就业协议书》中第七条规定：“双方若有其他约定条款，请附后补充，并视为本协议的一部分。”毕业生和用人单位可以就协议书中未曾涉及或不够具体的内容进行协商并签订补充协议。

补充协议中常见的内容主要有：免责条款，如约定毕业生考上研究生或公务员则就业协议自动失效，不用承担违约责任；与劳动合同衔接的内容，如注明具体的工作岗位与性质，试用期满后的工资、福利等；用人单位对毕业生的其他要求。毕业生在附签补充协议的时候，要注意保护自己的合法权益不受损害，审视协议的内容是否公平、合法、有效。如果就业协议整体主旨违反了国家法律、行政法规的强制性规定，则整个就业协议全部无效；如果只是某些条款违反了国家法律、行政法规的强制性规定，一般只认定该条款无效即就业协议的部分无效，不影响其他条款的继续执行。比如，有的用人单位在与女大学生签订的补充协议中规定其三年内不得结婚或怀孕，由于违反了《劳动法》的相关规定，因此该条款无效，但可以继续履行就业协议中符合法律规定的其他条款。

（四）就业协议的解除

就业协议的解除分为单方解除和双方协商解除。单方解除，包括单方擅自解除和单方依法或依协议解除。毕业生或用人单位单方擅自解除协议属违约行为，解约方应承担违约责任；单方依法或依协议解除，是指一方解除就业协议有法律上或协议上的依据，如学生未取得毕业资格或未通过用人单位所在地组织的公务员考试等。此类单方解除，解除方须承担违约法律责任。

双方协商解除是指毕业生和用人单位经协商一致，解除原订立的协议，使原协议不发生法律效力。协商解除就业协议，双方均不承担法律责任。此类解除应在学校就业方案上报政府就业主管部门之前进行，如在就业派遣方案下达后进行，还须经主管部门批准办理调整改派手续。

学校就业工作的实践操作中，无论就业协议生效后是单方解除还是双方协商解除，原则上都要求通过原签约盖章单位书面同意出具退函，同意由于毕业生（或单位）本身原因解除原协议，是否需要支付赔偿金，按原协议上的约定（一般为 800 ～ 3000 元）办理。

（五）违约责任与后果

就业协议书一经当事人各方签字盖章后即具有法律效力，如果一方擅自解除协议，应承担违约责任。目前，签订就业协议书后单方违约的现象日益严重，毁约率持续攀升。在用人单位方面，有的单位与毕业生签约后，由于某些主观或不可预见的客观因素而导致单方面终止协议，影响了毕业生的及时就业和重新择业；还有些不法单位存心违约，在达到其廉价使用劳动力的目的后，又想方设法地逃避违约责任。遇到这些违约情况，毕业生要学会保护自己，通过各种合法途径来维护自己的就业权益。

用人单位如果频频违约，势必在社会、高校和毕业生中造成极为恶劣的影响，毕业生方面的违约现象也颇为严重，虽然有时候违约也是毕业生迫不得已的选择，但违约行为不仅会浪费毕业生本人的人力、财力和时间，往往还会造成其他不良的后果。

1. 贬低自身形象

用人单位对诚信记录不良的毕业生是相当忌讳的。广东某高校有一位国际贸易专业的本科毕业生，与广州的一家大银行签订了就业协议后，又参加了全国海关公务员考试。当他预计自己极有希望被海关录用时，即刻与那家银行毁约。海关在签约前得知这一情况后，马上做出了拒录该生的决定。

2. 给用人单位造成被动

用人单位往往会为录用一个毕业生而做大量的工作和岗位安排，毕业生的违约势必会干扰用人单位的正常运作。吉林某高校的一位2003届女毕业生，经过面试选拔和实地考察后，与某报社签订了就业协议。但在报到之前，她却悄然去了另一家同类型单位，导致报社专门为其预留的专版编辑工作突然空岗，严重影响了报社的正常运作并造成较大经济损失。为此，该报社将她告上法庭，并最终获得了12万元的违约赔偿。

3. 损害学校声誉

用人单位往往将违约的毕业生与其母校联系起来，从而对学校的就业和诚信教育工作产生怀疑，进而动摇与学校的长期合作关系，不愿再选聘该校学生。毕业生频频违约势必会给学校今后的毕业生就业工作带来困难，同时也会影响学校就业方案的制订和上报，影响学校的正常派遣工作。

4. 影响其他毕业生就业

用人单位一旦与某毕业生签订就业协议，并向上级主管部门或人事部门申请用人计划及入户指标，就不可能在这个岗位上再录用其他毕业生。若毕业生违约，当初希望到该单位工作的其他毕业生由于时间已错过的关系也难以补缺，这会造成就业信息的浪费，损害到其他毕业生的切身利益。

因此，毕业生应遵循诚信的原则，慎重签约，严格履约。这实际上也是保护了毕业生的可持续性利益。

（六）就业协议的争议处理

就业协议书是毕业生在校时与用人单位签订的就业意向约定。毕业生和用人单位如果因就业协议书的订立、效力、履行和解除等发生争议，可按程序的先后通过以下途径解决：

（1）毕业生和用人单位通过学校进行协商；

（2）由省一级就业主管部门进行调解；

（3）向劳动争议仲裁委员会申请仲裁；

（4）向法院提起诉讼。

在实际运用过程中，前两种方法效率高，易于操作；后两种程序复杂，但更具权威性。毕业生在签订就业协议书之前一定要考虑周详，尽量避免日后产生纠纷；而一旦发生纠纷导致自己的权益受损，要学会运用法律武器保护自己，通过合法的途径和正常的程序，维护自己的正当权益。

延伸阅读

就业维权的“五种意识”

1. 法律意识

市场化的就业体制，要求毕业生就业依靠市场这个无形的手，来实现人才资源的合理配置。市场经济是法制经济，毕业生就业也必须走法制化之路。因此，毕业生必须了解与就业相关的法律法规、政策制度，了解劳动用工的相关规定，并且在学习这些法律、政策、规定的过程中，逐步培养法律意识，要求毕业生在求职过程中，运用法律的思维来思考碰到的一些问题，大体知道法律的规定是怎样的，了解哪些情况是违法的，哪些情况又是政策允许的。只有有了这种意识，才能认识到行为的性质以及法律后果，才有了进行自我保护的前提。

2. 契约意识

从某种意义上说，市场经济就是契约经济，市民社会就是契约社会，契约意识要求当事人尊重平等、信守契约。由于我国就业体制的特殊性，就业协议在明确单位和毕业生权利义务等方面扮演着重要角色，因此契约意识的作用在毕业生就业过程中显得更加突出。

契约意识在就业过程中主要体现在两个方面：一是要求毕业生充分重视和深刻理解就业协议的重要性，要有通过就业协议来保护自己合法权益的意识，二是就业协议一旦签订即具有法律效力，必须具有严格遵守、履行就业协议内容的意识。

因此，谨慎签约、积极履约有利于毕业生通过协议书内容的约定保护自己的合法权益。协议一旦订立，双方必须遵守，任何一方不得无故毁约、违约等，否则将受到经济和法律的制裁。

3. 维权意识

毕业生在法律意识和契约意识的指引下，认识到自己的合法就业权益受到了侵害，是积极运用法律手段或者其他方法来维护自己的合法权益呢，还是息事宁人、当作什么事都没发生过？

不同的处理方法就体现了维权意识的不同。具有强烈的维权意识，在碰到问题时能够拿起法律的武器积极主张权利，是毕业生走出权益自我保护的实质性的一步。毕业生只有养成了积极主张权利的维权意识，不畏法、不畏仲裁诉讼，才能够平等地与用人单位对话，据理力争，切实保障自己的合法权益。当然维权意识要求毕业生应当知道可以采用下列途径维护自己的就业权利：学校出面调解，向劳动监察部门申诉、举报，向劳动仲裁机构申请仲裁，向人民法院提起诉讼等。

4. 证据意识

法律是用证据说话的，毕业生在就业过程中应“多留一个心眼”，牢固树立证据意识。证据意识的培养主要体现在三个方面：一是收集证据的意识，要求毕业生在就业时要有意识地叫对方出示或者提供相关资料，来佐证一定的事实，如要求公司出示营业执照、要对方出示表明身份的证件等；二是保存证据的意识，要求毕业生注意保存现有的证据，以便将来在仲裁或诉讼时支持自己的观点，如要注意保存单位在招聘时的海报，与单位往来的传真、邮件等；三是运用证据的意识，毕业生要有用证据证明案件事实的意识，知道什么样的事实需要什么样的证据证明，知道一定事实的举证责任是在对方还是己方。

毕业生在就业过程中经常会碰到单位要求交押金的情况。签订劳动合同时要求劳动者提供押金的做法是法律明确禁止的，但是签订就业协议时单位是否可以收取押金法律没有明确规定。一般认为可以参照劳动合同的做法，签订就业协议收取押金不合理。但是现在就业市场中，由于某些潜规则的存在，确实在很多场合存在着毕业生不交押金就无法签订协议、得到工作的尴尬。在这种情况下，如果毕业生确实很想去这个单位工作的话，我们认为可以先交押金，但是一定要叫单位出具表明“押金”字样的收据并且注意保存，以便日后作为证据使用。

5. 诚信意识

毕业生诚信意识的培养主要包括两个方面，一是毕业生自己在求职过程中必须如实向用人单位介绍自己的情况，要实事求是。如果毕业生故意隐瞒自身情况、欺骗用人单位的信任，可能导致就业协议无效，并要承担缔约过失责任；更为重要的一点是要能够判断用人单位是不是诚信，然而一些毕业生在这方面做得还不够，主要是因为严峻的就业形势，使得毕业生不敢向用人单位问太多的问题、提更多的要求，许多初涉职场的毕业生认为单位说的都是对的，单位要求的就应该去做，不知不觉中自己的权益已经遭受侵犯。因此必须强化毕业生的诚信意识，特别是锻炼其中的第二种能力，以保护自己的合法权益。

第三节 劳动关系与权益保护

毕业生取得毕业资格、到用人单位报到并走上就业岗位，便意味着毕业生完成了由“校园人”到“职业人”的角色转变，这时毕业生成了真正意义上的劳动者，与用人单位形成了实质性的劳动关系。在劳动过程中，毕业生（作为劳动者）的权益保护核心则是劳动合同的合法订立。

一、劳动关系的概念

所谓劳动关系，就是劳动者与用人单位在实现劳动的过程中所建立的社会经济关系。我国《劳动法》第十六条规定：劳动合同是劳动者与用人单位确立劳动关系、明确双方权利和义务的协议。建立劳动关系应当订立劳动合同。劳动合同是劳动者合法权益最有效的“保护伞”，因此，毕业生在报到上岗后，应尽快与用人单位签订劳动合同，明确劳资双方的权利与义务。根据我国《劳动法》第三条规定，劳动者享有以下权利：

（1）平等就业和选择职业；

（2）取得劳动报酬；

（3）休息休假；

（4）获得劳动安全卫生保护；

（5）接受职业技能培训；

（6）享受社会保险和福利；

（7）提请劳动争议处理；

（8）法律规定的其他权利，如参加和组织工会的权利、依法解除劳动合同的权利等。

劳动者具有“应当完成劳动任务，提高职业技能，执行劳动安全卫生规程，遵守劳动纪律和讲究职业道德的义务”。

二、劳动合同的基本知识

劳动合同的内容与劳动者的权益密切相关，因此，毕业生在就业后一定要按照有关的原则、程序、形式和内容要求等与用人单位签订劳动合同。

（一）劳动合同的订立原则

我国《劳动法》第十七条规定：“订立和变更劳动合同，应当遵循平等自愿、协商一致的原则，不得违反法律、行政法规的规定。”也就是说，劳动合同订立的过程和内容必须强调平等性、一致性和合法性。违反法律、行政法规和采取欺诈、威胁等手段订立的劳动合同是无效的，从订立的时候起，就没有法律约束力。

（二）劳动合同的订立形式

《劳动法》规定，劳动合同应当以书面形式订立。因此，口头承诺不属于正式的劳动合同，“白纸黑字”签下的劳动合同才能作为裁解劳动合同纠纷的有效依据。

劳动合同的文本形式一般为中文。但随着外资企业大量涌入中国，进入外企也成为毕业生就业选择的一个重要方向。有些外企主要使用外文处理日常事务，他们给职工提供的合同也是全外文本的。根据《劳动部办公厅关于贯彻〈外商投资企业劳动管理规定〉有关问题的复函》（劳办发〔1995〕163号）的规定，企业与职工签订合同，必须用中文书写，亦可同时用外文书写，但中外文本必须一致，中文合同文本为正本。合同鉴证机关只鉴证中文文本合同。因此，如果企业只提供外文文本合同时，毕业生应要求对方同时提供中文文本合同，并确认两份合同的一致性以保证自己的权益不受损失；当出现不同文本合同产生歧义发生纠纷时，以中文文本合同为基准。

（三）劳动合同内容的必备条款

（1）劳动合同期限；

（2）工作内容；

（3）劳动保护和劳动条件；

（4）劳动报酬；

（5）劳动纪律；

（6）劳动合同终止的条件；

（7）违反劳动合同的责任。

除此之外，当事人可以在不违反法律、行政法规有关规定的前提下协商约定其他内容。

三、劳动合同的维权要点

用人单位往往会利用大学毕业生涉世未深、求职心切、法律观念不强等弱点，在劳动合同中布置“陷阱”，玩弄文字游戏，设立霸王条款，通过损害毕业生的合法权益来达到各自的目的。在签订劳动合同时，毕业生要对此保持高度的警惕并注意以下的内容：

（一）“陷阱”合同

规范的劳动合同是保护劳动者合法权益的有力武器，但不规范甚至是用人单位故意设置“陷阱”的合同，则会成为侵犯劳动者权益的致命毒药。对毕业生来说，常见的“陷阱”合同主要有五种。

1. 口头合同

劳动合同必须以书面形式订立。但有些用人单位经常与应聘者就责、权、利达成口头约定，并无书面文本。求职心切的毕业生很容易轻信用人单位的种种许诺，而实际就业上岗后会发现，这些“空头支票”往往难以兑现，权益受损时也常因不易取证而无法得到法律的有效保护。

2. 格式合同

格式合同表现在劳动合同上，就是用人单位为了可重复使用事先未与对方协商而预先拟定内容并付印的聘用合同，现实中非常多见。虽然格式合同多数是按照有关法律规定和人事劳动部门制订的合同示范文本拟订的，但在某些具体条款上可能会故意措辞含糊，甚至可以有多种解释。一旦发生纠纷，毕业生很容易在这些“模糊条款”上遭受权益损失。如果毕业生对其中条款有异议，一定要先协商一致后再签字，尤其是某些量化条款应予以明确，避免出现“一定期限内”“一定数额”之类的存在纠纷隐患的词句。

3. 生死合同

这种劳动合同多见于一些危险行业。用人单位常常在签订合同时，要求应聘方接受合同中的“生死协议”，如“若发生意外，劳动者后果自负”“工伤概不负责”等条款，用以逃避单位本来应该承担的责任。

4.“一边倒”合同

有的用人单位在劳动合同中，只规定了应聘方的义务以及应聘方的违约责任，而关于应聘方的权利却只字不提。如果本单位违约，则以合同中未规定相关条款为借口来逃避责任。这种显失公平的合同条款在法律上是可以变更和撤销的，但是必须在合同签署后一年之内申请仲裁或诉讼要求变更和撤销。

5.“两张皮”合同

有些用人单位慑于有关部门的监督检查，往往与应聘者签订两份合同：一份合同用来应付劳动部门的检查，另一份合同才是双方真正履行的合同。后者是不能暴露在阳光之下的，多数也是只有利于用人单位而不利于应聘者。遇到这种情况，毕业生一定要当心，认真对比两份合同的异同，以免自己的合法权益受到侵犯。

资料阅读 保密合同签不签

随着市场竞争的加剧，用人单位越来越注重对本单位经济、技术、商业秘密的保护，其表现之一就是越来越多的用人单位要求被录用的人员除了签订劳动合同外，还要加签形形色色的“保密协议”。那么保密协议该不该签？又应当注意什么问题？

所谓的保密协议包括了两个部分，即在职期间与离职后在保守用人单位的商业秘密时双方承担的权利与义务。如果说在职期间是“人在屋檐下，不能不低头”还可以理解的话，许多学生对离职后还要受到约束，感到有些难以接受。离职后有关保护原单位秘密的这种做法，也叫竞业禁止，是指用人单位为防止本单位商业秘密的泄露和不正当竞争，利用劳动合同条款或独立的契约形式，采用支付补偿的方式，与掌握本单位重要商业秘密的员工约定，在终止或解除劳动合同后的一定期限内不得再生产同类产品、经营同类业务，或到有竞争关系的其他单位从事相同职业或自行生产同类产品、经营同类业务的合同。在国外，保密合同签订后，员工如果跳槽，公司要给其一定金额的补偿，作为一定期限内不能到同类行业工作的损失。而在国内经济补偿难以保证、社会保障又不完善的前提下，个人与企业该不该签订保密合同？

《劳动法》第二十条规定，劳动合同当事人可以在劳动合同中约定保守用人单位商业秘密的有关事项。根据《反不正当竞争法》的规定，商业秘密是指不为公众所知悉，能为权利人带来经济利益，具有实用性并经权利人采取保密措施的技术信息和经营信息。在司法实践中，常见的行为是以作价入股的手段利诱掌握技术信息和经营信息的一方当事人违反合同规定，脱离另一方当事人，或者一方当事人以追求自身利益的最大化而脱离另一方当事人，并以所掌握的商业秘密从事盈利性活动，从而侵害了商业秘密拥有者的合法权益。劳动者违反劳动合同中的保密事项，直接侵害的对象就是用人单位的商业秘密，并涉嫌从事不正当的竞争行为，无论是在国内市场或国际市场，均为被禁止之行为。

第三人明知或者应知前款所列违法行为，获取、使用或者披露他人的商业秘密，视为侵犯商业秘密。商业秘密中之技术信息，包括完整的技术方案、开发过程中的阶段性技术成果以及取得的有价值的技术数据，也包括针对技术问题的技术诀窍。商业秘密中之经营信息，指经营策略、管理诀窍、客户名单、货源情报、投标标底等信息。按照规定，劳动者离开原单位时，应当按照与原单位签订的合同或者协议的约定处理好有关事宜；用人单位必须如实为离职者提供证明文件及相关材料，以方便劳动者求职。

根据劳动和社会保障部《关于企业职工流动若干问题的通知》规定，用人单位与掌握商业秘密的职工在劳动合同中约定保守商业秘密的有关事项时，可以约定在劳动合同终止前或该职工提出解除劳动合同后的一定时间内（不超过六个月），调整其工作岗位，变更劳动合同中的相关内容；用人单位也可规定掌握商业秘密的职工在终止或解除劳动合同后的一定期限内（不超过三年），不得到生产同类产品或经营同类业务且有竞争关系的其他用人单位任职，也不得自己生产与原单位有竞争关系的同类产品或经营同类业务，但用人单位应当给予该职工一定数额的经济补偿。

案例点评

首先，掌握商业秘密人员的范围不得随意扩大，用人单位不得以保守商业秘密为由，在劳动合同中，将保守商业秘密条款演变成忠诚条款，限制正常的人才流动。

其次，竞业禁止不是单通道，离职人员在承担保密的义务的同时也有得到经济补偿的权利。如果保密协议只规定离职人员的义务而没有相应的经济补偿，则可以不承担义务或要求劳动仲裁委员会裁定为无效协议。

合法有效的竞业避止合同应当符合下述条件：

1. 目的正当。用人单位是为了保护本单位的商业秘密而不是出于限制竞争、保持垄断、限制员工自由择业的目的而订立合同，否则该合同是无效的。

2. 对象限定。竞业避止合同应严格限于因工作关系而知悉本单位重要商业秘密的人员。

3. 商业秘密范围明确。应在合同中写明商业秘密的具体范围，且不得将该行业的一般知识、技能或员工因工作而累积的专业技能都归入商业秘密的范围，尤其对员工创造并享有的知识产权，不能单纯作为单位的商业秘密，而应双方协商，确定归属。

4. 限制从事的竞争性行业或单位必须确定应在合同中列出。

5. 期限确定。且合理竞业限制期限可由双方根据商业秘密的价值、竞争优势的持续时间、员工知悉秘密的程度来加以协商确定，但法律应规定一个最长期限，以防止对人才流动的恶意限制。根据我国的现行法律和大部分国家的做法，我国仍可将其规定为 3 年。

6. 合同中不仅必须约定补偿，而且还应该明确补偿的数额或计算方式、支付方式等对数额的确定，可依据该行业该职位的收入高出社会平均工资收入的差额乘以竞业限制的年限来计算。

（二）抵押金

很多毕业生会遇到这种情况：在与用人单位准备签订正式劳动合同时，被告知需缴纳一笔不少的抵押金，否则不予接纳。一些用人单位在收取毕业生抵押金或身份证之后，会肆意侵犯毕业生的权益，如延长劳动时间、增加劳动强度等。而当毕业生辞职或被解雇时，又以种种借口不予退还，以此要挟、敲诈毕业生。原劳动部《关于贯彻执行〈中华人民共和国劳动法〉若干问题的意见》中明确指出："用人单位在与劳动者订立劳动合同时，不得以任何形式向劳动者收取定金、保证金（物）或抵押金（物）。对违反以上规定的……由公安部门和劳动行政部门责令用人单位立即退还给劳动者本人。"如果毕业生已缴纳了此笔费用，有权要求用人单位予以返还。也可以通过申请劳动争议仲裁，或向劳动监察部门投诉、举报。

（三）劳动报酬

劳动报酬是劳动合同中的一项重要内容，它是劳动者维持生活的基本来源和持续劳动的原始动力，也可以说是劳动者短期内最实惠的物质利益。

关于劳动合同中劳动报酬的条款，毕业生除了要明确劳动报酬的种类（包括基本工资、津贴、交通费用、住房补贴等等）、劳动报酬的计算方式和发放时间、加班工资的计算方式等内容以外，还要掌握一个大的原则，即劳动报酬金额不得低于法律规定的最低工资标准。无论劳动合同中有无约定以及劳动者有无完成定额或承包任务，用人单位都必须向劳动者支付不低于当地最低工资标准的劳动报酬。

毕业生在签订劳动合同时，要警惕用人单位用"责任底薪"等模糊概念来拒发劳动者报酬。曾经有位应聘者应聘 ××× 公司，合同注明工资是"责任底薪 1000 元 + 业务提成"。一个月后，该应聘者因为经验等原因未签到任何订单，但把所联系的客户资料都交给了公司。在其领取工资的时候，却被公司告知"责任底薪"不是"保底底薪"，未能与客户单位签订业务合同的没有任何报酬。这种做法明显违反了国家有关规定，应聘者完全可以向劳动监察部门举报，以维护自己的合法权益。

（四）工作内容

工作内容是指用人单位安排劳动者从事何种工作，包括工作的岗位、性质、范围以及完成工作所要达到的效果、质量指标等，也是劳动合同中的一项重要内容。对毕业生来说，尤其要明确就业岗位的具体约定，尽量避免在合同中有用人单位可以根据需要随时变更岗位的条款，同时要提防用人单位利用对岗位的粉饰包装来诱骗应聘者。

（五）社会保险

劳动者拥有享受社会保险和福利的权利。《劳动法》规定，"用人单位和劳动者必须依法参加社会保险，缴纳社会保险费"，"劳动者享受的社会保险金必须按时足额支付"。用人单位必须依法为劳动者缴纳社会保险费，用人单位和劳动者所参加的社会保险一般包括养老保险、失业保险、医疗保险和住房公积金等"四金"。有的用人单位在与毕业生签订劳动合同时，注明"除月工资外，不再提供其他福利待遇"等条款。这种行为违反了有关法律、法规的强制性规定，即使是与毕业生私下达成了一致意见（通常这种情况下，劳动者的现金工资会比原基础略高），也是不合法的。

（六）劳动合同的解除

劳动合同解除的情形有以下三种：

1. 双方协商解除

我国《劳动法》第二十四条规定："经劳动合同当事人协商一致，劳动合同可以解除。"如果双方当事人经协商后均同意自愿解除劳动合同，则任何一方都不必为劳动合同的解除而承担任何违约责任。

2. 劳动者单方解除

《劳动法》第二十二条规定有下列情形之一的，劳动者可以随时通知用人单位解除劳动合同：

（1）在试用期内的；

（2）用人单位以暴力、威胁或者非法限制人身自由的手段强迫劳动的；

（3）用人单位未按照劳动合同约定支付劳动报酬或者提供劳动条件的。

在这些情形下，劳动者可以随时解除合同且不负任何违约责任。除此之外，劳动者单方解除劳动合同，应当提前三十日以书面形式通知用人单位，无须征得用人单位的同意。但如果由此而给用人单位造成经济损失的，应依据有关法律法规的规定和劳动合同的约定，由劳动者承担赔偿责任。

3. 用人单位单方解除

《劳动法》第二十五条规定劳动者有下列情形之一的，用人单位可以解除劳动合同：

（1）在试用期间被证明不符合录用条件的；

（2）严重违反劳动纪律或者用人单位规章制度的；

（3）严重失职，营私舞弊，对用人单位利益造成重大损失的；

（4）被依法追究刑事责任的。

在这些情形下，用人单位可以随时解除劳动合同而不承担违约责任，也不用支付经济赔偿金。其中的第一种情形在大学毕业生身上发生最多，用人单位常常以不符合录用条件为由在试用期间将毕业生辞退，这时大学毕业生应当要求用人单位拿出可以"证明"自己不符合录用条件的依据，甚至可以申请仲裁和诉讼来判定自己是否确实不符合单位的录用条件。

还有一些情形下，用人单位可以解除劳动合同，但应当提前三十日以书面形式通知劳动者本人，并应当按照国家有关规定给予经济补偿。例如，劳动者不能胜任工作，经过培训或调整岗位，仍不能胜任工作等，这些在《劳动法》第二十六条、第二十七条中都有详尽规定。

毕业生还应该了解在哪些情形下，用人单位不得与劳动者解除劳动合同，例如患病或者负伤，在规定的医疗期内、女职工在孕期、产期、哺乳期内等，这些在《劳动法》第二十九条中也有明确的规定。

（七）违约责任与违约金

毕业生和用人单位都有严格履行合同条款的义务，如果其中一方由于自己的过错而导致劳动合同的不履行或不适当履行，要根据其情节、后果及责任大小，依法承担相应的经济、行政或刑事责任。

违反劳动合同所应承担的经济责任，主要是通过支付赔偿金和违约金的形式来完成的。违约金与赔偿金是两个不同的概念。原劳动部《违反劳动法有关劳动合同规定的赔偿办法》中规定：劳动者违反规定或劳动合同的约定解除劳动合同，对用人单位造成损失的，劳动者应赔偿用人单位的下列损失：

（1）用人单位招收录用其所支付的费用；

（2）用人单位为其支付的培训费用，双方另有约定的按约定办理；

（3）对生产、经营和工作造成的直接经济损失；

（4）劳动合同约定的其他赔偿费用。

前三条属于赔偿金范畴，与实际损失相一致；而违约金应该属于劳动合同约定的其他赔偿费用。我国《劳动法》中没有有关违约金的条款，也没有禁止设定违约金。因此，绝大多数的地方性劳动合同管理法规都允许在劳动合同中设定违约金作为承担违约责任的其中一种形式。

（八）试用期

试用期并非劳动合同的必备条款，毕业生和用人单位双方之间可以约定，也可以不约定。如约定试用期，试用期最长不得超过六个月。有关试用期的内容前面已有详尽叙述，此处不再重复。

四、劳动争议的解决

《劳动法》第七十七条规定："用人单位与劳动者发生劳动争议，当事人可以依法申请调解、仲裁、提起诉讼，也可以协商解决。"调解原则适用于仲裁和诉讼程序。因此，毕业生与用人单位可以选择下列方式解决劳动争议。

1. 协商

协商是指劳动者与用人单位就争议的问题直接进行协商，解决纠纷。在实践中，通过协商而解决纠纷的情况非常多，效果很好。但是，协商不是处理劳动争议的必经程序。

2. 调解

调解是指劳动纠纷的一方当事人就已经发生的劳动纠纷向劳动争议调解委员会申请调解的程序。根据《劳动法》规定，用人单位可以设立由单位、职工和工会三方代表组成的劳动争议调解委员会来负责调解本单位的劳动争议。调解也属自愿选择，且调解协议不具有强制执行力，如果一方反悔，同样可以申请仲裁。

3. 仲裁

仲裁是劳动纠纷的一方当事人将纠纷提交劳动争议仲裁委员会。

附录：

高校毕业生就业创业政策解读（2017 年版）

1. 国家鼓励毕业生到基层就业的主要优惠政策包括哪些？

（1）完善工资待遇进一步向基层倾斜的办法，健全高校毕业生到基层工作的服务保障机制，鼓励毕业生到乡镇特别是困难乡镇机关事业单位工作。

（2）对高校毕业生到中西部地区、艰苦边远地区和老工业基地县以下基层单位就业、履行一定服务期限的，按规定给予学费补偿和国家助学贷款代偿（本专科学生每人每年最高不超过 8000 元、研究生每人每年最高不超过 12000 元）。

（3）结合政府购买服务工作的推进，在基层特别是街道（乡镇）、社区（村）购买一批公共管理和社会服务岗位，优先用于吸纳高校毕业生就业。

（4）落实完善见习补贴政策，对见习期满留用率达到 50% 以上的见习单位，适当提高见习补贴标准。

（5）将求职补贴调整为求职创业补贴，对象范围扩展到已获得国家助学贷款的毕业年度高校毕业生。

（6）艰苦边远地区基层机关招录高校毕业生可适当放宽学历、专业等条件，降低开考比例，可设置一定数量的职位面向具有本市、县户籍或在本市、县长期生活的高校毕业生。

2. 国家对在基层工作的高校毕业生职业发展有哪些鼓励政策措施？

（1）在干部人才选拔任用机制上，进一步强化基层工作经历的政策导向，向在基层工作的优秀高校毕业生倾斜。

（2）自 2012 年起，省级以上机关录用公务员，除特殊职位外，按照有关规定一律从具有 2 年以上基层工作经历的人员中考录。

（3）市地级以上机关应拿出一定数量职位面向具有基层工作经历的公务员进行公开遴选。

（4）省、市级所属事业单位面向社会公开招聘时，应拿出一定数量岗位公开招聘有基层事业单位工作经历的人员。有条件的地区，可明确具体公开遴选或招聘的比例。

（5）鼓励国有大中型企业建立健全人力资源管理激励机制，将在基层生产和管理一线表现优秀的高校毕业生纳入后备人才队伍，加大从基层一线选拔任用中层干部的力度。

（6）对具有基层工作经历的高校毕业生，在研究生招录和事业单位选聘时实行优先。

（7）高校毕业生在中西部地区和艰苦边远地区县以下基层单位从事专业技术工作，申报相应职称时，可不参加职称外语考试或放宽外语成绩要求。充分挖掘社会组织吸纳高校毕业生就业潜力，对到省会及省会以下城市的社会团体、基金会、民办非企业单位就业的高校毕业生，所在地的公共就业人才服务机构要协助办理落户手续，在专业技术职称评定方面享受与国有企事业单位同类人员同等待遇。

（8）对到农村基层和城市社区从事社会管理和公共服务工作的高校毕业生，符合公益性岗位就业条件并在公益性岗位就业的，按照国家现行促进就业政策的规定，给予社会保险补贴和公益性岗位补贴。

3. 为鼓励高校毕业生面向基层就业，实施学费补偿和助学贷款代偿政策的主要内容是什么？

全日制普通本专科学生（含第二学士学位、高职学生，下同）每人每年申请贷款额度不超过 8000 元；年度学费和住宿费标准总和低于 8000 元的，贷款额度可按照学费和住宿费标准总和确定。全日制研究生每人每年申请贷款额度不超过 12000 元；年度学费和住宿费标准总和低于 12000 元的，贷款额度可按照学费和住宿费标准总和确定。

国家助学贷款资助标准调整后，有关学费补偿、国家助学贷款代偿和学费资助的标准，相应调整为本专科学生每人每年最高不超过 8000 元、研究生每人每年最高不超过 12000 元。学费补偿、国家助学贷款代偿和学费资助的其他事项，仍按原规定执行。

4. 中央有关部门实施了哪些基层就业项目？

近年来，中央各有关部门主要组织实施了 5 个引导高校毕业生到基层就业的专门项目，包括：团中央、教育部、财政部、人力资源和社会保障部等四部门从 2003 年起组织实施的“大学生志愿服务西部计划”；中组部、人力资源和社会保障部、教育部等八部门从 2006 年开始组织实施的“三支一扶”（支教、支农、支医和扶贫）计划；教育部、财政部、人力资源和社会保障部、中央编办等四部门从 2006 年开始组织实施的“农村义务教育阶段学校教师特设岗位计划”；中组部、教育部、财政部、人力资源和社会保障部等部门从 2008 年起组织实施的“选聘高校毕业生到村任职工作”；农业部、人社部、教育部等部门从 2013 年起组织实施的“农业技术推广服务特设岗位计划”。

5. 参加中央部门组织实施的基层就业项目，服务期满后享受哪些优惠政策？

（1）公务员招录优惠：每年拿出公务员考录计划的一定比例，专门用于定向招录服务期满且考核称职（合格）的服务基层项目人员。服务基层项目人员也可报考其他职位。

（2）事业单位招聘优惠：鼓励在项目结束后留在当地就业，参加各基层就业项目相对应的自然减员空岗，全部聘用服务期满的高校毕业生。从 2009 年起，到乡镇事业单位服务的高校毕业生服务满 1 年后，在现岗位空缺情况下，经考核合格，即可与所在单位签订不少于 3 年的聘用合同。同时，各省（区、市）县及县以上相关的事业单位公开招聘工作人员，应拿出不低于 40% 的比例，聘用各专门项目服务期满考核合格的高校毕业生。

（3）考学升学优惠：服务期满后三年内报考硕士研究生初试总分加 10 分；同等条件下优先录取；高职（高专）学生可免试入读成人本科。

（4）国家补偿学费和代偿助学贷款政策：参加各基层就业项目的毕业生，符合规定条件的，可享受相应的学费补偿和助学贷款代偿政策。

（5）服务期满自主创业的，可享受税收优惠、行政事业性收费减免、小额贷款担保和贴息等有关政策。

（6）其他：各基层就业项目服务年限计算工龄。服务期满到企业就业的，按照规定转接社会保险关系。

6. 高校毕业生到艰苦边远地区或国家扶贫开发工作重点县就业有什么优惠政策？

（1）对到中西部地区、东北地区或艰苦边远地区、国家扶贫开发工作重点县县以下机关事业单位工作的高校毕业生，新录用为公务员的，试用期工资可直接按试用期满后工资确定，试用期满考核合格后的级别工资，在未列入艰苦边远地区或国家扶贫开发工作重点县的中西部地区和东北地区的高定一档，在三类及以下艰苦边远地区或国家扶贫开发工作重点县的高定两档，在四类及以上艰苦边远地区的高定三档。

（2）招聘为事业单位正式工作人员的，可提前转正定级，转正定级时的薪级工资，在未列入艰苦边远地区或国家扶贫开发工作重点县的中西部地区和东北地区的高定一级，在三类及以下艰苦边远地区或国家扶贫开发工作重点县的高定两级，在四类及以上艰苦边远地区的高定三级。

（3）落实对乡镇机关事业单位工作人员实行的工作补贴政策，当前补贴水平不低于月人均 200 元，并向条件艰苦的偏远乡镇和长期在乡镇工作的人员倾斜。落实艰苦边远地区津贴增长机制。

7. 国家对鼓励中小企业吸纳高校毕业生有哪些政策措施？

（1）对招收高校毕业生达到一定数量的中小企业，地方财政应优先考虑安排扶持中小企业发展资金，并优先提供技术改造贷款贴息。

（2）对劳动密集型小企业当年新招收登记失业高校毕业生，达到企业现有在职职工总数 30%（超过 100 人的企业达 15%）以上，并与其签订 1 年以上劳动合同的劳动密集型小企业，可按规定申请最高不超过 200 万元的小额担保贷款并享受 50% 的财政贴息。

（3）高校毕业生到中小企业就业的，在专业技术职称评定、科研项目经费申请、科研成果或荣誉称号申报等方面，享受与国有企事业单位同类人员同等待遇。

（4）对小微企业新招用毕业年度高校毕业生，签订 1 年以上劳动合同并缴纳社会保险费的，给予 1 年社会保险补贴。

8. 国家对引导国有企业吸纳高校毕业生就业有哪些政策措施？

（1）承担对口支援西藏、青海、新疆任务的中央企业要结合援助项目建设，积极吸纳当地高校毕业生就业。

（2）建立国有企事业单位公开招聘制度，推动实现招聘信息公开、过程公开和结果公开。

（3）国有企业招聘应届高校毕业生，除涉密等特殊岗位外，要实行公开招聘，招聘应届高校毕业生信息要在政府网站公开发布，报名时间不少于7天；对拟聘人员应进行公示，明确监督渠道，公示期不少于7天。

9. 高校毕业生如何与用人单位订立劳动合同？

劳动合同法第七条规定，用人单位自用工之日起即与劳动者建立劳动关系。第十条规定，建立劳动关系，应当订立书面劳动合同。已建立劳动关系，未同时订立书面劳动合同的，应当自用工之日起一个月内订立书面劳动合同。用人单位与劳动者在用工前订立劳动合同的，劳动关系自用工之日起建立。

第八条规定，用人单位（企业、个体经济组织、民办非企业单位等组织）招用劳动者时，应当如实告知劳动者工作内容、工作条件、工作地点、职业危害、安全生产状况、劳动报酬，以及劳动者要求了解的其他情况；用人单位有权了解劳动者与劳动合同直接相关的基本情况，劳动者应当如实说明。

第九条规定，用人单位招用劳动者，不得扣押劳动者的居民身份证和其他证件，不得要求劳动者提供担保或者以其他名义向劳动者收取财物。

10. 参加社会保险的个人享有哪些权利？

高校毕业生依法缴纳社会保险费后，享有以下权利：

（1）有权依法享受社会保险待遇；

（2）有权监督本单位为其缴费情况；

（3）有权免费向社会保险经办机构查询、核对其缴费和享受社会保险待遇权益记录；

（4）有权要求社会保险经办机构提供社会保险咨询等相关服务；

（5）对侵害自身权益和不依法办理社会保险事务的行为，有权依法申请行政复议或者提起行政诉讼。

此外，还有权对违反社会保险法律、法规的行为进行举报、投诉。

11. 高校毕业生如何处理劳动人事纠纷？

发生劳动人事争议，可以通过协商解决。当事人不愿协商或协商不成的，可以向调解组织申请调解；不愿调解、调解不成或者达成调解协议后不履行的，可以向劳动人事争议仲裁委员会申请仲裁；对仲裁裁决不服的，除法律另有规定的外，可以向人民法院提起诉讼。

对用人单位违反劳动保障法律、法规和规章的情况，高校毕业生可向人力资源和社会保障部门举报、投诉。劳动保障监察机构将依法受理，纠正和查处有关违法行为。

12. 高校毕业生应征入伍服义务兵役享受哪些优惠政策？

高校毕业生应征入伍服义务兵役，除享有优先报名应征、优先体检政审、优先审批定兵、优先安排使用“四个优先”政策，家庭按规定享受军属待遇外，还享受优先选拔使用、学费补偿和国家助学贷款代偿、退役后考学升学优惠、就业服务等政策。

13. 大学生士兵退役后享受哪些就学优惠政策？

（1）高职（专科）学生入伍经历可作为毕业实习经历。

（2）退役大学生士兵入学或复学后免修军事技能训练，直接获得学分。

（3）设立“退役大学生士兵”专项硕士研究生招生计划。根据实际需求，每年安排一定数量专项计划，专门面向退役大学生士兵招生。在全国研究生招生总规模内单列下达，不得挪用。

（4）将高校在校生（含高校新生）服兵役情况纳入推免生遴选指标体系。鼓励开展推荐优秀应届本科毕业生免试攻读研究生工作的高校在制定本校推免生遴选办法时，结合本校具体情况，将在校期间服兵役情况纳入推免生遴选指标体系。在部队荣立二等功及以上的退役人员，符合研究生报名条件的可免试（指初试）攻读硕士研究生。

（5）将考研加分范围扩大至高校在校生（含高校新生）。退役人员在继续实行普通高校应届毕业生退役后按规定享受加分政策的基础上，允许普通高校在校生（含高校新生）应征入伍服义务兵役退役，在完成本科学业后 3 年内参加全国硕士研究生招生考试，初试总分加 10 分，同等条件下优先录取。

（6）退役大学生士兵专升本实行招生计划单列。高职（专科）学生应征入伍服义务兵役退役，在完成高职学业后参加普通本科专升本考试，实行计划单列，录取比例在现行 30% 的基础上适度扩大，具体比例由各省份根据本地实际和报名情况确定。

（7）高校新生录取通知书中附寄应征入伍优惠政策。高校向新生寄送《录取通知书》时，附寄应征入伍宣传单，宣传单主要内容包括优惠政策概要、报名流程指南、学籍注册要求等。

（8）放宽退役大学生士兵复学转专业限制。大学生士兵退役后复学，经学校同意并履行相关程序后，可转入本校其他专业学习。

（9）具有高职（高专）学历的，退役后免试入读成人本科，或经过一定考核入读普通本科；荣立三等功以上奖励的，在完成高职（专科）学业后，免试入读普通本科；

（10）应征入伍的高校毕业生退役后报考政法干警招录培养体制改革试点招生时，教育考试笔试成绩总分加 10 分。

14. 国家鼓励和引导高校毕业生去哪些重要领域就业创业？

“一带一路”“长江经济带”“京津冀协同发展”等国家重大战略提供了大量的岗位需求。高校毕业生要主动对接人才需求，积极到重点地区、重大工程、重大项目、重要领域去就业。要抓住实施“中国制造 2025”“互联网 +”行动计划等契机，到先进制造业、现代服务业和现代农业等领域就业创业。

15.“一带一路”战略将给大学生就业带来哪些机遇？

“一带一路”的互联互通项目将推动沿线各国发展战略的对接与耦合，发掘区域内市场的潜力，促进投资和消费，创造需求和就业。2015 年 3 月，国家发展改革委、外交部、商务部联合发布了《推动共建丝绸之路经济带和 21 世纪海上丝绸之路的愿景与行动》。“一带一路”经济区开放后，承包工程项目突破 3000 个。2015 年，我国企业共对“一带一路”相关的 49

个国家进行了直接投资，投资额同比增长 18.2%。2015 年，我国承接“一带一路”相关国家服务外包合同金额 178.3 亿美元，执行金额 121.5 亿美元，同比分别增长 42.6% 和 23.45%。2016 年 6 月底，中欧班列累计开行 1881 列，其中回程 502 列，实现进出口贸易总额 170 亿美元。

16. 国家和地方重大科研项目包括哪些？哪些高校毕业生可以被吸纳为研究助理或辅助人员？

由高校、科研机构和企业所承担的民口科技重大专项、973 计划、863 计划、科技支撑计划项目以及国家自然科学基金会的重大重点项目等，可以聘用高校毕业生作为研究助理或辅助人员参与研究工作。此外的其他项目，承担研究的单位也可聘用高校毕业生。

吸纳对象主要以优秀的应届毕业生为主，包括高校以及有学位授予权的科研机构培养的博士研究生、硕士研究生和本科生。

被吸纳高校毕业生需与项目承担单位签订服务协议，明确双方的权利、责任和义务，但不是项目承担单位的正式在编职工。

17. 联合国的国际公务员有哪几种？哪些职位是面向高校毕业生的？

联合国的国际公务员主要分为三种：D 类、P 类和 G 类。D 代表的是 director，即高级管理人员；P 代表 Professional，即专业人员；而 G 则是 General，即一般事务。

D 类属于领导类职务，部分是在联合国内部一级一级晋升上来的，另外一部分则来自各国直接派遣，比如我国各部委派驻到联合国的工作人员。

G 类属于基础性岗位，大多是行政、秘书等辅助性雇员，一般从机构所在国当地招聘。

P 类是联合国的中坚力量，因此，对于想加入联合国的高校毕业生而言，最常规的方式，是参加联合国的 YPP 考试（即青年专业人员考试）。

18. 国家对高校毕业生到国际组织实习任职提供哪些指导服务？

（1）提供“高校毕业生国际组织实习任职服务平台”（http://gj.ncss.org.cn/），为毕业生到国际组织实习任职和参加志愿活动等提供信息、咨询、培训等服务。

（2）鼓励有条件的高校结合国际组织人才需求，开展培养推送高校毕业生到国际组织实习任职工作，将国际组织基本情况、招聘要求、职业发展路径等内容纳入大学生就业指导教材和课程。

（3）国家留学基金管理委员会从全国优秀应届毕业生中选派实习生，前往联合国教科文组织、国际民航组织及国际电信联盟进行实习，为期 3 ～ 12 个月，并可提供奖学金资助。详见教育部留学基金委网站（http://www.csc.edu.cn/）。

19. 高校毕业生到国际组织实习任职，需要哪些能力？如何在校做好准备？

（1）语言水平

联合国有六种官方工作语言，英语、法语、西班牙语、阿拉伯语、俄语和汉语。其中英语和法语最为重要，两者兼具的求职者进入国际组织有着天然的优势。联合国的很多机构在招聘时都要求应聘者能够使用两种或两种以上语言进行交流。

（2）综合素质

国际组织对所聘公务员的要求，不单纯是技术性、专业性的，更重要的是在任何职场都需要的沟通能力、管理能力，尤其强调国际组织、跨文化工作所需要的某些能力。

世界卫生组织有一个全球能力模板（Global Competency Model），反映了对国际公务员各方面能力的总体要求，分为核心能力、管理能力、领导能力三大类，共 13 项内容，很具有参考价值。

20. 高校毕业生自主创业，可以享受哪些优惠政策？

（1）税收优惠：持人社部门核发的《就业创业证》（注明“毕业年度内自主创业税收政策”）的高校毕业生在毕业年度内（指毕业所在自然年，即 1 月 1 日至 12 月 31 日）创办个体工商户、个人独资企业的，3 年内按每户每年 8000 元为限额依次扣减其当年实际应缴纳的营业税、城市维护建设税、教育费附加和个人所得税。对高校毕业生创办的小型微利企业，按国家规定享受相关税收支持政策。

（2）创业担保贷款和贴息支持：对符合条件的高校毕业生自主创业的，可在创业地按规定申请创业担保贷款，贷款额度为 10 万元。鼓励金融机构参照贷款基础利率，结合风险分担情况，合理确定贷款利率水平，对个人发放的创业担保贷款，在贷款基础利率基础上上浮 3 个百分点以内的，由财政给予贴息。

（3）免收有关行政事业性收费：毕业 2 年以内的普通高校毕业生从事个体经营（除国家限制的行业外）的，自其在工商部门首次注册登记之日起 3 年内，免收管理类、登记类和证照类等有关行政事业性收费。

（4）享受培训补贴：对高校毕业生在毕业学年（即从毕业前一年 7 月 1 日起的 12 个月）内参加创业培训的，根据其获得创业培训合格证书或就业、创业情况，按规定给予培训补贴。

（5）免费创业服务：有创业意愿的高校毕业生，可免费获得公共就业和人才服务机构提供的创业指导服务，包括政策咨询、信息服务、项目开发、风险评估、开业指导、融资服务、跟踪扶持等“一条龙”创业服务。各地在充分发挥各类创业孵化基地作用的基础上，因地制宜建设一批大学生创业孵化基地，并给予相关政策扶持。对基地内大学生创业企业要提供培训和指导服务，落实扶持政策，努力提高创业成功率，延长企业存活期。

（6）取消高校毕业生落户限制，允许高校毕业生在创业地办理落户手续（直辖市按有关规定执行）。

21. 高校对自主创业大学生可提供什么条件？

（1）学生参加创新创业、社会实践等活动以及发表论文、获得专利授权等与专业学习、学业要求相关的经历、成果，可以折算为学分，计入学业成绩。具体办法由学校规定。学校应当鼓励、支持和指导学生参加社会实践、创新创业活动，可以建立创新创业档案、设置创新创业学分。

（2）学校可以根据情况建立并实行灵活的学习制度。对休学创业的学生，可以单独规定最长学习年限，并简化休学批准程序。

（3）休学创业或退役后复学的学生，因自身情况需要转专业的，学校应当优先考虑。

（4）各地各高校建设一批大学生创业示范基地，继续推动大学科技园、创业园、创业孵化基地和实习实践基地建设，高校应开辟专门场地用于学生创新创业实践活动，教育部工程研究中心、各类实验室、教学仪器设备等原则上都要向学生开放。

（5）各高校要优化经费支出结构，多渠道统筹安排资金，支持创新创业教育教学，资助学生创新创业项目。

22. 高校毕业生怎样提升自主创业的能力？

各高校要根据人才培养定位和创新创业教育目标要求，促进专业教育与创新创业教育有机融合，调整专业课程设置，挖掘和充实各类专业课程的创新创业教育资源，在传授专业知识过程中加强创新创业教育。面向全体学生开发开设创新创业必修课和选修课，纳入学分管理。

各地人力资源和社会保障部门已形成一些成熟的创业培训模式，如“GYB”（产生你的企业想法）、“SYB”（创办你的企业）、“IYB”（改善你的企业）；高校毕业生可选择参加创业培训和实训，并可按规定享受培训补贴，以提高创业能力。

23. 如何向高校毕业生创设的小微企业优先转移科技成果？

国家鼓励利用财政性资金设立的科研机构、普通高校、职业院校，通过合作实施、转让、许可和投资等方式，向高校毕业生创设的小微企业优先转移科技成果。

24. 怎样申请创业担保贷款？在哪些银行可以申请创业担保贷款？

创业担保贷款按照自愿申请、社区推荐、人力资源和社会保障部门审查、贷款担保机构审核并承诺担保、商业银行核贷的程序，办理贷款手续。

各国有商业银行、股份制商业银行、城市商业银行和城乡信用社都可以开办创业担保贷款业务，各地区根据实际情况确定具体经办银行。在指定的具体经办银行可以办理创业担保贷款。

25. 离校后未就业高校毕业生如何参加就业见习？

人力资源和社会保障部门通过媒体、公共就业和人才服务机构以及电视、网络、报纸等多种渠道，发布就业见习信息，公布见习单位名单、岗位数量、期限、人员要求等有关内容，或者组织开展见习单位和高校毕业生的双向选择活动，帮助离校未就业高校毕业生和见习单位对接。离校后未就业回到原籍的高校毕业生可与原籍所在地人力资源和社会保障部门及当地团组织联系，主动申请参加就业见习。

26. 离校未就业高校毕业生参加就业见习享受哪些政策和服务？

（1）获得基本生活补助（基本生活补助费用由见习单位和地方政府分担，各地要根据当地经济发展和物价水平，合理确定和及时调整基本生活补助标准）；

（2）免费办理人事代理；

（3）办理人身意外伤害保险；

（4）见习期满未被录用可继续享受就业指导与服务。

27. 高校毕业生能否享受职业培训补贴政策？如何申请职业培训补贴？

高校毕业生毕业年度内参加就业技能培训或创业培训，可按规定向当地人力资源和社会保障部门申请职业培训补贴。毕业后按规定进行了失业登记的高校毕业生参加就业技能培训或创业培训，也可向当地人力资源和社会保障部门申请职业培训补贴。

申请材料经人力资源和社会保障部门审核后，财政部门按规定将补贴资金直接拨付给申请者本人。高校毕业生参加就业技能培训或创业培训后，培训合格并通过职业技能鉴定取得初级以上职业资格证书（未颁布国家职业技能标准的职业应取得专项职业能力证书或创业培训合格证书），6个月内实现就业的，按职业培训补贴标准的100%给予补贴。6个月内没有实现就业的，取得初级以上职业资格证书，按职业培训补贴标准的80%给予补贴；取得专项职业能力证书或创业培训合格证书，按职业培训补贴标准的60%给予补贴。

28. 高校毕业生如何获取职业资格证书？

高校毕业生个人可向职业技能鉴定所（站）自主申请职业技能鉴定。职业技能鉴定要参加理论知识考试和操作技能（专业能力）考核。经鉴定合格者，由人力资源和社会保障部门核发相应的职业资格证书。

29. 高校毕业生能否享受职业技能鉴定补贴政策，如何申请技能鉴定补贴？

对高校毕业生在毕业年度内通过初次职业技能鉴定并取得职业资格证书或专项职业能力证书的，按规定给予一次性职业技能鉴定补贴。

通过初次职业技能鉴定并取得职业资格证书或专项职业能力证书的，可向职业技能鉴定所在地人力资源和社会保障部门申请一次性职业技能鉴定补贴。

30. 主要有哪些机构为高校毕业生提供就业服务？

（1）公共就业和人才服务机构

由各级人力资源和社会保障部门举办的公共就业和人才服务机构，为高校毕业生免费提供政策咨询、就业信息、职业指导、职业介绍、就业援助、就业与失业登记或求职登记等各项公共服务，按规定为登记失业高校毕业生免费提供人事档案管理等服务。此外，还定期开展面向高校毕业生的公共就业和人才服务专项活动，比如每年5月“民营企业招聘周”、每年9月“高校毕业生就业服务月”、每年11月“高校毕业生就业服务周”等，为高校毕业生和用人单位搭建供需对接平台。

（2）高校毕业生就业指导机构

目前，各省教育部门、各高校普遍建立了高校毕业生就业指导机构，为毕业生提供就业咨询、用人单位招聘及实习实训信息、求职技巧、职业生涯辅导、毕业生推荐、实习实践能力提升和就业手续办理等多项就业指导和服务。

（3）职业中介机构

主要包括从事人力资源服务的经营性机构，政府鼓励各类职业中介机构为高校毕业生提供就业服务，对为登记失业高校毕业生提供服务并符合条件的职业中介机构按规定给予职业介绍补贴。

31. 高校毕业生获取就业信息的主要渠道有哪些？

（1）浏览各类就业信息网站，包括中央有关部门主办的全国性就业信息网站、地方有关部门主办的就业信息网站、各高校就业信息网站及校内 bbs 求职版面、其他专业性就业网站等；

（2）参加各类招聘和双向选择活动，包括国家有关部门、各地、学校、用人单位等相关机构组织的各类现场或网络招聘活动；

（3）参与校企合作实习，包括社会实践、毕业实习等活动；

（4）查阅媒体广告，如报纸、刊物、电台、电视台、视频媒体等；

（5）他人推荐，如导师、校友、亲友等；

（6）主动到单位求职自荐等。

32. 在校期间高校毕业生可以通过哪些途径提升就业能力？

在学好专业知识技能的同时，根据学校要求或安排，毕业生可以通过选修或必修就业指导课程、参与学校组织的就业实习、技巧辅导、模拟招聘等活动，学习和了解相关职业的资料和信息，充分借助社会实践平台，全面提升就业能力。

高校毕业生还可通过学校实施的毕业证书与职业资格证书“双证书”制度、组织到企业顶岗实习、参加人力资源和社会保障部门认定的定点机构开展的职业技能培训等，切实增强自身的岗位适应能力与就业竞争力，促进职业素养的养成。

33. 困难家庭高校毕业生包括哪些毕业生？享受哪些帮扶政策？

困难家庭高校毕业生是指：来自城镇低保家庭、低保边缘户家庭、农村贫困家庭和残疾人家庭的普通高校毕业生。

各级机关考录公务员、事业单位招聘工作人员时，免收困难家庭高校毕业生的报名费和体检费。

为帮助困难家庭的高校毕业生求职就业，高校一般都会安排经费作为困难家庭毕业生的求职补助，或对已成功就业的困难家庭毕业生给予奖励。困难家庭的毕业生可向所在院系书面申请。学校也应根据平时掌握的情况，对困难家庭的毕业生给予主动帮助。

从 2013 年起，对享受城乡居民最低生活保障家庭、获得国家助学贷款的毕业年度内高校毕业生，可给予一次性求职创业补贴，补贴标准由各省级财政、人力资源和社会保障部门会同有关部门根据当地实际制定，所需资金按规定列入就业专项资金支出范围。

34. 高校毕业生离校后未就业如何获得相应的就业指导和服务？

各地公共就业服务机构要为登记失业的各类人员提供均等化的政策咨询、职业指导、职业介绍等公共就业服务和普惠性就业政策，并逐步使外来劳动者与当地户籍人口享有同等的就业扶持政策。将《就业失业登记证》调整为《就业创业证》，免费发放，作为劳动者享受公共就业服务及就业扶持政策的凭证。有条件的地方可积极推动社会保障卡在就业领域的应用。

35. 离校未就业高校毕业生享受哪些服务和政策？

（1）地方各级人社部门所属公共就业人才服务机构和基层公共就业服务平台要面向所有

离校未就业高校毕业生（包括户籍不在本地的高校毕业生）开放，办理求职登记或失业登记手续，发放《就业创业证》，摸清就业服务需求。其中，直辖市为非本地户籍高校毕业生办理失业登记办法按现行规定执行；

（2）对实名登记的所有未就业高校毕业生提供更具针对性的职业指导；

（3）对有求职意愿的高校毕业生要及时提供就业信息；

（4）对有创业意愿的高校毕业生，各地要纳入当地创业服务体系，提供政策咨询、项目开发、创业培训、融资服务、跟踪扶持等“一条龙”创业服务。及时提供就业信息；

（5）要将零就业家庭、经济困难家庭、残疾等就业困难的未就业高校毕业生列为重点工作对象，提供“一对一”个性化就业帮扶，确保实现就业；

（6）对有就业见习意愿的高校毕业生，各地要及时纳入就业见习工作对象范围，确保能够随时参加；

（7）对有培训意愿的离校未就业高校毕业生，各地要结合其专业特点，组织参加职业培训和技能鉴定，按规定落实相关补贴政策；

（8）地方各级公共就业人才服务机构要为离校未就业高校毕业生免费提供档案托管、人事代理、社会保险办理和接续等一系列服务，简化服务流程，提高服务效率；有条件的地方可对到小微企业就业的离校未就业高校毕业生，提供免费的人事劳动保障代理服务；

（9）加大人力资源市场监管力度，严厉打击招聘过程中的欺诈行为，及时纠正性别歧视和其他各类就业歧视。加大劳动用工、缴纳社会保险费等方面的劳动保障监察力度，切实维护高校毕业生就业后的合法权益。

参考文献

[1] 里尔登 . 职业生涯发展与规划 [M]. 侯志谨，译 . 北京：高等教育出版社，2005
[2] 黄中天 . 生涯规划——理论与实践 [M]. 北京：高等教育出版社，2007
[3] 刘克俭，顾瑜琦 . 职业心理学 [M]. 北京：中国医药科技出版社，2008
[4] 李建明 . 大学生职业生涯设计与就业指导 [M]. 沈阳：东北大学出版社，2005
[5] 方伟 . 大学生职业生涯规划咨询案例教程 [M]. 北京：北京大学出版社，2008
[6] 谢晓翠，王静 . 职业生涯设计与就业指导 [M]. 杭州：浙江大学出版社，2007
[7] 汤耀平，罗明忠，穆林 . 大学生职业生涯规划理论与实务 [M]. 广州：暨南大学出版社，2006
[8] 李德全 . 大学生就业指导实用教程 [M]. 北京：中国文史出版社，2005
[9] 程忠国 . 大学生就业与创业指导 [M]. 武汉：华中科技大学出版社，2004
[10] 许明 . 激发你的梦想——大学生就业指导 [M]. 北京：清华大学出版社，2006
[11] 卡耐基 . 成功之路 [M]. 北京：中国文联出版公司，1995
[12] 易发久 . 成功一定有办法 [M]. 北京：世界图书出版公司，2002
[13] 李践 . 做自己想做的人 [M]. 北京：中信出版社，2001
[14] 胡解旺 . 大学生就业报告 [M]. 北京：中央编译出版社，2004
[15] 孙长缨 . 当代大学生就业研究 [M]. 北京：高等教育出版社，2008
[16] 嵇芹珍，罗冲 . 就业与创业指导 [M]. 北京：中央民族大学出版社，2002
[17] 田新民，汪歙萍 . 择业与就业 [M]. 上海：上海交通大学出版社，2001
[18] 黄敬宝 . 就业能力与大学生就业——人力资本理论的视角 [M]. 北京：经济管理出版社，2008
[19] 钱贵江 . 职业指导与大学生就业 [M]. 苏州：苏州大学出版社，2004
[20] 陈核来 . 大学毕业生就业指南 [M]. 北京：国防科技大学出版社，2003
[21] 曲振国 . 大学生就业指导与职业生涯规划 [M]. 北京：清华大学出版社，2008
[22] 李树森 . 大学生就业与创业指导 [M]. 沈阳：辽宁教育出版社，2004
[23] 罗天虎 . 创业学教程 [M]. 西安：西北工业大学，2004
[24] 张天桥，侯全生，李朝晖 . 大学生创业第一步 [M]. 北京：清华大学出版社，2008
[25] 毛文学 . 大学生创业 100 例 [M]. 北京：长征出版社，2007
[26] 李学东，潘玉香 . 大学生创业实务教程 [M]. 北京：经济科学出版社，2006
[27] 陈敏 . 大学生创业设计 [M]. 上海：上海中医药大学出版社，2008
[28] 傅洪涛，陶桓祥 . 大学生职业规划与创业指导 [M]. 北京：中国财政经济出版社，2006
[29] 张子睿 . 大学生创新与创业能力提升 [M]. 北京：科学出版社，2008